中国式现代化

深圳实践创新研究

夏文斌 ◎ 主编

深圳出版社

图书在版编目（CIP）数据

中国式现代化深圳实践创新研究 / 夏文斌主编.
深圳：深圳出版社，2025. 6. -- ISBN 978-7-5507
-4301-4

Ⅰ. D676.53

中国国家版本馆CIP数据核字第2025JW6897号

中国式现代化深圳实践创新研究
ZHONGGUOSHI XIANDAIHUA SHENZHEN SHIJIAN CHUANGXIN YANJIU

责任编辑　靳红慧
责任校对　李　想
责任技编　郑　欢
封面设计　花间鹿行

出版发行　深圳出版社
地　　址　深圳市彩田南路海天综合大厦（518033）
网　　址　www.htph.com.cn
订购电话　0755-83460239（邮购、团购）
设计制作　深圳市龙瀚文化传播有限公司　0755-33133493
印　　刷　深圳市华信图文印务有限公司
开　　本　787mm×1092mm　1/16
印　　张　18
字　　数　306千
版　　次　2025年6月第1版
印　　次　2025年6月第1次
定　　价　98.00元

《中国式现代化深圳实践创新研究》
编 委 会

目　录

导论　中国式现代化：深圳何为

习近平总书记在庆祝中国共产党成立一百周年大会上的讲话中对"中国式现代化新道路"作出总体逻辑说明，他指出："我们坚持和发展中国特色社会主义，推动物质文明、政治文明、精神文明、社会文明、生态文明协调发展，创造了中国式现代化新道路，创造了人类文明新形态"[1]。在党的二十大报告中，习近平总书记提出，"以中国式现代化全面推进中华民族伟大复兴"，深刻阐明了中国式现代化的中国特色、本质要求和重大原则，把我们党对中国式现代化的认识提升到一个新的高度，成为开辟马克思主义中国化时代化新境界的重要论断。在2023年中央经济工作会议上习近平总书记指出："必须把推进中国式现代化作为最大的政治，在党的统一领导下，团结最广大人民，聚焦经济建设这一中心工作和高质量发展这一首要任务，把中国式现代化宏伟蓝图一步步变成美好现实。"据统计，党的二十大报告共有11处提到"中国式现代化"，分别涉及伟大成就、重大意义、中心任务、形成历程、科学界定、中国特色、本质要求等内容。党的二十大报告对中国式现代化的九个本质要求进行了概括，坚持中国共产党领导，坚持中国特色社会主义，实现高质量发展，发展全过程人民民主，丰富人民精神世界，实现全体人民共同富裕，促进人与自然和谐共生，推动构建人类命运共同体，创造人类文明新形态。一方面，从党百年奋斗的历史经验可知，道路的形成离不开对实际问题的探索和实践，中国式现代化新道路的形成是从中国特色社会主义阶段性探索的现代化革命中总结而来，是基于现代化社会革命的时代需要；另一方面，通过对以上二者之间一一对应关系的分析可知，中国式现代化的九个本质要求实际上是在方法论上对中国式现代化新道路的进一步概括和凝练，是现代化理念革命的理论需要。如果

---

[1] 习近平. 习近平著作选读（第二卷）[M]. 北京：人民出版社，2023：483.

说道路的选择决定一个国家和民族的命运，理念的革命则是关乎怎样选择道路的第一位的问题[1]。

全面建成小康社会目标的如期达成，使得中国特色社会主义的现代化叙事从"道路"走向"新道路"。分析可知，中国式现代化九个本质要求遵循从"总体"到"五位一体"再到"共同体"的内在逻辑[2]，对应着中国式现代化新道路在生成逻辑上的历史继承性、理论逻辑上的完整系统性、现实逻辑中的实践超越性，也即中国式现代化新道路既"走自己的路"也走人类文明发展之路。可以说，该内在逻辑系统阐释了这一"本质要求"——实践上的本质和目标上的要求。恰如习近平总书记在各类重要场合多次强调，中国特色社会主义各领域的实践，要坚持问题导向和目标导向相结合、相统一。

深圳，作为中国改革开放的窗口和先行示范区，其现代化实践历程是中国式现代化的生动缩影和典范。作为中国特色社会主义现代化的最典型城市实践，深圳"用40年时间走过了国外一些国际化大都市上百年走完的历程"[3]，并联叠加着工业化、城镇化、信息化、现代化等多重进程。一方面，深圳在这一历程中始终坚持问题导向和目标导向，用求真务实的社会主义现代化实践、不断创新的责任担当诠释着中国特色"并联式"的现代化，是改革开放以来中国特色社会主义现代化创新实践的缩影；另一方面，深圳在这一历程中始终坚持与世界现代化互动、与时代并行，试图在高水平对外开放中推进和拓展现代化的广度和深度。所以，以中国式现代化的本质要求为基本框架对深圳的社会主义创新实践进行解读，既有助于从内在逻辑上厘清我国"创新型现代化"模式同发达国家传统型现代化模式、发展中国家模仿型现代化模式之间的本质区别，又能从整体逻辑上准确理解我国现代化同世界现代化之间的共性特征。

《中国式现代化深圳实践创新研究》一书旨在通过对深圳现代化实践的深入剖析和研究，探讨中国式现代化的内在逻辑和本质要求，为推进中国特色社会主义现代化建设提供理论支撑和实践指导。我们期待通过这一研究，能够为

---

[1] 孙代尧. 论中国式现代化新道路与人类文明新形态[J]. 北京大学学报（哲学社会科学版），2021, 58（05）：16-24.

[2] 韩庆祥. 论中国式现代化的逻辑[J]. 政治学研究，2022（06）：26-35.

[3] 中共中央党史和文献研究院. 十九大以来重要文献选编（中）[M]. 北京：中央文献出版社，2021：759.

中国式现代化的发展贡献智慧和力量。

本书立足中国式现代化的本质要求，系统阐释了深圳作为中国特色社会主义先行示范区的创新实践与时代担当。全书以党的全面领导为根本遵循，从九个维度展开论述：一是坚定不移走中国特色社会主义发展道路的深圳探索；二是以创新驱动引领高质量发展的深圳模式；三是发展全过程人民民主的基层治理实践；四是文化创新与精神文明建设的深圳样本；五是以民生改善为导向的共同富裕路径创新；六是人与自然和谐共生的生态文明建设范例；七是参与全球治理的城市外交新范式；八是构建人类命运共同体的国际表达；九是新时代改革开放的深圳经验与理论贡献。通过系统总结深圳在现代化建设中的制度创新、实践突破和理论成果，为全面建设社会主义现代化国家提供了重要参考。

一、坚持中国共产党领导

党政军民学，东西南北中，党是领导一切的。办好中国的事情，关键在党。改革开放以来，深圳在中国共产党的领导下，积极探索创新，敢于突破旧有的体制机制束缚，逐步建立了具有中国特色的社会主义市场经济体系。党的决策部署在这里得到了迅速而有效的贯彻落实，转化为推动现代化建设的强大动力，深圳人民在党的领导下，凭借着坚定的信念和不懈的努力，创造了世界城市发展史上的奇迹。对于中国式现代化而言，有一个与西方现代化最大的不同，就在于我们是在党的领导下完成现代化目标的，对于中国这样一个发展中大国而言，只有坚持党的领导，才能够调动各种资源、化解各种风险，使得现代化发展之路行稳致远。从根本上来说，没有党的坚强领导，就没有改革开放的伟业，也就没有深圳的发展奇迹。

经济特区的建立，是深圳现代化建设的起点。在这里，党的政策先行先试，为深圳的发展提供了广阔的空间和有力的支持。深圳充分利用这一政策优势，吸引了大量的外资和技术，促进了经济的快速发展。从最初的一个边陲小镇，逐渐发展成为中国的经济特区、国际性综合交通枢纽和国际科技创新中心。

随着改革开放的深入，深圳又承担起了建设中国特色社会主义先行示范区的重任。这意味着深圳要在更高层次、更广领域、更大范围内探索社会主义现代化建设的道路。深圳不负众望，在党的领导下，继续发扬敢闯敢试、敢为人先的精神，推动经济社会全面发展。

二、坚持中国特色社会主义

2018 年 12 月 18 日，习近平总书记在庆祝改革开放 40 周年大会上的讲话中深刻指出："我们要把命运掌握在自己手中，就要有志不改、道不变的坚定。改革开放 40 年来，我们党全部理论和实践的主题是坚持和发展中国特色社会主义。"方向决定未来，方向决定中国式现代化的成败得失。深圳的实践充分证明，只有社会主义才能救中国，只有中国特色社会主义才能发展中国。深圳在坚持和发展中国特色社会主义道路上不断探索创新，形成了具有深圳特色的社会主义现代化发展模式。深圳的实践，始于改革开放的伟大决策，改革开放之初，深圳作为中国的经济特区之一，肩负着探索社会主义市场经济道路的重任。在党的领导下，深圳人民勇于开拓、敢于创新，成功走出了一条具有深圳特色的社会主义现代化发展道路。

三、实现高质量发展

党的二十大报告提出"高质量发展是全面建设社会主义现代化国家的首要任务"。我们党之所以在当前强调高质量发展的重要性，这同我国进入新发展阶段社会主要矛盾发生变化有着很大的关系。目前，我国社会主要矛盾已经转化为人民日益增长的美好生活需要和不平衡不充分的发展之间的矛盾，广大人民对未来的期待已经从一般的数量要求转变为更高标准的质量要求了，过去关注的是有没有，现在的诉求是好不好。当下发展中的矛盾和问题集中体现在发展质量上。这就要求我们必须把发展质量问题摆在更为突出的位置，着力提升发展质量和效益。对于深圳而言，要努力推动高质量发展，就必须完整、准确、全面贯彻新发展理念，坚持社会主义市场经济改革方向，坚持高水平对外开放，加快构建以国内大循环为主体、国内国际双循环相互促进的新发展格局。在这个过程中，特别要注重通过创新驱动发展新质生产力，努力成为具有中国特色、世界水平的创新型城市的典范。无创新无深圳，无创新无未来。未来的深圳需要一如既往地以创新为核心驱动力，通过优化产业结构、提升创新能力、加强品牌建设等举措，不断推动经济高质量发展。

四、发展全过程人民民主

党的二十大报告指出："人民民主是社会主义的生命，是全面建设社会主义现代化国家的应有之义。全过程人民民主是社会主义民主政治的本质属性，是最广泛、最真实、最管用的民主。"马克思主义唯物史观揭示了这样一个朴素而深刻的真理：人民群众是物质财富的创造者、精神财富的创造者、社会变革的决定性力量。只有坚持发展为了人民、发展依靠人民、发展成果由人民共享，中国特色社会主义事业才会兴旺发达，深圳的改革事业才会释放出不竭的动力。深圳在推进现代化实践进程中，注重发挥人民的首创精神，保障人民当家作主的权利。通过完善基层民主制度、拓宽民主参与渠道等方式，极大地调动了深圳人民参与现代化建设的积极性和创造性。

五、丰富人民精神世界

党的二十大报告指出："全面建设社会主义现代化国家，必须坚持中国特色社会主义文化发展道路，增强文化自信，围绕举旗帜、聚民心、育新人、兴文化、展形象建设社会主义文化强国，发展面向现代化、面向世界、面向未来的，民族的科学的大众的社会主义文化，激发全民族文化创新创造活力，增强实现中华民族伟大复兴的精神力量。"中国式现代化既是物质丰富发展的现代化，也是人的精神丰富发展的现代化，马克思主义发展理论认为，人的自由全面发展是社会发展的根本目标。可以说，没有人的精神丰富发展，就不可能有中国式现代化的成功。深圳的发展同样证明了这样一个真理：必须坚持将人的全面发展、不断丰富人的精神世界作为重要目标任务而加以落实。改革开放以来，深圳一直注重提高人民群众的文化素养和精神文明水平，通过加强文化建设、推进文化创新等措施，不断满足人民群众日益增长的精神文化需求。

六、实现全体人民共同富裕

1988年9月12日，邓小平在听取工作汇报时，提出"两个大局"思想：沿海地区要加快对外开放，使这个拥有两亿人口的广大地带较快地先发展起来，从而带动内地更好地发展，这是一个事关大局的问题。内地要顾全这个大局。反过来，发展到一定时候，又要求沿海拿出更多力量来帮助内地发展，这也是个大局。那时沿海也要服从这个大局。2020年10月，习近平总书记在关于《中共中央关于制定国民经济和社会发展第十四个五年规划和二〇三五年远景目标的建议》的说明中指出，当前，我国发展不平衡不充分问题仍然突出，城乡区域发展和收入分配差距较大，促进全体人民共同富裕是一项长期任务，但随着我国全面建成小康社会、开启全面建设社会主义现代化国家新征程，我们必须把促进全体人民共同富裕摆在更加重要的位置，脚踏实地，久久为功，向着这个目标更加积极有为地进行努力。应当说，深圳是得益于党中央发展战略而先富起来的区域，先富带后富，共同走富裕之路，这是党的共同富裕的内涵要求，更是深圳应有的责任担当。一方面，深圳在推动经济社会发展的同时，注重保障和改善民生，通过完善社会保障体系、加强教育医疗等公共服务建设等措施，努力实现全体人民共同富裕的目标。另一方面，深圳在走中国式现代化道路过程中，还特别注重将发展成果惠及全国人民，以各种方式帮助和带动中西部地区走向共同富裕。

七、促进人与自然和谐共生

2023年7月，习近平总书记在全国生态环境保护大会上发表重要讲话指出，要深入贯彻新时代中国特色社会主义生态文明思想，坚持以人民为中心，牢固树立和践行绿水青山就是金山银山的理念，把建设美丽中国摆在强国建设、民族复兴的突出位置，推动城乡人居环境明显改善、美丽中国建设取得显著成效，以高品质生态环境支撑高质量发展。深圳之所以能成为全世界享有盛名的城市，就在于深圳一直按照党中央决策部署，注重人与自然和谐共生，着重处理好经济发展与生态保护的关系，在科技创新中一直保持着天蓝、水碧、土净的优良生态环境，从一定意义上来说，这是深圳能够吸引海内外人才的一个重要法宝，是推动深圳可持续发展的依托。近年来，深圳一直坚持尊重自然、顺应自然、保护自然的绿色发展理念，注重生态环境保护和可持续发展协同推进，通过加强环境治理、推动绿色产业发展等措施，开创了人与自然和谐共生的良好局面。

八、推动构建人类命运共同体

党的二十大报告指出："构建人类命运共同体是世界各国人民前途所在。万物并育而不相害，道并行而不相悖。只有各国行天下之大道，和睦相处、合作共赢，繁荣才能持久，安全才有保障。"深圳作为国际化大都市，积极响应并参与构建人类命运共同体倡议，发挥自身优势，在"一带一路"、民间外交、对外讲好深圳故事、积极参与全球治理等方面做了大量的工作。面向未来，深圳作为构建人类命运共同体的城市典范，正以更大的力度落实好人类命运共同体的各项任务，通过加强国际合作、促进科技文化交流等方式，为世界和平与发展作出更大贡献。

九、创造人类文明新形态

习近平总书记在庆祝中国共产党成立 100 周年大会上的重要讲话中指出："我们坚持和发展中国特色社会主义，推动物质文明、政治文明、精神文明、社会文明、生态文明协调发展，创造了中国式现代化新道路，创造了人类文明新形态。"党的十九届六中全会通过的《中共中央关于党的百年奋斗重大成就和历史经验的决议》指出："党领导人民成功走出中国式现代化道路，创造了人类文明新形态，拓展了发展中国家走向现代化的途径，给世界上那些既希望加快发展又希望保持自身独立性的国家和民族提供了全新选择。"深圳在现代化实践中不断探索创新，形成了具有深圳特色的社会主义现代化发展模式。这一模式不仅为中国式现代化提供了有益借鉴，也为人类文明新形态的创造提供了实践基础。

　　总之，深圳的实践创新为中国式现代化提供了生动案例和宝贵经验。通过对深圳实践的深入研究和分析，我们可以更加清晰地认识中国式现代化的内在逻辑和本质要求，进一步推动中国特色社会主义现代化建设不断向前发展。这里还要指出的是，深圳的实践创新也为其他国家和地区提供了可借鉴的经验和启示，有助于推动全球现代化进程朝着更加公正、合理、可持续的方向发展。

第一章　坚持中国共产党领导是中国式现代化的本质要求

第一节　坚持中国共产党对深圳发展的全面领导

一、深圳经济特区的建立

1978 年 12 月，党的十一届三中全会作出改革开放的历史性决策，标志着中国进入了一个新的历史时期。在这一背景下，中国共产党敏锐地认识到设立经济特区的重要性，决定在深圳等地试办经济特区，以探索改革开放的新路子。1980 年 8 月，经国务院批准，深圳经济特区正式建立。

（一）深圳经济特区建立的历史背景

经济特区的创办有其深刻的历史背景，既是党和国家在新的历史条件下主动顺应世界政治经济发展新趋势作出的战略抉择，也是党和国家在深刻总结历史经验的基础上，为推进改革开放和社会主义现代化建设进行的伟大创举。[1]

1. 党中央创办经济特区的宏观思路和战略考虑

新中国成立后，逐步建立起完整的国民经济体系，为当代中国经济发展奠定了重要基础。"文化大革命"结束之后，广大干部群众迫切要求扭转十年内乱造成的混乱局面，使社会主义建设事业重新走上正轨。在这个重要历史关头，党中央召开了党的十一届三中全会，作出将党的工作中心转移到经济建设

---

[1]　陈金龙，张鹏辉. 经济特区：中国改革开放的伟大创举[N]. 光明日报，2020-11-11（11）.

上来、实行改革开放的历史性决策。[1]推进改革开放和社会主义现代化建设事业既要明确症结所在，更要找准突破口。考虑到中国地域辽阔、人口众多、情况复杂，改革开放只能由点及面，从局部开始，再逐步向全国推广。这是党中央创办经济特区的宏观思路和战略考虑。

2. 我国创办经济特区有利的外部条件

20 世纪 70 年代以来，世界政治经济格局发生了深刻变化。一方面，美苏争霸逐渐转为僵持局面，世界大战爆发的危险和可能大大减小，和平与发展成为大多数国家的普遍意愿。中国共产党顺应时代变化，积极开展对外考察和交流活动。另一方面，随着第三次科技革命浪潮的兴起，世界经济快速发展，各国之间的交流联系日益密切。为了迅速摆脱经济危机的阴影，主要资本主义国家普遍面临调整产业结构、进行产业转移和开拓新兴市场的需要，这为我国加快引进国外资金、技术和管理办法提供了良好契机。因此，20 世纪 70 年代以来，世界政治经济局势的变化，为我国创办经济特区提供了有利的外部条件。

3. 广东省委的主动作为

1979 年 1 月，广东省委召开四届二次常委扩大会议。传达学习党的十一届三中全会和中央工作会议精神，研究如何实现工作中心转移问题。习仲勋在总结发言时指出：广东省毗邻港澳，对于搞四个现代化来说，这是很有利的条件。可以利用外资，引进先进技术设备，搞补偿贸易，搞加工装配，搞合作经营。中央领导对此已有明确指示，广东要坚决搞，大胆搞，放手搞，以此来加快全省工农业生产的发展。[2]同时，广东省委决定将宝安县改为深圳市，为省辖市，由省和惠阳地区实行双重领导；成立中共深圳市委，任命张勋甫同志为深圳市委书记。而深圳蛇口工业区的建设和沙头角镇的探索为深圳经济特区的建立提供了有益经验，蛇口和沙头角也成为深圳经济特区腾飞的东西两翼。

---

[1] 习近平. 在深圳经济特区建立40周年庆祝大会上的讲话[EB/OL]. (2020-10-14). https://www.gov.cn/xinwen/2020-10/14/content_5551299.htm.

[2] 《习仲勋传》编委会. 习仲勋传（下）[M]. 北京：中央文献出版社，2013：430.

（二）经济特区的创办历程

1. 创办经济特区的设想萌发

1978 年，为吸取发达国家和地区的先进经验，以推动中国的现代化建设，国务院曾先后组织多批团组分别考察了港澳地区和西方一些国家。1978 年 4 月，港澳经济贸易考察组回京后，提出将靠近港澳的广东宝安、珠海划为出口基地，力争用三五年时间，把两地建设成为具有相当水平的对外生产基地、加工基地和吸引港澳客人的游览区。[1]

正在这个时候，交通部驻香港招商局要求在宝安建一个工业区。1979 年 1 月，广东省革委会、交通部联合向国务院提出报告，拟在宝安蛇口建立招商局的工业区。这份报告引起了党中央的高度重视，李先念副主席亲自批示同意办理。蛇口工业区的建立，可以说是深圳经济特区建立的一个前奏。

2. 从"出口加工区"到"出口特区"

党的十一届三中全会后，改革开放成为当前最紧迫的任务。1979 年 2 月，广东省委考察、分析了广东省经济发展的有利条件，向党中央报告在深圳、珠海、汕头办出口加工区的设想。1979 年 4 月，在中央工作会议期间，时任广东省委第一书记的习仲勋同志向中央领导同志提出兴办出口加工区、推进改革开放的建议。邓小平同志明确指出，还是叫特区好，中央可以给些政策，你们自己去搞，杀出一条血路来。[2] 会议确定，在对外经济活动中授权广东实行特殊政策、灵活实施，并在深圳、珠海、汕头试办特区。[3]

1979 年 7 月 15 日，中共中央、国务院批转广东省委、福建省委关于对外经济活动实行特殊政策和灵活措施的报告，同意在深圳、珠海、汕头和厦门试办出口特区。[4] 这个历史性的文件，拉开了创办深圳经济特区的序幕。

---

[1] 共产党人的斗争 | 兴办经济特区："杀出一条血路"[EB/OL].（2021-07-04）.https://www.ccdi.gov.cn/specialn/jdybzn/gcdwddzjdybn/202107/t20210704_148747.html.

[2] 中共中央文献研究室. 邓小平思想年谱（1975—1997）[M]. 北京：中央文献出版社，1998：17.

[3] 沈仲文. 牢记嘱托开创新时代经济特区建设新局——写在深圳经济特区建立四十四周年之际[N]. 深圳特区报，2024-08-26（A01）.

[4] 中华人民共和国大事记（1979）[EB/OL].（2009-10-09）. https://www.gov.cn/ test/2009-10/09/content_1434297_2.htm.

3.《广东省经济特区条例》的颁布与深圳经济特区的正式建立

1980年3月，谷牧副总理和当时任国家进出口委员会副主任的江泽民南下广州，召开广东、福建两省会议。在会上，谷牧代表国务院同意把原拟的"出口特区"的名称正式改为"经济特区"并指出要重点开放深圳特区。

1980年5月，党中央、国务院正式将"出口特区"定名为"经济特区"，并明确提出：特区的管理，在坚持四项基本原则和不损害国家主权的条件下，可以采取与内地不同的体制和政策；特区经济主要实行市场调节。[1]同年8月，第五届全国人民代表大会常务委员会第十五次会议作出决定，批准广东、福建两省在深圳、珠海、汕头、厦门设置经济特区，并通过了《广东省经济特区条例》。《条例》规定："为发展对外经济合作和技术交流，促进社会主义现代化建设，在广东省深圳、珠海、汕头三市分别划出一定区域，设置经济特区。"中国的经济特区建设正式通过立法程序确定下来，这是特区建设的纲领性文件，因此将1980年8月26日定为深圳经济特区正式建立的日子。[2]

由此可见，建立深圳经济特区的决策是党的十一届三中全会路线、方针、政策的重要组成部分。特区的建设和发展，是在党中央的统一决策部署下，在广东省委和深圳市委的具体领导下，逐步开展的。

二、深圳经济特区行稳致远的保证

深圳经济特区自1980年建立以来，在党的坚强领导和全国人民的大力支持下，以强烈的使命担当和敢为天下先的创新精神勇当改革"先锋"，从"杀出一条血路"到"蹚出一条大路"，从"窗口""试验田"再到"排头兵""先行示范区"，创造了人类发展史上一个又一个奇迹。这一系列伟大成就的取得，最根本的是坚持中国共产党的领导。

---

[1] 中共深圳市委党史研究室，深圳市史志办公室. 深圳改革开放四十年[M]. 北京：中共党史出版社，2021：25.

[2] 共产党人的斗争 | 兴办经济特区："杀出一条血路"[EB/OL]. (2021-07-04). https://www.ccdi.gov.cn/specialn/jdybzn/gcdwddzjdybn/202107/t20210704_148747.html.

（一）中央对特区的肯定与深圳建设新热潮的兴起

深圳经济特区建立后，经过几年的努力，特区在经济建设和文化建设方面，都取得了一定成就。深圳经济特区改革开放不断深入，引起了国内外各阶层人士的广泛关注，绝大多数人给予理解和支持。但是，在党内外也存在一些不同意见的人。他们或是不了解特区情况，或是以传统观念、旧的模式、僵化的思想和方法来评论深圳经济特区。"辛辛苦苦几十年，一夜之间变成解放前"等议论和指责，给深圳特区建设者们思想上、精神上以极大的压力。一时间，特区的工作也出现了放不开手脚、推动缓慢等现象，特区的特殊性、灵活性越来越小，步子越来越迈不开。特区在改革开放这条道路上，遇到了很大的困难。[1]

1. 邓小平首次视察深圳经济特区

面对困难，邓小平等中央领导同志坚定地支持特区的建设。1980年12月，邓小平在中央工作会议闭幕式上发表重要讲话时指出："已经从各方面证明行之有效的改革措施要继续实行，不能走回头路。""在广东、福建两省设置几个经济特区的决定，要继续实行下去。"陈云也指出："打破闭关自守的政策是正确的。""广东、福建两省的特区及各省的对外业务，要总结经验。现在还没有好好总结。"[2]

1981年，国家处于国民经济的调整期，拿不出钱来支持特区。在这年的中央工作会议期间，邓小平语重心长地对广东省的同志说："经济特区要坚持原定方针，步子可以放慢些。""放慢些"是出于对国家经济暂时困难的考虑。但是，原定的方针不能变，特区要坚定不移地干下去，这是最根本的。1982年初，深圳蛇口工业区拟聘请外籍人士当企业经理，遭到一些人的责难。邓小平得知这一情况后立刻拍板道：可以聘请外国人当经理，这不是卖国。[3]

[1] 共产党人的斗争｜兴办经济特区："杀出一条血路"[EB/OL].（2021-07-04）. https://www.ccdi.gov.cn/specialn/jdybzn/gcdwddzjdybn/202107/t20210704_148747.html.
[2] 共产党人的斗争｜兴办经济特区："杀出一条血路"[EB/OL].（2021-07-04）. https://www.ccdi.gov.cn/specialn/jdybzn/gcdwddzjdybn/202107/t20210704_148747.html.
[3] "摸着石头过河"：邓小平同志和经济特区的故事[EB/OL].（2008-09-02）. https://news.cctv.com/science/20080902/106036_1.shtml.

1984年，80岁高龄的邓小平来到深圳进行实地考察——听汇报、下车间、访村问户，掌握了大量的第一手材料。在他离开深圳后的2月1日（农历大年三十）上午，应深圳市委、市政府的提议，为深圳经济特区题词："深圳的发展和经验证明，我们建立经济特区的政策是正确的。"最后落款日期是"一九八四年一月廿六日"，邓小平特地将题词的日期写在他离开深圳那天，这充分表明，还在深圳的时候，他心中已经有了这个定评。[1]

邓小平为深圳特区的题词，肯定了深圳特区建设取得的成就，肯定了深圳特区的发展经验，肯定了深圳特区在改革开放中实行的一系列新的政策和新的措施；更坚定了深圳特区广大干部、群众的信心和决心。邓小平为深圳特区的题词发表后，在国内外引起强烈反响，不久前党内外对深圳特区的种种怀疑和指责很快收敛了，随之而来的是沿海各地乃至全国各地改革开放热潮的兴起。

2. 党和国家领导人先后给予深圳特区鼓舞和支持

继邓小平视察深圳之后，当时的党和国家领导人胡耀邦、邓颖超等也先后视察深圳经济特区，给深圳特区以极大的鼓舞和支持。

邓小平、胡耀邦、邓颖超等党和国家领导人对深圳经济特区的视察、题词和谈话，表明党中央、国务院对深圳经济特区的莫大关怀、支持，同时也表明党中央、国务院对办好经济特区，坚持改革开放路线的决心。在党中央、国务院的亲切关怀支持下，1984年，深圳经济特区各项事业有了一个新的飞跃，在全国14个沿海开放城市中掀起了一个学习特区、扩大开放的热潮，这股热潮对进一步解放全国人民的思想、加快社会主义经济建设，起到了极其重要的作用。

3. 沿海部分城市工作座谈会与第一次全国特区工作会议的召开

1984年2月，邓小平视察深圳、珠海、厦门、上海等地回到北京，同中央几位负责同志座谈，就扩大开放等问题发表了重要讲话。谈话中，邓小平谈到他视察深圳的情况，同时高度概括、评价了特区的地位和作用。他指出，"特区是个窗口，是技术的窗口，管理的窗口，知识的窗口，也是对外政策的窗口。从特区可以引进技术，获得知识，学到管理，管理也是知识。特区成为开

---

[1] 深圳经济特区研究会，深圳市史志办公室. 深圳经济特区三十年（1980—2010）[M]. 深圳：海天出版社，2011：50.

放的基地，不仅在经济方面、培养人才方面使我们得到好处，而且会扩大我国的对外影响"。[1]

邓小平还就扩大开放等问题发表了具体意见。他说，除现在的特区之外，考虑再开放几个点，增加几个港口城市，这些地方不叫特区，但可以实行特区的某些政策。邓小平的倡议，得到在座的中央领导同志的赞同。随后，中央书记处和国务院开始筹备召开全国沿海部分城市工作座谈会，进行具体的设计安排。同年 3 月 26 日至 4 月 6 日，中央书记处和国务院在中南海怀仁堂召开了全国沿海部分城市工作座谈会，着重研究沿海部分港口城市如何进一步开放的问题。会议最后形成了《沿海部分城市工作座谈会纪要》。同年 5 月 4 日，党中央、国务院批转了这个《纪要》。《纪要》的批转和贯彻落实，使中国的改革开放出现了向广度和深度发展的新局面，使特区建设进入了一个新阶段。

（二）关键时刻党中央对深圳经济特区发展保驾护航

20 世纪 80 年代末 90 年代初，苏联和东欧社会主义国家政局动荡不断加剧，改革开放过程中积累的矛盾和问题开始凸显，社会上一度出现了经济特区姓"资"姓"社"的争论，给经济特区建设和发展造成了不小的思想阻力。在经济特区又一次面临着严峻的困难和考验、中国的改革开放面临着又一次重大机遇与挑战的关键时刻，邓小平再次视察了深圳经济特区并发表了重要讲话，要求紧紧围绕中心工作，抓住机遇，加快改革与发展的步伐。

1. "南方谈话"

1992 年 1 月 19 日—23 日，邓小平在深圳期间发表的一系列重要谈话是其整个"南方谈话"的重要组成部分，一系列震撼全国乃至全世界的重要谈话，有力地驳斥了关于经济特区建设的质疑和诘难，极大地解放了人们的思想，掀起了中国新一轮改革开放和现代化建设的浪潮。

随着"南方谈话"的发表和党的十四大的召开，经济特区建设进入"增创新优势"和跨越式发展的新阶段。围绕中央关于"增创新优势，更上一层楼"

---

[1] 中国共产党简史编写组. 中国共产党简史[M]. 北京: 人民出版社, 2021: 247.

的部署和要求，经济特区在所有制改革、国有企业改革、价格改革等方面取得了新的突破，初步建立起社会主义市场经济体制的基本框架，引领改革开放事业不断推进。

2. 从"试验场"到"排头兵"

1994年6月，江泽民视察深圳并发表重要讲话，标志着经济特区的发展进入了一个提高整体素质、增创新优势的历史新阶段。作为中国改革开放的"试验场"和建设有中国特色社会主义的"排头兵"，20世纪80年代曾创造了著名的"深圳速度"、"敢闯"经验和200多项"全国之最"，一直站在全国改革开放的浪尖上的深圳经济特区，在新的历史时期，面对全国气势磅礴的改革开放浪潮和咄咄逼人的发展态势，在江泽民讲话精神的鼓舞下，在新一届市领导班子的正确领导下，进一步解放思想，敢闯敢拼，再一次跃上了改革开放的潮头，继续在全国领先了一步。

2000年11月，在深圳经济特区建立二十周年庆祝大会上，江泽民同志发表了重要讲话，他高度评价了经济特区在全国的改革和建设中发挥的重要作用，并指出经济特区在坚持社会主义基本制度的前提下，率先进行改革，为探索有中国特色社会主义的现代化建设道路积累了新鲜经验。

3. 经济特区不仅应该继续办下去，而且应该办得更好

2010年9月6日，时任中共中央总书记、国家主席、中央军委主席的胡锦涛在深圳经济特区建立30周年庆祝大会上发表了重要讲话。他强调，兴办经济特区是党和国家为推进我国改革开放和社会主义现代化作出的一项重大决策，是中国共产党人和中国人民在探索中国特色社会主义道路上进行的一个伟大创举。他指出，党中央作出兴办经济特区的决策是完全正确的。他还指出，经济特区不仅应该继续办下去，而且应该办得更好。中央将一如既往支持经济特区大胆探索、先行先试、发挥作用。经济特区要适应国内外形势新变化、按照国家发展新要求、顺应人民新期待，面向现代化、面向世界、面向未来，继续解放思想，坚持改革开放，努力当好推动科学发展、促进社会和谐的排头兵，在改革开放和社会主义现代化建设中取得新进展、实现新突破、迈上新台阶。[1]

---

[1] 胡锦涛. 在深圳经济特区建立30周年庆祝大会上的讲话[EB/OL].（2010-09-06）. https://www.gov.cn/ldhd/2010-09/06/content_1696822.htm.

深圳经济特区在 40 年改革开放的伟大实践中，实现了从落后的边陲小镇到具有全球影响力的国际化大都市的历史性跨越，从经济体制改革到全面深化改革的历史性跨越，从以进出口贸易为主到全方位高水平对外开放的历史性跨越，从经济发展到统筹社会主义物质文明、政治文明、精神文明、社会文明、生态文明发展的历史性跨越，从解决温饱到高质量全面小康的历史性跨越，创造了世界发展史上的奇迹。[1]

中国特色社会主义是改革开放以来党的全部理论和实践的主题，经济特区的成功实践充分证明了党的十一届三中全会以来形成的路线、方针、政策是完全正确的，不仅将进一步强化中国特色社会主义道路自信、理论自信、制度自信、文化自信，而且以不争的事实向世界展示了中国特色社会主义的光明前景和蓬勃生机。

三、创造性事业需要核心指挥

当今世界正经历百年未有之大变局，经济全球化遭遇逆流，保护主义、单边主义上升，世界经济低迷，国际贸易和投资大幅萎缩，国际经济、科技、文化、安全、政治等格局都在发生深刻调整，世界进入动荡变革期。

正处于实现中华民族伟大复兴关键时期的中国，经济已由高速增长阶段转向高质量发展阶段。我国社会主要矛盾发生变化，人民对美好生活的要求不断提高，经济长期向好，市场空间广阔，发展韧性强大，正在形成以国内大循环为主体、国内国际双循环相互促进的新发展格局。同时，我国经济正处在转变发展方式、优化经济结构、转换增长动力的攻关期，实现高质量发展还有许多短板弱项，经济特区发展也面临着一些困难和挑战。[2]

---

[1] 叶晓楠. 四十载波澜壮阔 新征程催人奋进[N]. 人民日报海外版, 2020-10-16 (05).

[2] 习近平. 在深圳经济特区建立40周年庆祝大会上的讲话[EB/OL]. (2020-10-14) .https://www.gov.cn/ xinwen/2020-10/14/content_5551299.htm.

（一）深圳经济特区建设是中国共产党领导下的伟大创举

1. 始终坚持党对经济特区建设的领导，保证了经济特区建设的正确方向

在深圳经济特区建立 40 周年庆祝大会上，习近平总书记指出："深圳是改革开放后党和人民一手缔造的崭新城市，是中国特色社会主义在一张白纸上的精彩演绎。"经济特区改革发展事业取得的成就，是党中央坚强领导、悉心指导的结果，充分证明了无论改什么、改到哪一步，都要坚持党的领导，确保党把方向、谋大局、定政策，确保党始终总揽全局、协调各方。可以说一部深圳史，一部特区史，就是中国共产党团结带领亿万人民不断开辟中国特色社会主义道路新境界的实践证明。

中国共产党的领导是中国特色社会主义的本质特征，也是中国特色社会主义制度的最大优势。先行示范区建设必须在党的领导下进行，遵循党中央对先行示范区建设战略定位、发展目标、"五个率先"的顶层设计，真正发挥先行示范区在发展中国特色社会主义事业中的示范作用和核心引擎功能，以创建社会主义现代化强国的城市范例，成为竞争力、创新力、影响力卓著的全球标杆城市。[1]

2. 深圳经济特区的改革实践始终自觉坚持以马克思主义中国化时代化最新理论成果为指导

马克思指出，生产力决定生产关系，生产关系反作用于生产力。经济特区的起点就根植于生产力与生产关系的互动关系之中。1979 年，邓小平同志明确指出，经济特区要杀出一条血路来。这就是要在"生产关系反作用于生产力"中杀出一条血路，探索出一条生产力与生产关系良性互动的制度创新进而制度成熟定型之路。[2]

经济特区的起点是"特"，通过制度创新之"特"的改革，促进生产力快速持续健康发展。经济特区的目标是"同"，通过可复制、可推广的制度创新经验复制推广，推进中国特色社会主义制度更加成熟更加定型。这是从"摸着

---

[1] 广东省习近平新时代中国特色社会主义思想研究中心. 中国特色社会主义先行示范区建设的路径选择[N]. 光明日报, 2019-09-25(05).

[2] 刘金山. 经济特区：从特殊性到一般性的制度成熟定型之路[N]. 南方日报, 2020-11-02(2).

石头过河"到"顶层设计"的理性演进之路，更是一条从特殊性到一般性的科学探索之路，亦是一条马克思主义中国化的辩证法实践之路。40多年来，深圳坚持党统揽全局的政治方向，坚持以经济建设为中心，坚持发展是硬道理，坚持探寻公有制多种有效实现形式，鼓励、支持、引导非公有制经济发展，带来了生产力极大解放和人民生活水平的提高。[1]

深圳的发展离不开中国化、时代化的马克思主义理论的指导。从邓小平理论、"三个代表"重要思想、科学发展观到习近平新时代中国特色社会主义思想，深圳经济特区在改革发展实践中，始终坚持运用科学理论指导社会改革发展，让科学理论结出丰硕成果。深圳经济特区取得的伟大成就，充分彰显了中国特色社会主义理论的科学性。

"兴办经济特区，是党和国家为推进改革开放和社会主义现代化建设进行的伟大创举。"深圳的快速崛起，得益于始终将马克思主义中国化理论融入自身建设发展中，是马克思主义基本理论与中国具体实际相结合的时代产物。深圳，在改革开放最前沿高高举起中国特色社会主义伟大旗帜，用先行示范区建设的生动实践，雄辩地证明中国特色社会主义道路走得通、走得对、走得好。[2]

3. 深圳经济特区是深圳在社会主义制度下的探索创新

从邓小平同志的"杀出一条血路来"到1979年7月中央决定先在深圳、珠海试办出口特区，待取得经验后，再考虑在汕头和厦门设置特区。作为中国改革开放的窗口和试验田，深圳经济特区始终准确把握中国特色社会主义最本质的特征，牢牢把握社会主义初级阶段基本国情，对社会主义条件下如何更好解放和发展生产力，开展了卓有成效的探索实践。[3]

中国共产党的领导是中国特色社会主义最本质的特征，是中国特色社会主义制度的最大优势。深圳经济特区是我国"举国体制"的产物，是中国共产党和全国人民"集中精力办大事"取得的成果，体现了我国社会主义制度的鲜明优势，印证了中国共产党领导的正确性，彰显了中国特色社会主义的道路自

[1] 刘金山. 经济特区：从特殊性到一般性的制度成熟定型之路[N]. 南方日报，2020-11-02（2）.

[2] 沈仲文. 在推进中国式现代化伟大实践中走在前列勇当尖兵——写在《中共中央　国务院关于支持深圳建设中国特色社会主义先行示范区的意见》公布五周年之际[N]. 深圳特区报，2024-08-18（A01）.

[3] 郭万达. 坚持中国道路，以中国式现代化推进中华民族伟大复兴[N]. 深圳特区报，2021-12-07.

信、制度自信。[1]

（二）习近平总书记的亲自部署推动深圳经济特区走向新时代新征程

习近平总书记对广东工作高度重视、亲切关怀、寄予厚望，党的十八大以来三次亲临广东视察、两次参加全国人大广东代表团审议、多次作出重要指示批示，亲自谋划、亲自部署、亲自推动粤港澳大湾区和深圳先行示范区建设，支持深圳开展综合改革试点，赋予广东重大机遇、重大平台、重大使命。[2]

1. "三个定位、两个率先"

2012年12月，当选中共中央总书记之后的首次地方考察，习近平总书记就选择了广东，来到了深圳。"希望广东的同志再接再厉，紧紧抓住国家支持东部地区率先发展的机遇，努力成为发展中国特色社会主义的排头兵、深化改革开放的先行地、探索科学发展的试验区，为率先全面建成小康社会、率先基本实现社会主义现代化而奋斗。"考察期间，习近平总书记在新的历史起点上赋予广东新使命。[3]

2. 在"四个全面"中创造新业绩

2015年初，在"四个全面"战略布局提出不久，习近平总书记对深圳工作作出重要批示。批示指出，当前，我国改革进入攻坚期和深水区、经济发展进入新常态，国内外风险挑战增多。批示要求，深圳市要牢记使命、勇于担当，进一步开动脑筋、解放思想，特别是要鼓励广大干部群众大胆探索、勇于创新，在全面建成小康社会、全面深化改革、全面依法治国、全面从严治党中创造新业绩，努力使经济特区建设不断增创新优势、迈上新台阶。[4]

3. 改革不停顿、开放不止步

2018年10月，在庆祝改革开放40周年之际，习近平总书记再次来到深圳，号召"继续全面深化改革、全面扩大开放，努力创造出令世界刮目相看的新的

[1] 赵剑英. 深圳经济特区：中国特色社会主义的光辉典范[N]. 中国社会科学报，2019-01-08（8）.

[2] 李希. 不忘初心牢记嘱托　奋力实现习近平总书记赋予广东的使命任务[N]. 人民日报，2021-05-25（09）.

[3] 周志坤. 广东：以改革实干托举"中国梦"[N]. 南方日报，2013-11-06（1）.

[4] 金民卿，陈绍华，吕延涛. 中国共产党精神的时代解读[M]. 北京：社会科学文献出版社，2016：251.

更大奇迹"。[1]

2020 年 10 月，总书记再次亲临广东视察，出席深圳经济特区建立 40 周年庆祝大会并发表重要讲话。习近平总书记的重要讲话赋予了深圳经济特区新的历史使命，为新时代经济特区建设提供了行动指南和根本遵循。[2]

（三）中国式现代化理论指引深圳新的伟大实践不断走向深入

党的二十大以来，"以中国式现代化全面推进中华民族伟大复兴"成为新时代新征程的政治宣言，中国式现代化理论成为阐释中国经济社会发展的理论创新和引领中国未来高质量发展的行动纲领。中国式现代化的基本性质是中国特色社会主义现代化[3]，是在马克思主义指导下遵循科学社会主义理论逻辑并结合中国人民的现实创造而新生、重构的社会主义现代化发展道路。

1. 现代化始终是深圳经济特区的奋斗目标

深圳经济特区自建立之日起，就把现代化作为奋斗目标。1990 年深圳市第一次党代会提出建设科学技术比较先进、社会全面进步的现代化城市；1995 年第二次党代会提出为把深圳建设成为社会主义现代化的国际性城市而奋斗；2000 年第三次党代会提出率先基本实现社会主义现代化。之后历次党代会都提出现代化的目标。

作为中国式现代化的典型城市，深圳用 40 多年的时间走过了国外一些国际化大都市上百年走过的路。深圳在这一历程中，一方面始终坚持问题导向和目标导向，用鲜活的社会主义实践、不断革新的创新历程诠释着中国特色的现代化，是改革开放以来中国式现代化创新实践的缩影。深圳始终坚持与世界接轨、与时代并行，试图在高水平对外开放中拓展中国式现代化的广度和深度。

[1] 张晓松，朱基钗，杜尚泽. 续写更多"春天的故事"——习近平总书记出席深圳经济特区建立40周年庆祝大会并在广东考察纪实[EB/OL].（2020-10-16）. http://gd.people.com.cn/n2/2020/1016/c123932-34352871.html.

[2] 王伟中. 肩负起新时代党中央赋予深圳的历史使命[J]. 求是，2020（21）.

[3] 胡鞍钢. 中国式现代化道路的特征和意义分析[J]. 山东大学学报（哲学社会科学版），2022（10）：21-38.

2.中国式现代化理论是深圳新的伟大实践的行动指南

中国式现代化理论，是党的二十大的一个重大理论创新，是科学社会主义的最新重大成果。中国式现代化理论是基于中国国情、中国现实的重大理论创新，是全面建设社会主义现代化国家的理论支撑。

2019年开始，习近平总书记亲自谋划、亲自部署、亲自推动支持深圳建设中国特色社会主义先行示范区。深圳建设先行示范区的"五个战略定位"，与国家"五位一体"总体布局高度呼应，并在战略目标和具体内涵上提出了更高的要求。把深圳建设先行示范区的"三步走"路线图，与党的二十大明确的中国式现代化"两步走"路线图进行对比，可以明显看出：深圳将提前10年，即到2025年完成中国式现代化的第一阶段目标，在全国"基本实现现代化"目标下"建成现代化国际化创新型城市"；提前15年，即到2035年实现中国式现代化的第二阶段目标，在"建成社会主义现代化强国"的目标下"建成具有全球影响力的创新创业创意之都，成为我国建设社会主义现代化强国的城市范例"。

中国式现代化理论内涵丰富、意义深远，是指引全国各族人民迈向全面建设社会主义现代化国家新征程、朝着第二个百年奋斗目标勇毅前行的根本遵循。深圳在新的伟大实践中，必须深入学习领会习近平总书记关于推进中国式现代化的重要论述，深入把握中国式现代化的中国特色、本质要求、重大原则，确保中国式现代化深圳实践的正确方向。

3.深圳新的伟大实践将阐释和深化中国式现代化理论

中国式现代化是渐进的过程、逐步认识的过程，也是马克思主义在中国实践中不断丰富和发展的过程。基于中国式现代化的一般性、地方发展的特殊性，中国共产党聚焦中国式现代化战略的重点领域、关键环节，按照难易程度和轻重缓急分步骤推进，逐步累积现代化建设成果；同时选择部分省市或地区进行政策试点，先行先试、率先探索，待取得经验和达成共识后，再把试点做法进行推广直至全面实施，推动中国式现代化的全面实现。

深圳作为举世瞩目的政策试点城市，"摸着石头过河""办特区""先行先试""带动发展""渐进式推进"等举措已经成为中国式现代化实践的基本特色，其能够取得巨大成就的精髓也在于此。深圳是中国式现代化的样板和缩影，深圳的成功经验验证着中国式现代化的正确方向和实践选择，而先行先试的深圳必然会为中国式现代化提供更多可复制经验、提供更多可能。深圳实现现代化的伟大实践必将持续发展、不断丰富、更加完善中国式现代化理论。

第二节 新时代党的建设新的伟大工程的深圳创新实践

党的建设新的伟大工程的全面推进是中国式现代化的牢固基石，是实现中华民族伟大复兴的根本保证。党的百余年历史，就是一部不断坚持和加强党中央集中统一领导，把党的建设伟大工程推向前进的历史。从毛泽东首次提出"伟大的工程"，到邓小平、江泽民、胡锦涛成功开创和实施党的建设新的伟大工程，再到习近平总书记旗帜鲜明提出坚持和发展中国特色社会主义要一以贯之，推进党的建设新的伟大工程要一以贯之，增强忧患意识、防范风险挑战要一以贯之，系统展现了中国共产党百余年征程中，立足世情、国情、党情，聚焦新形势、新问题、新机遇，对解决大党独有难题的赓续探索，不断赋予党的建设"伟大工程"新的时代内涵，确保党始终朝气蓬勃走在时代前列。如今，进入新时代，党的建设新的伟大工程也步入新的发展阶段。以习近平同志为核心的党中央坚持党要管党、全面从严治党，以党的政治建设为统领，系统推进思想建设、组织建设、作风建设、纪律建设，以制度建设贯穿其中，打出一套全面、系统、整体的自我革命"组合拳"，不断将党的建设新的伟大工程向纵深推进。

从改革开放的经济特区向中国特色社会主义的先行示范区迈进，深圳四十多年的生动发展实践，便是把党的建设新的伟大工程推向前进的精彩样本。党的建设以其强大的引领作用为深圳经济社会发展提供坚实的政治保障。领改革开放发展之先的深圳经济社会发展亦为党的建设提供了广阔的创新空间。深圳党建史既是一部建设史，也是一部探索史，更是一部创新史。四十多年间，深圳党的建设率先经历了市场化改革带来的洗礼、对外开放带来的冲击以及社会利益日益多元化的挑战，并且率先开展了制度机制上的革新与实践尝试。在深圳经济特区发展的重要历史节点上，从经济特区"要不要继续特下去"到中央明确提出"三不变"方针，再到习近平总书记"经济特区不仅要继续办下去，而且要办得更好、办得水平更高"的明确宣示，成为深圳奋楫扬帆、踏浪向前的灯塔和"红色引擎"，党中央始终发挥坚强的领导核心作用，以超凡的气魄、超前的眼光掌舵深圳、创领未来。深圳切实增强"四个意识"、坚定"四个自信"、做到"两个维护"，将习近平新时代中国特色社会主义思想作为最强大之法宝、最有力之武器，继续强化党对各项事业的领导核心地位，奋力建设中国式现代化的创新实践范例。深圳等经济特区的建设和发展所取得的显著成果，对于推动改革开放和建设社会主义现代化强国都具有极大的价值示范意义，成为集中展现中国特色社会主义之道路自信、理论自信、制度自信、文化自信的鲜明注脚，充分展示了人类社会文明进步的中国方案、中国实践、中国智慧。

当前，深圳正从特区时代走向湾区时代，地处"两个前沿"，在地理位置上是"交会处"，在文化上是"交融处"，在意识形态领域上是"交锋处"，正处在粤港澳大湾区、深圳先行示范区"双区"驱动，深圳经济特区、深圳先行示范区"双区"叠加，深圳综合改革试点与前海改革开放"双改"示范，以及中国特色社会主义法治城市先行示范和粤港澳大湾区人才高地建设的黄金发展期，不断深化新时代党的建设新的伟大工程的深圳创新实践，对直面新问题、因应新形势、把握新机遇解决大党独有难题具有重要的样本价值和示范意义。

一、凝心铸魂，深圳经济特区在党的全面领导下行稳致远

党的思想建设是全面从严治党的基础性建设。用党的创新理论武装全党是党的思想建设的根本任务。成立百载，中国共产党始终坚定不移地用马克思主义中国化时代化的最新成果武装全党。特别是党的十八大以来形成的当代中国马克思主义和21世纪马克思主义——习近平新时代中国特色社会主义思想，为中国特色社会主义事业在新时代谱写发展新篇章起到了高屋建瓴的指引作用。

沧海横流显砥柱，万山磅礴看主峰。

深圳奋进新时代取得的新成就，从根本上来说，是深入推进习近平新时代中国特色社会主义思想在粤港澳大湾区落地生根的丰硕成果。深圳各级党组织持续深入学习贯彻落实习近平新时代中国特色社会主义思想，尤其是加强对习近平总书记对广东、深圳的指示批示精神的学思践悟，以学铸魂、以学增智、以学正风、以学促干，强化思想引领掌握历史主动，坚定不移按照习近平总书记的战略擘画走好新的赶考之路。

（一）往心里走：深化理论学习，牢铸"政治灵魂"

坚持思想引领与制度保障全面加强，坚持问题导向与目标导向统筹推进，坚持人民至上与改革创新同频共振，是深圳强化理论武装的三重实践向度。深圳出台了《深圳市干部学习促进办法（试行）》《关于切实加强和改进深圳市各级党委（党组）中心组学习的实施意见》等系列制度，让学习从软任务变成硬约束。2018 年以来，深圳率先建立党委（党组）第一议题学习制度，构建起以"班子成员领学解读、中层正职参学践读、主要领导评学导读"为四梁八柱的学习体系，理论学习日益科学化、规范化、长效化。从改革开放初期的"整党"活动，到扎实开展党的群众路线教育实践活动、"三严三实"专题教育，推进"两学一做"学习教育常态化制度化，再到深入开展"不忘初心、牢记使命"主题教育、党史学习教育，再到学习贯彻习近平新时代中国特色社会主义思想主题教育、党纪学习教育，理论武装持续系统开展、从未止步，全市党员"四个意识""政治三力"明显增强，坚定不移用党的创新理论武装头脑指导实践，把发现问题、解决问题贯穿始终，以人民群众满意度作为检验学习成效的"试金石"，凝聚起改革创新的"澎湃动能"。

深圳加强对理论的宣传阐释，创建并发展理论宣传品牌："沈仲平""沈仲文""沈学思"等，"深圳学派"的"理响力"持续扩大。宣教战线研究阐释和学习宣传贯彻习近平新时代中国特色社会主义思想联席工作制度也为深圳在全国所率先建立。在深圳这片理论与实践的沃土上，《深圳这十年》丛书发布暨学术研讨会，《世界湾区发展指数研究报告》等系列理论精品持续推出，深圳高校的马克思主义学科蓬勃发展，全市人文社科重点研究基地达 51 家。

（二）往深里走：立足发展实践，推进理论创新

深圳经济特区从改革开放到先行示范的飞跃发展，为中国特色社会主义理论体系的发展提供丰富的养料，全面验证了中国特色社会主义理论体系的科学价值，充分彰显了中国特色社会主义的理论自信。运用科学理论指导自身发展，让科学理论在领改革开放风气之先的鹏城沃土之上开花结果，是深圳在建设发展过程中形成的历史主动。中国特色社会主义是物质文明和精神文明全面发展的社会主义。40多年来，深圳在不断攀登物质文明高峰的同时，也在不断刷新精神文明建设的高度，始终坚持解放思想、实事求是的精神，勇于探索、敢于创新，在全国率先实施文化立市战略，"时间就是金钱、效率就是生命""空谈误国、实干兴邦"等深圳观念引领时代风气。包括敢闯敢试、先行先试的精神和"来了就是深圳人"的开放包容理念等在内的深圳精神和深圳观念，是对中国改革开放精神价值最生动的注解和诠释。特区改革发展实践中形成的改革开放精神和特区精神，是中国特色社会主义的重要精神财富之一，极大丰富了民族精神、时代精神的内涵。中国特色社会主义理论体系之精髓，如坚持解放和发展生产力，坚持党的领导、加强党的建设，坚持共同富裕、人民幸福等等，在实践中深度融入深圳的建设发展，并取得累累硕果。尤其是党的十八大以来，深圳以习近平新时代中国特色社会主义思想为指导，统筹推进"五位一体"总体布局，协调推进"四个全面"战略布局，大力实施新发展理念，深化供给侧结构性改革，以人民为中心实施创新驱动发展战略，坚持以社会主义核心价值观引领推进文化强市建设。深圳总结提炼出"敢闯敢试、开放包容、务实尚法、追求卓越"的新时代深圳精神，是深圳这座城市鲜明的精神旗帜，是改革开放事业最有力的精神写照，更是新时代深圳推动"双区"建设的冲锋号。深圳经过数十年淬炼，涵育出独特的精神文化——中华优秀传统文化的深厚底蕴构成了其深层内部逻辑，革命文化和社会主义先进文化为其注入了灵魂，充分彰显中国特色社会主义强大的文化自信。

（三）往实里走：分级分类全员参与，"双线"构筑品牌载体

坚持思想引领与推动经济社会发展的深度融合，坚持理论宣教主体与客体的有机统一，坚持线上平台与线下载体品牌化构建，是深圳深入推动党的创新理论入心践行的三重实践进路。针对领导干部、机关党员、青年党员、老龄党员、"两新"组织党员、流动党员、特殊群体党员、入党积极分子、群众等不同类别理论宣教客体特点，深圳将理论宣教与客体的工作行业实际相结合，推动宣教客体向主体转化。深圳开创性成立全国首个互联网行业党委讲师团，在全省率先完成区级党委讲师团的组建，还立足街道特点，组织建立全市第一个街道党工委讲师团，构建起党的理论宣讲体系"市—区—街道—社区"的骨架支柱，结合人才优势特点组建光明科学城科学家宣讲团、劳模工匠讲师团、青年讲师团等多个特色基层宣讲主体，凝聚起走在前列、勇当尖兵的强大思想共识。

深圳充分发挥党校在干部教育培训中的主渠道作用，实施"四个70%"教学改革，创新开展"4个100"行动。成立深圳改革开放干部学院，建设人才研修院"两分院三基地"，构建起"一校两院"干部人才教育培训大格局。设立"深圳干部读书节"，打造"新时代大讲堂""知行学堂"等党员干部教育品牌，开发"深i学"干部网络培训平台，实现时时可学、处处能学。[1]

新征程上，深圳加强习近平新时代中国特色社会主义思想理论武装，深入学习贯彻落实习近平总书记视察深圳的一系列重要讲话、重要指示精神，推动理论学习走深走实，明体达用、体用贯通，奋力把建设中国特色社会主义先行示范区作为展示习近平新时代中国特色社会主义思想的重要"窗门"，彰显我国新时代的伟大成就和中国特色社会主义的巨大优越性。

二、敢闯敢试，深圳经济特区党建不断改革创新

基层党组织和党员队伍是党的执政之基、力量之源。在党员队伍中，党的干部是"关键少数"，党员是"绝大多数"。党的干部是党组织的骨干，是党

---

[1]　杨丽萍. 奋力书写新征程上组织工作的优异答卷——新时代深圳组织工作综述[N]. 深圳特区报，2024-01-11（A01）.

的路线、方针、政策的主要贯彻执行者，是实现党的领导的决定性力量。基层党组织是党的全部工作和战斗力的基础，是团结带领广大人民群众贯彻党的理论和路线方针政策，落实党的任务的战斗堡垒。中国共产党成立100多年来，持续加强自身建设，确保"关键少数"始终成为推动党和国家事业不断向前的中坚力量；也通过基层党组织带动广大党员强化"四个意识"，确保"绝大多数"为党和人民事业始终奋斗向前。

求木之长者，必固其根本。

深圳经济社会发展前进的过程，就是一个冲破桎梏、敢闯敢试、改革创新的历程。2012年12月8日，习近平总书记在考察深圳前海时再次肯定了深圳敢闯敢试的精神，他指出："开发建设过程中，要充分发挥特区人'敢为天下先'的精神，敢于'吃螃蟹'，落实好国家给予的'比特区还要特'的先行先试政策。"深圳作为经济特区，一直以来受益于党的改革开放政策，肩负着为建立社会主义市场经济体制探路的使命，先行示范作用明显。在此形势背景下，深圳各级党组织必须不断提升自身应对经济社会挑战的能力，以扎实创新的组织建设"扛住"开放环境和市场机制带来的考验与挑战。40多年来，深圳在推进党的建设新的伟大工程中，尤其是在组织建设方面开展了敢闯敢试的生动探索。具体体现在，始终坚持"绝大多数"和"关键少数"齐抓共管，把"关键少数"的引领示范作用与"绝大多数"的规模效应有机结合起来，将筑牢战斗堡垒根基与经济社会发展紧密结合，走深走实群众路线，真正用创新的办法破解党的建设难题。

（一）抓住"关键少数"，建设高素质的干部队伍

抓"牛鼻子"是《习近平谈治国理政》的重要方法论。抓住"关键少数"，也就抓住了"牛鼻子"，往往能起到以点带面、引领全局的作用。深圳主要在以下四个着力点上开展了建设高素质干部队伍的创新探索。

1. 在干部选拔制度上下功夫

党的十八大以来，深圳实施《关于建设高素质干部队伍的若干意见》及其九项配套措施，专业化考察、集体面谈、家访等干部考察新机制在深圳陆续

出台，制定实施"六必谈五必核四必清"干部考察法，精准科学选人用人，把干部考准考实。此外，深圳还创新探索了"知事识人、序事辨材"干部工作体系，紧紧扭住"事"这个牛鼻子，把知事序事作为识人辨材的必由之路，通过谋事、干事、成事的能力考察识别干部，建立了"事、岗、人、能"干部四维坐标体系，注重选拔有创新精神、敢于担当的党员干部，把能谋事干事成事的干部选出来用起来，为城市发展提供坚实的组织保障。

2. 在干部培养模式上下功夫

党员干部成长离不开个人努力，组织培养更是起到了十分关键的作用。深圳实施的公务员素质培养的"雏鹰计划"，以政治素质为核心，致力于对年轻公务员进行全周期、递进式的精准培养。该计划涵盖初任训练、适岗培养、专业提升、创新锻造及领导力养成等多个环节，旨在提升年轻公务员的综合素质，确保人才的可持续发展，推动深圳市公务员队伍的高效成长，最终实现"后继有人"的目标，为城市发展提供坚实的人才保障。深圳充分发挥作为粤港澳大湾区核心城市的优势，率先启动深港公务员交流协作项目，让习近平新时代中国特色社会主义思想在深港两地深度合作中进一步开花结果。

3. 在干部任用机制上下功夫

组织有担当，干部更有作为。深圳出台激励干部担当作为的"19条"，通过"我是深圳公务员"等品牌打造和及时奖励制度的实施，助推在干部群体中发现更多能干事创业的可用可造之材。将"三个区分开来"深入落实，通过容错纠错机制若干规定、不实举报澄清正名办法、受处理处分干部使用指引等的出台，减轻干部心理负担，鼓励干部"大展拳脚"创新实干。深圳实行选派年轻干部集中攻坚机制、推动经济高质量发展专项考核、"干部助企行""百名干部破百题"行动等创新作为，特别关注并积极服务专精特新企业、独角兽企业和拟上市企业的发展需求，系列机制举措紧扣社会重难点诉求，开展专项行动，为经济社会发展保驾护航，有针对性地推动党员干部在全面服务保障经济社会高质量发展中淬炼成长。

4. 在高层次人才的引领吸纳上下功夫

为党聚才服务高质量发展，对高层次人才强有力的引领吸纳是深圳党的组织建设的另一个重要着力点。人才是第一资源，深圳积极推进人才工作，建立了"一把手抓第一资源"机制，出台了《深圳经济特区人才工作条例》，明确了"党管人才"原则。这一特区法规的实施，形成了党委统一领导、组织部门牵头、职能部门各司其职的人才工作格局，为深圳经济特区的发展提供了强有力的人才支撑。成立人才研修院，开办"向党学创业、向党学管理"等研修活动，加强对人才的政治引领和吸纳。在中国共产党成立 100 周年之际，中国科学院院士、南方科技大学理学院地球与空间科学系主任陈晓非向组织递交了入党申请书，2022 年正式成为一名中国共产党党员。这是深圳多年来不断加强高层次人才政治引领和政治吸纳的一个缩影。

此外，在深圳建设和发展的过程中，在各级党组织的组织引导下，广大党员干部勇担时代使命砥砺前行，涌现出袁庚、丛飞、孙影等一大批极具代表性的先进典型，谱写了共产党员在深圳大地上改革创新、忘我奉献的新篇章。

（1）袁庚

袁庚（1917—2016），生前系招商局集团常务副董事长。1978 年底，袁庚奉命在深圳宝安县蛇口半岛 2.14 平方公里的土地上破冰创建招商局蛇口工业区。他率先推动了一系列与市场经济相适应的新观念和体制机制变革。他创办了我国第一个外向型工业园区 —— 蛇口工业区，开启了中国经济发展的新篇章。通过引入外资和技术，蛇口工业区不仅为深圳的经济腾飞奠定了基础，也为全国的改革开放提供了宝贵的经验。他的贡献得到了广泛认可，先后被授予香港特别行政区政府金紫荆星章、改革先锋称号。

（2）慈善歌手丛飞

丛飞（1969—2006），深圳市义工联艺术团原团长，"100 位新中国成立以来感动中国人物"。丛飞是一名用爱心感动中国的歌唱演员，比起慈善事业来说，"歌手"更像是一个"副业"，因为他几乎把所有的时间都用在了需要帮助的人身上。他先后 20 多次前往贵州、云南等省份的贫困山区，暖心资助近两百名失学儿童和残疾人，涵盖了彝族、布依族、苗族、白族、羌族等多个少数民族，累计捐款超过 300 万元。同时，他在深圳义工联服务超过 6000 小时，积极参与各类志愿活动，为社会开展公益演出 400 多场。这位充满爱心的党员于 2006 年 4 月 20 日因晚期胃癌离世，年仅 37 岁。然而，他的爱心并未随着生命的结束而消逝。在去世前，他选择捐献眼角膜，帮助 6 位患者重见光明。

（3）山里娃的"爱心姐姐"孙影

孙影（1980— ），从 2006 年 8 月起，五年十赴贵州山区支教，在认真做好教学工作、倾力帮扶贫困学生的同时，为改善当地学生生活和改造危旧学校多方奔走。2010 年 3 月，孙影牵头成立孙影创新工作室，不断整合社会资源，主持开展了多项扶贫助学活动，在深圳与贵州山区之间架起爱心的桥梁。来深圳发展的过程中，孙影从一名单纯的支教志愿者，成为一名在慈善公益事业的需求方和供给方之间牵线搭桥、整合爱心资源的"公益中介""爱心中介"。十几年来，孙影在深圳爱心人士和企业帮助下，累计募集善款上千万元，先后为贵州山区捐建了 7 所希望小学，还为 700 多名山区学生找到了爱心资助。[1] 她曾荣获第三届"全国道德模范""全国五一劳动奖章""全国扶贫开发先进个人""中国青年五四奖章"等荣誉。

（二）管好"绝大多数"，在经济"最活跃地带"筑牢党建堡垒

必须管好"绝大多数"，把党组织建设成为领导特区建设的坚强核心，是坚持党对经济特区事业的全面领导的核心进路。从经济特区到中国特色社会主义先行示范区，历届深圳市委都高度重视党的建设，积极推动党组织在各个领域的覆盖和作用发挥，为改革开放和经济社会事业发展提供了坚强有力的政治保证。进入新时代，改革发展的任务更加复杂繁重，深圳自觉担起"试点、试验、示范"责任，主动适应城市发展新形势新要求，弘扬特区改革创新精神，围绕标准化规范化新要求，将城市基层党建与城市基层治理的融合推向纵深，革新城市基层治理理念、方式、载体，将党的组织优势有机转化为城市基层治理之效能优势，努力把经济发展"最活跃领域"打造为"最坚强堡垒"。

1. 强化顶层设计，出台深圳史上首批党内法规

深圳积极研究出台加强基层治理体系和治理能力现代化建设的有力举措，深化街道管理体制改革，提升治理效率。深圳通过推行"大部制"机构设置，下放 18 项近 500 类行政执法权和各类编制等举措，调配行政执法力量向街道

---

[1] 管亚东. 全国道德模范孙影：深圳这座关爱之城给我无尽力量[N]. 深圳商报，2021-11-10（A02）.

集中，全面提升社区党建的标准化建设，组织建设了一支数万人的社区工作者队伍。深圳将进一步优化网格化管理体系，提供更加细致入微的服务，提升居民的幸福感和满意度，为推动社会治理创新和经济高质量发展奠定坚实基础。

2017年，党中央在深圳等7个城市开展了党内法规制定试点工作。这一创新举措首次将党内法规的制定权下放至副省级城市和省会城市党委，旨在加强基层党建和作风建设。通过探索制定符合地方实际的党内法规，试点工作为提升党的建设质量和效率提供了新的路径，推动了地方党组织的规范化和制度化发展。此举不仅增强了基层党组织的活力，也为全国范围内的党内法规建设积累宝贵经验。2018年8月，深圳史上首批党内法规正式出台实施：《中国共产党深圳市街道工作委员会工作规则（试行）》《中国共产党深圳市社区委员会工作规则（试行）》《深圳市社会组织党的建设工作规定（试行）》《党支部书记履行党建工作职责考核办法（试行）》《建立健全纠正"四风"长效机制规定（试行）》5部党内法规，其中4部聚焦基层党建领域，以问题为导向，提出了一系列具体实在管用的规定，具有极强的指导性、针对性、实操性，既为深圳城市基层党建"大抓基层、大抓支部"提供了新的抓手，也为党中央在党内法规制定领域贡献了"深圳探索"。在全国7个党内法规制定试点城市中，出台法规数量最多，基层党建领域法规覆盖最全面、体系最完整的城市之一便是深圳。

2. 夯实社区党建，创新流动党员管理

深圳在城市化进程中，积极探索社区党建工作，推动社会治理创新。1992年6月18日，《中共深圳市委、深圳市人民政府印发关于深圳经济特区农村城市化的暂行规定的通知》提出："各居委会和集体经济组织应根据实际情况，单独或联合建立党的基层组织，加强基层党组织的建设。"自改革开放以来，我国社会主义市场经济体制得到了逐步的发展和完善，人才在不同地区与产业之间的流动性显著增强，不仅数量增多，而且范围扩大、频率加快，其中党员的数量也呈现出逐年增长的趋势，形成了一支规模日益庞大的流动党员队伍。深圳作为移民城市，流动人口较多，早在20世纪90年代，便在探索创新流动党员管理工作。

1997年，深圳开始试点以社区为单位开展流动党员管理工作，并逐步推动流动党员相对集中的工业区、住宅区、商业区以及村镇、街道五种基本社区单位单独建立党组织。1998 年，深圳市印发了《关于全面推动流动党员社区管理的通知》；2002 年又制定下发了《深圳市流动党员社区党组织工作暂行规定》，要求每个街道至少成立 1 个流动党员社区党组织，规模较大、流动党员较多的村、社区以及工业区、商业区、住宅区也要成立党组织。为了进一步推进社区党建标准化建设，2015 年 12 月底，深圳出台了《关于推进社区党建标准化建设的意见》，推进社区组织建设、党员管理、治理结构、服务群众和工作职责"五个标准化"建设。近年来，深圳探索构建覆盖流动党员的全链条工作体系，推动流动党员从"流动"到"有家"、从"有学"到"有为"、从"流入"到"融入"。深化街道管理体制改革，实行"大部制"机构设置，推动行政执法力量向街道集中，下放 18 项 475 类行政执法权和各类编制 4775 名，推进社区党建标准化建设，打造一支 3.7 万人的社区工作者队伍，做优网格化管理精细化服务。[1] 同时，全面推广"支部建在小区上"，旗帜鲜明地将加强党的领导写入《深圳经济特区物业管理条例》，赋予小区党组织决策参与权等，让小区党支部真正"强起来"。最新数据显示，目前深圳已实现全市 4400 多个物业小区和 1900 多个城中村党的组织和工作 100% 覆盖。

3. 做强非公党建，领航新兴领域快速发展

作为改革开放的窗口和试验田，深圳适应经济社会结构的急剧变革，较早进行非公党建领域探索，在"两新"组织（新经济组织、新社会组织）党建工作方面开展了卓有成效的实践。

早在深圳经济特区建立之初，深圳市委明确提出"特区要'特'，特在独资、合资企业中加强党的建设"，并明确提出涉外企业党组织的建立要与企业的组建同步进行。1995 年，深圳率先成立了市总商会民营企业党委，标志着民营企业党建工作的开端。2003 年，深圳市民营经济工作委员会的成立，进一步统一了全市"两新"组织的党建工作，于全市 6 个区和全部 51 个街道均成立了民营组织党（工）委，构建市、区、街道三级归口管理体系。深圳形成了齐抓共管的工作格局，党建工作更加规范化和系统化。这一系列措施不

---

[1] 杨丽萍. 织密党建"一张网"　夯实"最后一公里"：深圳以党建创新赋能基层治理[N]. 深圳特区报，2024−06−18（A01）.

仅增强了民营企业的凝聚力和向心力，也为深圳经济的持续繁荣奠定了坚实的基础。

近年来，深圳通过实施党建引领、组织建设、引领服务"三同步"工作，推动"强园"工程与"活圈"计划的落实，同时积极开展"上楼"行动，努力提升组织活力，增强社会服务能力，扎实推进新兴领域党建提质增效，引领市场主体坚定不移"跟党一起创业"，为推动高质量发展新格局奠定坚实基础。在以建制单位为主设置党组织的基础上，坚持区域化思维，在全市 309 个产业园区、221 个高层商务楼宇、22 个大型商圈市场中建立党组织。率先成立互联网行业联合会及党委，以龙头带建、区域统建、行业联建"三措并抓"，推动腾讯、迅雷等大型企业单独建立党委，让党组织和党员在守护内容安全、网络空间治理中发挥更大的正向作用，切实引导互联网企业听党话、跟党走。[1] 深圳立足新产业聚集形态创新构建"链上党建"，成立生物医药、新能源和智能网联汽车、人工智能等各类产业链党委 61 个，带动上下游超 6000 家企业参与。开展党建引领"小个专"高质量发展行动，建立"1+11+78"党建工作体系，组建"小个专"党组织近万个，建设 32 个"小个专"党群服务中心，建立党组织联系服务工作机制，指导个体工商户申请"个体深信贷"，累计服务个体工商户 2.66 万户，助力 7226 家"个转企"。[2] 深圳市非公党委管理的重点大型民营企业和商协会党组织超过 6000 个，党员逾 14 万名。直属党委中出资人或高管担任书记比例达 96%，党委班子成员进入董事会比例达 71%。[3]

4. 走深群众路线，构筑温暖"智慧党建"体系

近年来，深圳坚持深化群众路线，打造有温度的党建阵地。自 2018 年 6 月正式启用以来，深圳市党群服务中心组织各类活动超 1 万场。深圳以市党群服务中心为龙头，构建了覆盖全市的党群服务中心体系，形成 1+1、1+N 的服务网络，构建了市民家门口的 15 分钟党群服务圈，设有 1800 多个站点，有序组织 322 家党群服务中心向市民提供 24 小时服务，一站式提供"党务＋政务＋服务"。

[1] 张浩. 经济特区40年 | 深圳经济特区四十年党的建设的鲜明特色[EB/OL].(2020-08-31). 央广网.

[2] 杨丽萍. 党建为媒打造创新资源生态圈: 深圳成立61个产业链党委, 带动上下游超6000家企业"强党兴链"[N]. 深圳特区报, 2024-03-25（A02）.

[3] 杨丽萍. 打造非公党建"深圳标杆" 市非公党委以高质量党建助推非公企业高质量发展[N]. 深圳特区报, 2022-07-01（B11）.

致力于为市民提供便利服务。其中，免费的"百姓书房"深受欢迎，服务覆盖社区、园区、小区和楼宇，增强了居民的文化生活和服务体验。党群服务中心实现"前台一口受理，后台分工协办"的高效有序的工作流程，公共服务事项中，九成以上可一站式办理，八成以上实现网上申报办理，超过一半的可以全流程网上办理。此外，党群服务中心还贴心地为群众配套了政务自助办事、无线网络、饮水歇脚、手机充电、健身观影、阅读自习、卫生间使用等服务。

在深圳有超过 30 万人口从事快递、外卖配送以及网约车驾驶等行业。围绕他们"渴了有水喝、热了能乘凉、累了能歇脚、困难能协调"的实际需求，近年来深圳标准化建设"暖蜂一条街"39 个、"暖蜂驿站"1372 个、"司机之家"73 个、挂牌"爱心商户"3718 家，让骑手小哥们随处能找到一个"累了能歇脚、渴了能喝水、饭凉能加热、心烦能倾诉、闲时能充电"的地方，切实增强新业态新就业群体获得感、幸福感、荣誉感，把经济社会发展中最活跃的人群紧紧团结凝聚在党的周围。党建引领下，新就业群体积极融入基层治理。目前，深圳在新就业群体组建党员先锋队、党员志愿服务队 352 个，推选 4 名快递小哥担任市、区人大代表，推选 14 名小哥担任社区（园区）党委兼职委员，361 名小哥担任兼职网格员，建立暖蜂会员积分兑换机制，引导发挥"移动探头"作用，积极参与文明城市创建、安全隐患排查、矛盾纠纷化解等。[1]

为适应信息化社会、互联网时代对党建工作的新要求，深圳市自 2013 年起就领先采用"互联网 +"的理念和技术来增强城市基层党建工作的信息处理能力和精准度，如今"智慧党建"平台已整合了党建宣传、党员教育、党务管理等多项功能，成为提升全市党建工作效率与效果的重要工具。深圳还打造了"@深圳—民意速办"这一民生诉求综合服务平台，并制定了涵盖近二十个大类共计四千多项的统一职责清单，使得民众能够便捷地提交诉求，整个服务流程透明可追踪，从"办好一件事"到"办好一类事"，服务群众诉求根源性解决，努力实现每个诉求都有人管、有人应。深圳推出"深圳先锋"志愿服务小程序，推动市直部门与街道一对一挂点联系，汇聚资源聚合场景，鼓励党员到社区报到，参与志愿服务，服务群众，增强社区凝聚力，提升服务质量。深

---

[1] 杨丽萍. 织密党建"一张网"　夯实"最后一公里"：深圳以党建创新赋能基层治理[N]. 深圳特区报，2024-06-18（A01）.

圳还打造了全国首个 AI 应用主题党群服务中心，探索打造系列党群服务品牌，焕发党群服务活力。

三、自我革命，深圳经济特区管党治党与社会发展同向同行

中国共产党在长期的革命、建设和改革航程中奋力推进自我净化、自我完善、自我革新、自我提高，是中国共产党永葆生机和活力的重要法宝。在党的二十大报告中，习近平总书记指出，经过不懈努力，党找到了自我革命这一跳出治乱兴衰历史周期率的第二个答案。他强调，必须坚持以党的自我革命引领社会革命。

诚欲正朝廷以正百官，当以激浊扬清为第一要义。

自深圳经济特区建立以来，经济社会建设取得了举世瞩目的成就的同时，党的建设也在不断深化。绝大多数党组织和党员、干部在以实干奋斗推动深圳发展行稳致远的过程中，经受住了系列考验，保持了廉洁奉公之本色，持续发挥战斗堡垒和先锋模范作用。不容忽视的是，由于深圳地处改革开放的前沿，市场经济体制下各种意识形态斗争尖锐和各种物质诱惑强烈，深圳党内不正之风等消极腐败现象仍有发生。因此，深圳坚持改革发展的力度有多大，作风建设、纪律建设的力度就应该有多大，要持续把加强作风建设、纪律建设全过程、全覆盖系统贯穿于深圳建设和发展历程中。

党的十八大以来，深圳深入学习领会、坚决贯彻习近平总书记关于党的自我革命战略思想，深入贯彻落实全面从严治党战略方针，坚持廉洁治理与改革发展同频共振、同向同行，将廉洁文化注入社会发展的根枝脉络，纵深推进新时代全面从严治党和廉洁治理高地建设，让廉洁清风"吹绿"深圳这片发展沃土、改革热土、民生乐土。

（一）全面深化改革，让监督效能转化为发展动能

改革创新作为深圳的根和魂，也是深圳廉洁建设的实践进路。2013 年 5 月，深圳前海廉政监督局挂牌成立。2014 年 12 月，深圳前海成立廉政监督咨询委

员会。近年来，深圳市纪委与原市监察局合署办公、开展一体化运作。通过研究出台《深圳市推进中国特色社会主义先行示范区廉洁建设行动方案》《关于加强新形势下政治监督工作的实施意见》《关于深入推进廉洁前海建设的若干措施》等一系列制度，深圳创新性提出深化政治监督的"四项原则""六项重点任务""八项制度机制"，聚焦粤港澳大湾区发展、中国特色社会主义先行示范区建设、深圳综合改革试点、全面深化前海改革开放等重点监督、跟进监督、全程监督。2022年，深圳市率先推出全国首个企业廉洁合规地方标准《企业廉洁合规治理指南》，推动廉洁文化深入社会生产与生活的各个层面。深圳积极深化监察体制改革，对公职人员的监督推进全面覆盖，进一步延伸监督触角至国有企业、学校、医院等组织。党的十八大以来，深圳以先行示范的标准，强化政治监督，持续创新探索建立廉政监督体制机制，具备与我国政治体制脉络相通、与惩防腐败体系配套适应、与现行法律制度衔接契合的主要特征。如是，深圳廉政监督体系不断落实落细，监督之综合效能日益提升，监督效能也持续转化为发展动能。

（二）"三不腐"一体推进，打好反腐攻坚战、持久战

要实现全面从严治党的目标，系统改革是营造良好政治生态的关键着力点，需要在"三不腐"一体推进上面走深走实。深圳深刻把握"三不腐"的根本内核和内在机理，在惩治威慑、制度管约、觉悟提升三个维度上协同发力、标本兼治。

抓住"不敢"是关键。深圳坚持深入推进治标并不止于治标，将治本融于治标之中，严字当头，全面从严、一严到底，持续构建强大震慑力，深入推进有腐必反、有贪必肃。减存量、遏增量，"打虎""拍蝇""猎狐"一个都不能漏，"硕鼠""蛀虫""蚁贪"见一个清理一个，是深圳治标的路径。近年来，深圳在资金审批、工程招标、城市更新及国有资产企业管理等关键领域，开展了专项整治行动，针对腐败问题进行深入查处，推动制度创新与反腐措施的落地生根。深圳充分发挥巡视巡察这一利器作用，六届市委在任期内首次实现巡察的全覆盖。在此基础上，通过扩大巡察范围、加强提级巡察及"回头看"等

措施，深圳不仅提升了巡察监督的深度和广度，也增强了其效度。与此同时，市委还积极推进"巡审结合"，将"巡纪贯通""巡组贯通"落深落实，优化了巡察与纪检监察、组织、审计等单位的协同机制，有效确保了党委（党组）整改主体责任的落实。一系列举措为深圳的廉政建设提供了坚强的保障，推动了全市政治生态的不断优化。

抓住"不能"是核心。深圳将正风肃纪反腐与深化改革贯通式推进，优化制度与深化治理融合式推行，将以案为鉴、以案治本、以案促治推向纵深。常态化向案发单位发出纪律检查和监察建议书，持续防范廉洁风险，确保政府行为的透明与公正。同时，深圳还深化推进公共资源集中交易、社区综合监管、药品和医用耗材采购等重点改革，建立信息共享平台，提升资源配置效率。这些措施不仅增强了社会的信任度，也为构建清廉政府提供了有力保障，助力深圳实现高质量发展。

抓住"不想"是根本。深圳坚持推进纪律学习教育常态化长效化，每年创新开展"纪律教育学习月"活动、领导干部党章党规党纪教育培训班等等，强化警示教育，推动廉洁意识入脑入心，深化廉洁文化建设。新任市管干部集体廉政谈话制度等也是近年来深圳为抓好"不能"这一核心的开创性举措。召开以案促改专题民主生活会，充分发挥忏悔录作用强化警示教育，出台《关于加强领导干部家风建设的指导意见》……深圳全面探索推进新时代廉洁文化的系统化、体系化建设，为切实维护党的纯洁性与政府的公信力，建设廉洁社会奠定了坚实基础。

（三）长效常态查纠"四风"，守护公平正义科学容错纠错

深圳在推进作风建设中，积极发扬钉钉子精神，对享乐主义、奢靡之风零容忍，对形式主义、官僚主义问题进行更为深入的治理。通过逐个节点坚守，逐个问题突破，深圳积极践行中央八项规定精神，通过制度创新和地方党内法规，深入推动反"四风"工作，强化党员干部的责任意识和服务意识。近年来，深圳立足工作实际，先后建设"作风建设深化年""基层减负年"，出台实施《关于集中整治形式主义、官僚主义推进作风建设再深化的行动方案》，让

廉洁奉公的新风正气在南海之滨日益浓厚。

深圳从制度端发力，通过一系列制度规定和地方党内法规，深入贯彻落实中央八项规定精神，积极推动反"四风"工作。探索制定《关于建立健全纠正"四风"长效机制的规定》的地方党内法规，进一步完善了针对"四风"问题"直查快办"机制，确保反"四风"工作的持续性和有效性。通过制度创新，深圳在推动经济高质量发展的同时，努力维护社会公平正义，确保每一位市民都能公平享受改革成果。严格遵循"三个区分开来"要求，在维护社会公平正义的底线的前提下，注重涵育及保护干部干事创业的积极性，深圳出台《关于支持改革创新建立容错纠错机制的若干规定》，激励党员干部永葆"闯"的精神、"创"的劲头、"干"的作风。

深圳是中国式现代化的样板和缩影，深圳的成功经验验证着中国式现代化的正确方向和实践选择。坚持人民至上与改革创新同频共振是深圳以改革精神推进党的建设新的伟大工程的重要特征。踏上新征程，深圳将全面加强党的领导、党的建设，以更大力度深化改革开放，继续以自我革命引领伟大社会革命，确保深圳在推进中国式现代化建设中走在前列，勇当尖兵。

第二章　中国特色社会主义道路的深圳探索

方向决定道路，道路决定命运。全面建设社会主义现代化国家，一个重大原则是坚持中国特色社会主义道路。习近平指出："中国特色社会主义是党和人民历经千辛万苦、付出巨大代价取得的根本成就，是实现中华民族伟大复兴的正确道路。"[1] 深圳是改革开放后党和人民一手缔造的崭新城市，是中国特色社会主义在一张白纸上的精彩演绎。改革开放 40 多年来，深圳创造了世界发展史上的一个奇迹，实现了"五个历史性跨越"，迎来了"双区"驱动、"双区"叠加、"双改"示范的高质量发展，进行了中国特色社会主义道路的伟大实践，展开了中国式现代化道路的精彩探索。

第一节　坚持党在社会主义初级阶段的基本路线

道路就是党的生命。新时代中国特色社会主义是我们党领导人民进行伟大社会革命的成果，也是我们党领导人民进行伟大社会革命的继续，必须一以贯之进行下去。习近平强调，"党在社会主义初级阶段的基本路线是党和国家的生命线。我们在实践中要始终坚持'一个中心、两个基本点'不动摇，既不偏离'一个中心'，也不偏废'两个基本点'"[2]。党的基本路线是在深刻总结社会主义建设历史经验教训、科学分析社会主义初级阶段主要任务的基础上探索形成的。党的基本路线，明确了中国特色社会主义发展的历史方位、主体力量、兴国之要、立国之本、强国之路和奋斗目标，必须牢牢坚持、毫不动摇。

[1]　习近平. 习近平著作选读（第二卷）[M]. 北京：人民出版社，2023：483.

[2]　习近平. 习近平谈治国理政（第一卷）[M]. 北京：外文出版社，2018：11.

一、"一个中心"：深圳历史性跨越的基石和主线

路线是政党的根本方针和准则。毛泽东指出："路线正确一切都有，路线错了就会垮台。"[1] 习近平强调："党的基本路线是国家的生命线、人民的幸福线，我们要坚持把以经济建设为中心作为兴国之要、把四项基本原则作为立国之本、把改革开放作为强国之路，不能有丝毫动摇。"[2] 党的十九大报告提出，党的基本路线是"领导和团结全国各族人民，以经济建设为中心，坚持四项基本原则，坚持改革开放，自力更生，艰苦创业，为把我国建设成为富强民主文明和谐美丽的社会主义现代化强国而奋斗。"[3] 新时代中国共产党的基本路线明确：社会主义初级阶段和中国特色社会主义进入新时代是中国特色社会主义发展的历史方位，全国各族人民是主体力量，以经济建设为中心是兴国之要，坚持四项基本原则是立国之本，坚持改革开放是强国之路，建设富强民主文明和谐美丽的社会主义现代化强国是奋斗目标。

以经济建设为中心是兴国之要。邓小平指出："现代化建设的任务是多方面的，各个方面需要综合平衡……离开了经济建设这个中心，就有丧失物质基础的危险。其他一切任务都要服从这个中心，围绕这个中心，决不能干扰它，冲击它。"[4] 习近平多次强调："以经济建设为中心是兴国之要，发展是党执政兴国的第一要务，是解决我国一切问题的基础和关键。"[5] 他在全国宣传思想工作会议上指出，"经济建设是党的中心工作"，"只要国内外大势没有发生根本变化，坚持以经济建设为中心就不能也不应该改变。这是坚持党的基本路线一百年不动摇的根本要求，也是解决当代中国一切问题的根本要求"[6]。党的十一届三中全会确立以经济建设为中心的基本路线以来，我们始终坚持以经济建设为中心，不断解放和发展社会生产力，国家经济实力、科技实力、综合国力大幅提升，创造了经济快速发展的奇迹。可见，以经济建设为中心是党的基

---

[1]　中共中央党史和文献研究院. 毛泽东年谱（第九卷）[M]. 北京：人民出版社，2023: 337.

[2]　习近平. 习近平谈治国理政（第二卷）[M]. 北京：外文出版社，2017: 37.

[3]　习近平. 习近平著作选读（第二卷）[M]. 北京：人民出版社，2023: 10.

[4]　邓小平. 邓小平文选（第二卷）[M]. 北京：人民出版社，1994: 250.

[5]　习近平. 习近平著作选读（第一卷）[M]. 北京：人民出版社，2023: 329.

[6]　习近平. 习近平谈治国理政（第一卷）[M]. 北京：外文出版社，2018: 153.

本路线的要求，也是高质量发展、强国建设、民族复兴的根本要求。

以经济建设为中心统一于"五位一体"总体布局。以经济建设为中心同"五位一体"总体布局并不矛盾，反而同"五位一体"总体布局是统一的、一致的。邓小平说："四个现代化，集中起来讲就是经济建设。"[1]党的十八大报告强调，建设中国特色社会主义总布局是包括经济建设、政治建设、文化建设、社会建设、生态文明建设的"五位一体"。习近平说："强调总布局，是因为中国特色社会主义是全面发展的社会主义。"[2]坚持以经济建设为中心，实现经济不断发展，是协调推进政治建设、文化建设、社会建设、生态文明建设以及其他各方面建设的基础。政治建设、文化建设、社会建设、生态文明建设以及其他各方面建设的发展和相互协调，为以经济建设为中心提供更好制度保障和环境条件。

以经济建设为中心融汇于"四个全面"战略布局。坚持以经济建设为中心是关系中国式现代化的战略性、全局性问题，同"四个全面"战略布局相互促进、统筹联动，是融汇于"四个全面"战略布局的中心工作和中心任务。习近平强调，"四个全面"战略布局，"是我们党在新形势下治国理政的总方略，是事关党和国家长远发展的总战略"[3]。全面建设社会主义现代化国家是战略目标，在"四个全面"中居于引领地位；全面深化改革、全面依法治国、全面从严治党是战略举措，为战略目标提供重要保障。以经济建设为中心可以更快实现战略目标，也更好促进"四个全面"相辅相成、相得益彰。

以经济建设为中心是深圳历史性跨越的基石和主线。习近平在深圳经济特区建立四十周年庆祝大会上指出，四十年来深圳实现了"五个历史性跨越"："由一座落后的边陲小镇到具有全球影响力的国际化大都市的历史性跨越""由经济体制改革到全面深化改革的历史性跨越""由进出口贸易为主到全方位高水平对外开放的历史性跨越""由经济开发到统筹社会主义物质文明、政治文明、精神文明、社会文明、生态文明发展的历史性跨越""由解决温饱到高质

---

[1] 邓小平. 邓小平文选（第二卷）[M]. 北京：人民出版社，1994：240.

[2] 习近平. 习近平谈治国理政（第一卷）[M]. 北京：外文出版社，2018：11.

[3] 准确把握和抓好我国发展战略重点 扎实把"十三五"发展蓝图变为现实[N]. 人民日报，2016-01-31（01）.

量全面小康的历史性跨越"[1]。构成"五个历史性跨越"基石和主线的就是坚持发展是党执政兴国的第一要务，坚持以经济建设为中心是党的基本路线的要求。

深圳发展奇迹演绎了以经济建设为中心的生动实践。深圳用 40 多年时间走过了国外一些国际化大都市上百年才走完的历程。40 多年来，深圳奋力解放和发展社会生产力，地区 GDP 从 1980 年的 2.7 亿元增至 2023 年的 3.46 万亿元；大力推进科技创新，2023 年全社会研发投入 1880.5 亿元，国际专利申请量连续 20 年居全国城市首位，深港穗科技集群连续 4 年排名全球第二；坚持实行"引进来"和"走出去"，外贸进出口总额由 1980 年的 1800 万美元跃升至 2023 年的 5341 亿美元，其中出口总量连续 31 年居内地城市首位；建设现代化经济体系，规上工业总产值、工业增加值 2022 年至 2023 年连续 2 年实现全国城市"双第一"，国家高新技术企业总量 2.47 万家，国家级专精特新"小巨人"企业 742 家，居全国城市第二；坚持以人民为中心，2023 年居民人均可支配收入 7.691 万元，比 1985 年增长 40 倍。深圳的伟大成就，向世界展示了以经济建设为中心的兴国之要的科学性和有效性。

二、"两个基本点"：深圳创造发展奇迹的根本保证

基本点是中心的基础和依赖。"两个基本点"是围绕经济建设这个中心而展开的基本原则和方针。党的十七大报告指出，"党的基本路线是党和国家的生命线"，"要坚持把以经济建设为中心同四项基本原则、改革开放这两个基本点统一于发展中国特色社会主义的伟大实践，任何时候都决不能动摇"[2]。以经济建设为中心是党和国家兴旺发达与长治久安的根本要求，四项基本原则是党和国家生存发展的政治基石，改革开放是党和国家发展进步的活力源泉。"一个中心"和"两个基本点"统一于坚持和发展中国特色社会主义的伟大实践。坚持四项基本原则是深圳创造发展奇迹、实现历史性跨越的政治保证，坚持改革开放是深圳取得伟大成就、实现创新发展的根本动力。

[1] 习近平. 论中国共产党历史[M]. 北京：中央文献出版社，2021：289.
[2] 中共中央文献研究室. 十七大以来重要文献选编（上）[M]. 北京：中央文献出版社，2009：13.

四项基本原则是立国之本。1979年3月，针对粉碎"四人帮"后一些思想动向，邓小平在党的理论工作务虚会上讲话指出："我们要在中国实现四个现代化，必须在思想政治上坚持四项基本原则。这是实现四个现代化的根本前提。"[1]这四项基本原则是：必须坚持社会主义道路，坚持无产阶级专政，坚持中国共产党领导，坚持马列主义、毛泽东思想。邓小平强调："如果动摇了这四项基本原则中的任何一项，那就动摇了整个社会主义事业，整个现代化建设事业。"[2]习近平指出："我们要坚持四项基本原则这个立国之本，既以四项基本原则保证改革开放的正确方向，又通过改革开放赋予四项基本原则新的时代内涵，排除各种干扰，坚定不移走中国特色社会主义道路。"[3]

改革开放是强国之路。邓小平指出，"改革是中国的第二次革命"[4]，"改革的意义，是为下一个十年和下世纪的前五十年奠定良好的持续发展的基础"[5]。2012年12月，习近平在广东考察工作时强调，"改革开放是我们党的历史上一次伟大觉醒"，"改革开放是当代中国发展进步的活力之源，是我们党和人民大踏步赶上时代前进步伐的重要法宝，是坚持和发展中国特色社会主义的必由之路"，"改革开放是决定当代中国命运的关键一招，也是决定实现'两个一百年'奋斗目标、实现中华民族伟大复兴的关键一招"。[6]2018年12月，习近平在庆祝改革开放四十周年大会上讲话指出，"改革开放是中国人民和中华民族发展史上一次伟大革命"。[7]实践证明，改革开放是当代中国最鲜明的特色，是我们党最鲜明的旗帜，也是当代中国共产党人最鲜明的品格。

坚持四项基本原则是保证深圳改革开放方向的政治基石。1992年，邓小平在"南方谈话"中指出，"在整个改革开放的过程中，必须始终注意坚持四项基本原则"，"依靠无产阶级专政保卫社会主义制度，这是马克思主义的一个基本观点"。[8]习近平在深圳经济特区建立四十周年庆祝大会上强调，深圳等

[1] 邓小平. 邓小平文选(第二卷)[M]. 北京：人民出版社，1994：164.

[2] 邓小平. 邓小平文选(第二卷)[M]. 北京：人民出版社，1994：173.

[3] 习近平. 论坚持全面深化改革[M]. 北京：中央文献出版社，2018：6.

[4] 邓小平. 邓小平文选(第三卷)[M]. 北京：人民出版社，1993：113.

[5] 邓小平. 邓小平文选(第三卷)[M]. 北京：人民出版社，1993：131.

[6] 习近平. 论坚持全面深化改革[M]. 北京：中央文献出版社，2018：1-2.

[7] 习近平. 在庆祝改革开放40周年大会上的讲话[M]. 北京：人民出版社，2018：4.

[8] 邓小平. 邓小平文选(第三卷)[M]. 北京：人民出版社，1993：379.

经济特区四十年改革开放实践，"深化了我们对中国特色社会主义经济特区建设规律的认识"，其中第一条是"必须坚持党对经济特区建设的领导，始终保持经济特区建设正确方向"，第二条是"必须坚持和完善中国特色社会主义制度，通过改革实践推动中国特色社会主义制度更加成熟更加定型"。[1] 这两条是四项基本原则在深圳经济特区建设中的集中体现和宝贵经验。

坚持改革开放是推动深圳发生沧桑巨变的磅礴伟力。党的十八大结束不久，习近平在广东考察工作时指出："党的十八大向全党全国发出了深化改革开放新的宣言书、新的动员令，全党全国各族人民要坚定不移走改革开放的强国之路，更加注重改革的系统性、整体性、协同性，做到改革不停顿、开放不止步。"[2] 2018 年 10 月，习近平在改革开放 40 周年之际再来深圳时强调："广东要弘扬敢闯敢试、敢为人先的改革精神，立足自身优势，创造更多经验，把改革开放的旗帜举得更高更稳。"他在察看前海开发情况时指出："实践证明，改革开放道路是正确的，必须一以贯之、锲而不舍、再接再厉。"[3] 习近平在总结中国特色社会主义经济特区建设规律时指出，第三条是"必须坚持发展是硬道理，坚持敢闯敢试、敢为人先，以思想破冰引领改革突围"，第四条是"必须坚持全方位对外开放，不断提高'引进来'的吸引力和'走出去'的竞争力"。[4] 这两条是改革开放在深圳经济特区建设中的直接表现和生动反映。

三、全面贯彻党的基本路线的深圳实践

贯彻党的基本路线要长期坚持，决不动摇。党的基本路线是党和国家的生命线、人民的幸福线，坚持党的基本路线是强国建设、民族复兴和高质量发展的根本保证，也是深圳加快建设更具全球影响力的经济中心城市和现代化国际大都市的必然要求。习近平强调："我们要坚持党的基本路线，把以经济建设为中心同坚持四项基本原则、坚持改革开放这两个基本点统一于新时代中国

[1] 习近平. 论中国共产党历史[M]. 北京：中央文献出版社，2021：290.

[2] 习近平. 论坚持全面深化改革[M]. 北京：中央文献出版社，2018：1.

[3] 习近平在广东考察时强调：高举新时代改革开放旗帜 把改革开放不断推向深入[N]. 人民日报，2018-10-26(01).

[4] 习近平. 论中国共产党历史[M]. 北京：中央文献出版社，2021：290-291.

特色社会主义伟大实践，长期坚持，决不动摇。"[1] 他在深圳经济特区建立四十周年庆祝大会上指出，"新时代经济特区建设要高举中国特色社会主义伟大旗帜"，"改革不停顿，开放不止步，在更高起点上推进改革开放，推动经济特区工作开创新局面"。[2] 党的基本路线是新时代坚持和发展中国特色社会主义的政治保证，也是深圳在更高起点上推进改革开放的根本准则和基本保障。

"基本路线要管一百年，动摇不得。"1978 年，邓小平就明确指出："过去行之有效的东西，我们必须坚持，特别是根本制度，社会主义制度，社会主义公有制，那是不能动摇的。"[3] 这说明，党的基本路线是行之有效的、管用的，不能动摇。邓小平在"南方谈话"中强调，"要坚持党的十一届三中全会以来的路线、方针、政策，关键是坚持'一个中心、两个基本点'。不坚持社会主义，不改革开放，不发展经济，不改善人民生活，只能是死路一条。基本路线要管一百年，动摇不得。只有坚持这条路线，人民才会相信你"[4]。这说明，党的基本路线是党的十一届三中全会以来的路线、方针和政策的集中概括，也是党和国家具有战略性、长期性和稳定性的大政方针；党的基本路线是党和国家兴旺发达、建设社会主义现代化的必由之路，也是深圳贯彻新发展理念、践行以人民为中心的发展思想的根本方针和基本原则。

基本路线是建设有中国特色社会主义的总纲。"一个中心"同"两个基本点"统一于伟大实践是我们党最可宝贵的经验，是我们事业胜利前进最可靠的保证。江泽民指出："坚持四项基本原则和坚持改革开放是紧密结合、相互促进的，不能把它们割裂开来、对立起来，而应该把以经济建设为中心同四项基本原则、改革开放这两个基本点统一于建设有中国特色社会主义的伟大实践。"[5] 他强调："对于违反以经济建设为中心、违反四项基本原则、违反改革开放政策的错误思想政治观点，都必须进行积极的思想斗争，绝不能听之任之。如果让这些错误的思想观念搞乱人们的思想，那将是极其危险的。"[6] 贯彻

[1] 习近平. 习近平著作选读（第二卷）[M]. 北京：人民出版社，2023：226.

[2] 习近平. 论把握新发展阶段、贯彻新发展理念、构建新发展格局[M]. 北京：中央文献出版社，2021：409.

[3] 邓小平. 邓小平文选（第二卷）[M]. 北京：人民出版社，1994：133.

[4] 邓小平. 邓小平文选（第三卷）[M]. 北京：人民出版社，1993：370-371.

[5] 江泽民. 江泽民文选（第三卷）[M]. 北京：人民出版社，2006：214.

[6] 江泽民. 江泽民文选（第三卷）[M]. 北京：人民出版社，2006：231.

党的基本路线，是党的十一届三中全会以来经济快速发展和社会稳定的一条重要经验，也是深圳建设和发展保持正确政治方向和政治保障的根本要求。

基本路线是兴国、立国、强国的重大法宝。实践充分证明，党的十一届三中全会以来我们党团结带领人民开辟的中国特色社会主义道路、形成的理论和路线方针政策是完全正确的。胡锦涛在纪念党的十一届三中全会召开三十周年大会上指出："党的基本路线是兴国、立国、强国的重大法宝，是实现科学发展的政治保证，是党和国家的生命线、人民群众的幸福线。我们要始终坚持党的基本路线不动摇，做到思想上坚信不疑、行动上坚定不移，决不走封闭僵化的老路，也决不走改旗易帜的邪路，而是坚定不移走中国特色社会主义道路。"[1] 他在深圳经济特区建立三十周年庆祝大会上指出，"深圳等经济特区的成功实践雄辩地证明，党的十一届三中全会以来形成的党的基本理论、基本路线、基本纲领、基本经验是完全正确的"[2]。坚持党的基本路线是使中国特色社会主义站住、站稳和充满生机活力的根本保证，也是深圳经济特区办得更好的基础支撑。

深圳全面贯彻党的基本理论、基本路线、基本方略。基本理论是行动指南，基本路线是根本准则，基本方略是行动纲领。习近平强调："全党同志必须全面贯彻党的基本理论、基本路线、基本方略，更好引领党和人民事业发展。"[3] 他在强调党的政治建设时指出："我们所要坚守的政治方向，就是共产主义远大理想和中国特色社会主义共同理想、'两个一百年'奋斗目标，就是党的基本理论、基本路线、基本方略。"[4] 他在广东考察工作时强调："我国改革开放之所以能取得巨大成功，关键是我们把党的基本路线作为党和国家的生命线，始终坚持把以经济建设为中心同四项基本原则、改革开放这两个基本点统一于中国特色社会主义伟大实践，既不走封闭僵化的老路，也不走改旗易帜的邪路。"[5] 实践充分证明，党的十一届三中全会以来形成的党的基本理论、基本路线、基本方略是完全正确的，党中央关于兴办经济特区的战略决策是完全

[1] 胡锦涛. 胡锦涛文选（第三卷）[M]. 北京：人民出版社. 2016：159.

[2] 中共中央文献研究室. 十七大以来重要文献选编（中）[M]. 北京：中央文献出版社. 2011：927.

[3] 习近平. 习近平著作选读（第二卷）[M]. 北京：人民出版社. 2023：22.

[4] 习近平. 习近平著作选读（第二卷）[M]. 北京：人民出版社. 2023：182.

[5] 习近平. 论坚持全面深化改革[M]. 北京：中央文献出版社，2018：5-6.

正确的。深圳经济特区要办得更好、办得水平更高，必须全面贯彻党的基本理论、基本路线、基本方略，完整、准确、全面贯彻新发展理念，加快构建新发展格局，着力推动高质量发展，全面深化改革开放，持续推动经济实现质的有效提升和量的合理增长，增进民生福祉，保持社会稳定。

第二节 坚持和完善中国特色社会主义制度

"凡将立国，制度不可不察也。"制度是关系党和国家事业发展的根本性、全局性、稳定性、长期性问题。历史和现实都表明，制度稳则国家稳，制度强则国家强，制度优势是一个国家的最大优势。习近平强调："制度优势是一个国家的最大优势，制度竞争是国家间最根本的竞争。"[1]坚持和完善中国特色社会主义制度为解放和发展社会生产力、解放和增强社会活力、永葆党和国家生机活力提供了有力保证，为保持社会大局稳定、保证人民安居乐业、保障国家安全提供了有力保证，为深圳经济特区繁荣发展、先行先试、沧桑巨变提供了有力保证。

一、中国特色社会主义制度是严密完整的科学制度体系

中国特色社会主义制度是当代中国发展进步的根本制度保障。"治国者，圆不失规，方不失矩，本不失末，为政不失其道，万事可成，其功可保。"习近平指出："中国特色社会主义制度是当代中国发展进步的根本制度保障，是具有鲜明中国特色、明显制度优势、强大自我完善能力的先进制度。"[2]习近平强调："中国特色社会主义制度是一个严密完整的科学制度体系，起四梁八柱作用的是根本制度、基本制度、重要制度，其中具有统领地位的是党的领导制

---

[1] 习近平. 习近平著作选读（第二卷）[M]. 北京：人民出版社，2023：277.
[2] 习近平. 习近平谈治国理政（第二卷）[M]. 北京：外文出版社，2017：36.

度。"[1]从历史来看，中国特色社会主义制度是经过革命、建设、改革长期实践形成的，既坚持了社会主义的根本性质，又借鉴了古今中外制度建设的有益成果，符合我国国情，集中体现了中国特色社会主义的特点和优势，具有显著优越性和强大生命力。

中国特色社会主义制度是创造改革开放伟大成就的制度因素。《中国共产党章程》在总纲中指出，"改革开放以来我们取得一切成绩和进步的根本原因，归结起来就是：开辟了中国特色社会主义道路，形成了中国特色社会主义理论体系，确立了中国特色社会主义制度，发展了中国特色社会主义文化"。中国特色社会主义道路是实现途径，中国特色社会主义理论是行动指南，中国特色社会主义制度是根本保障，中国特色社会主义文化是精神力量，四者统一于中国特色社会主义伟大实践。这是中国特色社会主义最鲜明的特色。习近平在总结改革开放四十年积累的宝贵经验时指出，"必须坚持完善和发展中国特色社会主义制度，不断发挥和增强我国制度优势"。[2]完善和发展中国特色社会主义制度是党和国家事业发展的关键，是深圳改革开放取得伟大成就的制度保障。

中国特色社会主义制度是包括根本制度、基本制度、重要制度的科学制度体系。中国特色社会主义根本制度、基本制度、重要制度，是对党和国家各方面事业作出的制度安排。习近平指出："中国特色社会主义制度，坚持把根本政治制度、基本政治制度同基本经济制度以及各方面体制机制等具体制度有机结合起来，坚持把国家层面民主制度同基层民主制度有机结合起来，坚持把党的领导、人民当家作主、依法治国有机结合起来，符合我国国情，集中体现了中国特色社会主义的特点和优势，是中国发展进步的根本制度保障。"[3]党的十九届四中全会在我们党已经明确的根本制度、基本制度、重要制度的基础上作出一些新的概括。深圳经济特区的创立和发展无疑是中国特色社会主义制度的重大创新和伟大创举。习近平强调："兴办经济特区，是党和国家为推进改革开放和社会主义现代化建设进行的伟大创举。"[4]深圳经济特区是中国特色社

[1]　习近平. 习近平著作选读（第二卷）[M]. 北京：人民出版社，2023：284.
[2]　习近平. 论坚持全面深化改革[M]. 北京：中央文献出版社，2018：517.
[3]　习近平. 习近平谈治国理政（第一卷）[M]. 北京：外文出版社，2018：9-10.
[4]　习近平. 论中国共产党历史[M]. 北京：中央文献出版社，2021：287.

会主义的"试验田",深圳经济特区制度突破是中国特色社会主义制度创新的缩影和写照。

中国特色社会主义根本制度是中国特色社会主义制度中起决定性作用的制度。所谓中国特色社会主义根本制度是指:"那些体现中国特色社会主义本质特征和国家性质、从根本上保证中国特色社会主义方向、在中国特色社会主义制度中起决定性作用的制度。"[1]中国特色社会主义根本制度包括党的领导根本制度、人民民主专政根本制度、人民代表大会根本制度、马克思主义在意识形态领域指导地位根本制度、党对人民军队的绝对领导根本制度等。这些根本制度在我国国家治理制度和国家治理体系"四梁八柱"中起着"主梁"和"顶梁柱"作用,从根本上体现了中国特色社会主义的制度优势,具有重大理论和实践意义。

中国特色社会主义基本制度是规定国家政治、经济和社会生活基本原则的制度。所谓中国特色社会主义基本制度是指:"那些体现我国社会主义性质,规定着国家政治生活、经济生活基本原则,对国家经济社会发展具有重大影响的制度。"[2]中国特色社会主义基本制度包括中国共产党领导的多党合作和政治协商制度、民族区域自治基本政治制度、基层群众自治基本政治制度、社会主义基本经济制度等。社会主义基本经济制度主要包括公有制为主体、多种所有制经济共同发展的生产资料所有制,按劳分配为主体、多种分配方式并存的分配方式,社会主义市场经济体制的资源配置方式。社会主义基本经济制度在整个体制改革和制度建设中起牵引作用。

中国特色社会主义重要制度是根本制度和基本制度派生的主体性制度。所谓中国特色社会主义重要制度是指:"由中国特色社会主义根本制度、中国特色社会主义基本制度派生的国家治理各领域各方面的主体性制度。"具体讲就是"建立在根本制度、基本制度之上的关于法律法治、行政管理、文化建设、民生保障、社会治理、生态文明、'一国两制'、对外事务、党和国家监督等方面的主体性制度"。[3]中国特色社会主义重要制度主要包括中国特色社会主

[1] 何毅亭. 坚持和完善中国特色社会主义根本制度[N]. 学习时报,2019-11-29(A1).
[2] 何毅亭. 坚持和完善中国特色社会主义基本制度[N]. 学习时报,2019-12-02(A1).
[3] 何毅亭. 坚持和完善中国特色社会主义重要制度[N]. 学习时报,2019-12-06(A1).

义法治重要制度、中国特色社会主义政府治理重要制度、中国特色社会主义文化重要制度、统筹城乡的民生重要保障制度、共建共治共享的社会治理重要制度、生态文明重要制度、"一国两制"重要制度、外事工作重要制度、党和国家监督重要制度等。中国特色社会主义重要制度上连根本制度和基本制度，下接社会生产生活的惯例、习俗、传统等。

二、坚定中国特色社会主义制度自信

我们的制度是最有理由自信的。习近平指出："当今世界，要说哪个政党、哪个国家、哪个民族能够自信的话，那中国共产党、中华人民共和国、中华民族是最有理由自信的。"[1] 新中国成立七十年来，中华民族之所以能迎来从站起来、富起来到强起来的伟大飞跃，最根本的是因为党领导人民建立和完善了中国特色社会主义制度，形成和发展了党的领导、经济、政治、文化、社会、生态文明、军事、外事等各方面制度，不断加强和完善国家治理。坚定中国特色社会主义制度自信，就是坚信中国特色社会主义制度是当代中国发展进步的根本保障，是具有明显制度优势、强大自我完善能力的先进制度。

中国特色社会主义制度是在中国的社会土壤中生长起来的。一个国家选择什么样的国家制度是由它的历史文化、社会性质、经济发展水平决定的。习近平强调："中国特色社会主义制度和国家治理体系不是从天上掉下来的，而是在中国的社会土壤中生长起来的，是经过革命、建设、改革长期实践形成的，是马克思主义基本原理同中国具体实际相结合的产物，是理论创新、实践创新、制度创新相统一的成果，凝结着党和人民的智慧，具有深刻的历史逻辑、理论逻辑、实践逻辑。"[2] 自古以来，中国形成了一整套国家制度；新中国成立后，我们党在国家治理体系和治理能力上积累了丰富经验；改革开放以来，我们党开创和发展了中国特色社会主义制度。实践证明，中国特色社会主义制度是以马克思主义为指导、植根中国大地、具有深厚中华文化根基、深得人民拥护的制度。

---

[1]　习近平. 习近平谈治国理政（第二卷）[M]. 北京: 外文出版社, 2017: 36.

[2]　习近平. 习近平著作选读（第二卷）[M]. 北京: 人民出版社, 2023: 277.

中国特色社会主义制度具有多方面的显著优势。党的十九届四中全会系统总结了我国国家制度和国家治理体系的十三方面显著优势，目的就是推动全党全国各族人民坚定制度自信，使我国国家制度和国家治理体系多方面的显著优势更加充分地发挥出来。习近平指出："始终代表最广大人民根本利益，保证人民当家作主，体现人民共同意志，维护人民合法权益，是我国国家制度和国家治理体系的本质属性，也是我国国家制度和国家治理体系有效运行、充满活力的根本所在。"[1]我国国家制度和国家治理体系始终着眼于实现好、维护好、发展好最广大人民根本利益，可以有效避免出现党派纷争、利益集团偏私、少数政治"精英"操弄等现象，具有无可比拟的先进性。

评价制度要着眼政治把握和宏观把握。习近平强调："看一个制度好不好、优越不优越，要从政治上、大的方面去评判和把握。"[2]他在庆祝全国人民代表大会成立60周年大会上提出，评价一个国家政治制度是不是民主的、有效的，主要看"六个能否"[3]。我国国家制度和国家治理体系之所以具有多方面的显著优势，很重要的一点就在于我们党在长期探索中，坚持把马克思主义基本原理同中国具体实际相结合、同中华优秀传统文化相结合，把开拓正确道路、发展科学理论、建设有效制度有机统一起来，及时把成功的实践经验转化为制度成果，使我国国家制度和国家治理体系既体现了科学社会主义基本原则，又具有鲜明的中国特色、民族特色、时代特色。

制度更加成熟更加定型是一个动态过程。"经国序民，正其制度。"邓小平强调，"巩固和发展社会主义制度，还需要一个很长的历史阶段，需要我们几代人、十几代人，甚至几十代人坚持不懈地努力奋斗"[4]。习近平指出："从世界历史角度看，经过长期剧烈的社会变革之后，一个政权要稳定下来，一个社会要稳定下来，必须加强制度建设，而形成比较完备的一套制度往往需要较长甚至很长的历史时期。"[5]从形成更加成熟更加定型的制度看，我国社会主义实践前半程的主要历史任务是建立社会主义基本制度，并在这个基础上进行改

[1] 习近平. 习近平著作选读（第二卷）[M]. 北京：人民出版社，2023：281.
[2] 习近平. 习近平著作选读（第二卷）[M]. 北京：人民出版社，2023：280.
[3] 习近平. 习近平著作选读（第一卷）[M]. 北京：人民出版社，2023：263.
[4] 邓小平. 邓小平文选（第三卷）[M]. 北京：人民出版社，1993：379–380.
[5] 习近平. 论坚持全面深化改革[M]. 北京：中央文献出版社，2018：92.

革。我国社会主义实践后半程的主要历史任务是完善和发展中国特色社会主义制度，为党和国家事业发展、为人民幸福安康、为社会和谐稳定、为国家长治久安提供一整套更完备、更稳定、更管用的制度体系。

中国特色社会主义制度具有开放的精神特质。邓小平指出："我们的制度将一天天完善起来，它将吸收我们可以从世界各国吸收的进步因素，成为世界上最好的制度。这是资本主义所绝对不可能做到的。"[1] 习近平强调："我们从来不排斥任何有利于中国发展进步的他国国家治理经验，而是坚持以我为主、为我所用，去其糟粕、取其精华。"[2] 发展和完善中国特色社会主义制度，推进国家治理体系和治理能力现代化，绝不是西方化、资本主义化。我们积极吸收借鉴人类制度文明有益成果，但绝不能照抄照搬他国制度模式，绝不放弃我国社会主义制度的根本。在社会主义建设时期，我国国家制度和国家治理体系借鉴吸收了苏联的许多有益经验；改革开放以来，我们把社会主义制度和市场经济有机结合起来。可以预期，随着进一步全面深化改革开放，我国国家制度和国家治理体系必将在国际竞争中赢得更大的比较优势，展现出更为旺盛的生机活力。

三、坚持和完善中国特色社会主义制度的深圳实践

坚持和完善中国特色社会主义制度具有丰富的实践成果。国家制度和国家治理体系管不管用、有没有效，实践是最好的试金石。新中国成立以来，我们党领导人民创造了经济快速发展和社会长期稳定两大奇迹，中华民族迎来从站起来、富起来到强起来的伟大飞跃。深圳经济特区是中国对内改革的"试验田"、对外开放的重要窗口、现代化建设的示范区，是坚持和完善中国特色社会主义制度的一个鲜活样本。深圳在党中央的领导和支持下，敢为人先，大胆地"闯"，开放铸就国际化大都市，向全球"创新之都"迈进，从"文化沙漠"到"文化绿洲"，人民群众获得感、幸福感、安全感提升，社会治理体系和治理能力现代化水平大幅提升，成为生态优美宜居城市，积累了丰富宝贵的"深

---

[1] 邓小平. 邓小平文选（第二卷）[M]. 北京：人民出版社，1994：337.

[2] 习近平. 习近平著作选读（第二卷）[M]. 北京：人民出版社，2023：281.

圳经验"，为国家全面改革开放和现代化强国建设提供了可复制、可推广的经验。

兴办中国特色社会主义经济特区的深圳实践。兴办特区是理论创新、实践创新，也是制度创新。邓小平强调："特区是个窗口，是技术的窗口，管理的窗口，知识的窗口，也是对外政策的窗口。"[1]习近平指出："兴办经济特区，是我们党和国家为推进改革开放和社会主义现代化建设作出的重大决策。"[2]深圳经济特区是中国特色社会主义的"试验田"，是在中国特色社会主义道路、理论、制度和文化框架内的创新和发展，是中国特色社会主义制度的改革突破和重大创新。深圳经济特区经验证明了中国特色社会主义道路的正确性，彰显了中国特色社会主义理论的科学性，体现了中国特色社会主义制度的优越性，诠释了中国特色社会主义文化的先进性。深圳经济特区充分发挥市场在资源配置中的决定性作用、更好发挥政府作用，在土地使用权拍卖、商事登记、特区立法、举国体制等方面作出许多有益探索，体现了中国特色社会主义制度的鲜明优势。

中国特色社会主义先行示范区的深圳实践。习近平强调："先行先试是经济特区的一种重要职责，目的是探索改革开放的实现路径和实现形式，为全国改革开放探路开路。"[3]支持深圳建设中国特色社会主义先行示范区，是习近平总书记亲自谋划、亲自部署、亲自推动的重大国家战略。2019年7月，习近平主持召开中央全面深化改革委员会第九次会议，审议通过《中共中央　国务院关于支持深圳建设中国特色社会主义先行示范区的意见》。这是深圳继兴办经济特区后迎来的又一重大历史性机遇，是中国特色社会主义进入新时代的又一伟大实践。根据该意见，深圳建设先行示范区的战略定位是打造高质量发展高地、法治城市示范、城市文明典范、民生幸福标杆、可持续发展先锋。具体来说，这五大战略定位分别体现在"五个率先"重点任务：率先建设体现高质量发展要求的现代化经济体系、率先营造彰显公平正义的民主法治环境、率先塑造展现社会主义文化繁荣兴盛的现代城市文明、率先形成共建共治共享共同富裕的民生发展格局、率先打造人与自然和谐共生的美丽中国典范。

[1] 邓小平. 邓小平文选（第三卷）[M]. 北京：人民出版社，1993：51-52.

[2] 习近平. 论坚持全面深化改革[M]. 北京：中央文献出版社，2018：465.

[3] 习近平. 论坚持全面深化改革[M]. 北京：中央文献出版社，2018：469.

社会主义现代化强国的城市范例的深圳实践。40多年来，深圳经济特区实现了跨越式发展，创造了世界城市化发展史上的奇迹，成为中国式现代化的城市典范，成为践行创建社会主义现代化强国的城市范例的特区代表。2021年5月，中央全面依法治国委员会印发《关于支持深圳建设中国特色社会主义法治先行示范城市的意见》；同年9月，中共中央、国务院印发《全面深化前海深港现代服务业合作区改革开放方案》，习近平在中央人才工作会议上提出在粤港澳大湾区建设高水平人才高地。深圳建设中国特色社会主义先行示范区的发展目标体现为"三步走"："到2025年，深圳经济实力、发展质量跻身全球城市前列，研发投入强度、产业创新能力世界一流，文化软实力大幅提升，公共服务水平和生态环境质量达到国际先进水平，建成现代化国际化创新型城市。到2035年，深圳高质量发展成为全国典范，城市综合经济竞争力世界领先，建成具有全球影响力的创新创业创意之都，成为我国建设社会主义现代化强国的城市范例。到本世纪中叶，深圳以更加昂扬的姿态屹立于世界先进城市之林，成为竞争力、创新力、影响力卓著的全球标杆城市。"[1]

深圳实践彰显了中国特色社会主义的制度优越性和制度自信。习近平指出："深圳等经济特区的成功实践充分证明，党中央关于兴办经济特区的战略决策是完全正确的。经济特区不仅要继续办下去，而且要办得更好、办得水平更高。"[2]党的十一届三中全会以来，深圳等经济特区实行特殊政策和灵活措施，发挥了对全国改革开放和社会主义现代化建设的重要窗口和示范作用。近年来，深圳抢抓"双区"驱动、"双区"叠加、"双改"示范和建设中国特色社会主义法治先行示范城市、粤港澳大湾区高水平人才高地等重大战略机遇，全力推进中国特色社会主义先行示范区建设，现代化经济体系进一步完善，改革综合效能进一步提高，新发展格局进一步构建，城市品格魅力进一步提升，人民群众获得感幸福感安全感进一步增强，深圳重要引擎功能进一步强化，党的领导制度优势进一步转化，证明了经济特区重大决策、中国特色社会主义先行示范区重大决策的正确性和科学性，彰显了中国特色社会主义制度的显著优势，巩固了中国特色社会主义的"四个自信"。

[1]　中共中央党史和文献研究院. 十九大以来重要文献选编(中)[M]. 北京:中央文献出版社, 2021: 150-151.
[2]　习近平. 论中国共产党历史[M]. 北京:中央文献出版社, 2021: 290.

第三节　坚持中国式现代化的正确方向

实现中华民族伟大复兴是中国共产党的历史使命。党的二十大报告指出，新时代新征程中国共产党的中心任务就是"团结带领全国各族人民全面建成社会主义现代化强国、实现第二个百年奋斗目标，以中国式现代化全面推进中华民族伟大复兴"[1]。回顾历史，从第一个五年计划到第十四个五年规划，一以贯之的主题是把我国建设成为社会主义现代化国家。在这个过程中，我们党对建设社会主义现代化国家在认识上不断深入、在战略上不断成熟、在实践上不断丰富。习近平强调："中国式现代化是中国共产党和中国人民长期实践探索的成果，是一项伟大而艰巨的事业。惟其艰巨，所以伟大；惟其艰巨，更显荣光。"[2]深圳经济特区要以更加强烈的历史主动精神，必须进一步全面深化改革开放，始终坚持中国式现代化的正确方向，不断谱写中国式现代化深圳篇章。

一、中国式现代化是强国建设、民族复兴的唯一正确道路

中国式现代化是选择自己的道路、做自己的事情。一个国家选择什么样的现代化道路，是由其历史传统、社会制度、发展条件、外部环境等诸多因素决定的。实现现代化是近代以来中国人民矢志奋斗的梦想。孙中山领导辛亥革命试图以建立资产阶级共和国、振兴实业等方案来实现现代化，其《建国方略》被称为近代中国谋求现代化的第一份蓝图，但同洋务运动、戊戌变法一样都以失败告终。历史证明，没有代表中国人民根本利益的先进政治力量领导，实现现代化的任何蓝图都无法变为现实。中国共产党领导人民找到了中国式现代化这一康庄大道。习近平指出："中国式现代化，是我们为如何唤醒'睡狮'、实现民族复兴这个重大历史课题所给出的答案，是选择自己的道路、做自己的事

[1]　习近平. 习近平著作选读（第一卷）[M]. 北京：人民出版社，2023：18.
[2]　习近平. 习近平著作选读（第二卷）[M]. 北京：人民出版社，2023：612.

情。"[1]他强调："实践证明，中国式现代化走得通、行得稳，是强国建设、民族复兴的唯一正确道路。"[2]新中国成立特别是改革开放以来，我国用几十年时间走完西方发达国家几百年走过的工业化历程，创造了经济快速发展和社会长期稳定的奇迹，为中华民族伟大复兴开辟了广阔前景。

中国式现代化是中国共产党领导人民长期探索和实践的重大成果。中国共产党一百多年团结带领中国人民追求民族复兴的历史，也是一部不断探索现代化道路的历史。习近平强调，"中国式现代化是我们党领导全国各族人民在长期探索和实践中历经千辛万苦、付出巨大代价取得的重大成果"[3]。新民主主义革命时期，我们党团结带领人民建立了新中国，实现了民族独立、人民解放，为实现现代化创造了根本社会条件。社会主义革命和建设时期，我们党团结带领人民确立社会主义基本制度，为现代化建设奠定根本政治前提和制度基础；我国建立起独立的比较完整的工业体系和国民经济体系，党取得独创性理论成果和巨大成就，为现代化建设提供了宝贵经验、理论准备和物质基础。改革开放和社会主义现代化建设新时期，我们党开启了中国式现代化的新长征，为中国式现代化提供了充满新的活力的体制保证和快速发展的物质条件。中国特色社会主义进入新时代，我们党全面深化改革，成功推进和拓展了中国式现代化：认识上不断深化，创立了新时代中国特色社会主义思想，为中国式现代化提供了根本遵循；战略上不断完善，为中国式现代化提供坚实战略支撑；实践上不断丰富，为中国式现代化提供了更为完善的制度保证、更为坚实的物质基础、更为主动的精神力量。

中国式现代化是中国共产党领导的社会主义现代化。这是对中国式现代化的定性，是管总的、管根本的。习近平强调："党的领导直接关系中国式现代化的根本方向、前途命运、最终成败。"[4]党的领导决定中国式现代化的根本性质。党的性质宗旨、初心使命、信仰信念、政策主张决定了中国式现代化是社会主义现代化，而不是别的什么现代化。可以说，只有毫不动摇坚持党的领

---

[1] 中共中央党史和文献研究院. 习近平关于中国式现代化论述摘编[M]. 北京: 中央文献出版社, 2023: 295.

[2] 习近平. 中国式现代化是强国建设、民族复兴的康庄大道[J]. 求是, 2023 (16).

[3] 中共中央党史和文献研究院. 习近平关于中国式现代化论述摘编[M]. 北京: 中央文献出版社, 2023: 31.

[4] 习近平. 中国式现代化是中国共产党领导的社会主义现代化[J]. 求是, 2023 (11).

导，中国式现代化才能前景光明、繁荣兴盛。党的领导确保中国式现代化锚定奋斗目标行稳致远。改革开放以来，我们建设社会主义现代化国家的奋斗目标都是循序渐进、一以贯之的，并随着实践的发展而不断丰富完善。党的领导激发建设中国式现代化的强劲动力。改革开放以后，我们党不断推进各领域体制改革，形成和发展符合当代中国国情、充满生机活力的体制机制。党的十八大以来，我们党以巨大的政治勇气全面深化改革，由局部探索、破冰突围到系统集成、全面深化，为中国式现代化注入不竭动力源泉。党的领导凝聚建设中国式现代化的磅礴力量。中国式现代化是亿万人民自己的事业，人民是中国式现代化的主体，必须紧紧依靠人民，尊重人民创造精神，汇集全体人民的智慧和力量。

中国式现代化更有基于自己国情的中国特色。中国式现代化既有各国现代化的共同特征，更有基于自己国情的鲜明特色。党的二十大报告明确概括了中国式现代化五个方面的中国特色，深刻揭示了中国式现代化的科学内涵。习近平强调："这既是理论概括，也是实践要求，为全面建成社会主义现代化强国、实现中华民族伟大复兴指明了一条康庄大道。"[1] 中国式现代化是人口规模巨大的现代化。这是中国式现代化的显著特征。中国十四亿多人口整体迈入现代化是人类历史上规模最大的现代化，也是难度最大的现代化。中国式现代化是全体人民共同富裕的现代化。这是中国式现代化的本质特征，也是区别于西方现代化的显著标志。实现共同富裕是一个长期任务，必须久久为功，咬定青山不放松，不断取得新进展。中国式现代化是物质文明和精神文化相协调的现代化。这是中国式现代化的崇高追求。中国式现代化既要物质财富极大丰富，也要精神财富极大丰富、在思想文化上自信自强。中国式现代化是人与自然和谐共生的现代化。尊重自然、顺应自然、保护自然，促进人与自然和谐共生，是中国式现代化的鲜明特点。中国式现代化是走和平发展道路的现代化。坚持和平发展，在坚定维护世界和平与发展中谋求自身发展，又以自身发展更好维护世界和平与发展，推动构建人类命运共同体，是中国式现代化的突出特征。

中国式现代化创造了人类文明新形态。习近平指出："中国式现代化，深

---

[1] 习近平. 中国式现代化是强国建设、民族复兴的康庄大道[J]. 求是，2023（16）.

深植根于中华优秀传统文化，体现科学社会主义的先进本质，借鉴吸收一切人类优秀文明成果，代表人类文明进步的发展方向，展现了不同于西方现代化模式的新图景，是一种全新的人类文明形态。"[1] 作为科学社会主义的最新重大成果，中国式现代化为全球提供了一种全新的现代化模式，为人类对更好社会制度的探索提供了中国方案。实际上，世界文明是多样的，世界上既不存在定于一尊的现代化模式，也不存在放之四海而皆准的现代化标准。中国式现代化是对西方式现代化理论和实践的重大超越，是对世界现代化理论和实践的重大创新。资本主义文明是建立在资本主义剥削制度基础上的，它无法克服和消除文明下的野蛮本性。中国式现代化为广大发展中国家独立自主迈向现代化树立了典范，提供了全新选择。中国式现代化的初步成功实践和取得的显著成就，新时代以来"东升西降""中治西乱"的鲜明对比，使广大发展中国家看到了新的希望，有了新的选择。

二、推进中国式现代化行稳致远

中国式现代化是一项前无古人的开创性、探索性事业，也是一个复杂的系统工程。习近平指出："党的二十大报告深刻阐述了中国式现代化的中国特色、本质要求和重大原则，是对推进中国式现代化的最高顶层设计。"[2] 推进中国式现代化行稳致远，必须深刻领会和把握中国式现代化的中国特色、本质要求、重大原则，正确处理一系列重大关系，弘扬团结奋斗精神，进行伟大斗争。党的二十大报告对中国式现代化的本质要求作出科学概括："坚持中国共产党领导，坚持中国特色社会主义，实现高质量发展，发展全过程人民民主，丰富人民精神世界，实现全体人民共同富裕，促进人与自然和谐共生，推动构建人类命运共同体，创造人类文明新形态。"[3] 习近平强调，"这个概括是党深刻总结我国和世界其他国家现代化建设的历史经验，对我国这样一个东方大国如何加快实现现代化在认识上不断深入、战略上不断完善、实践上不断丰富而形成的

[1]　中共中央党史和文献研究院. 习近平关于中国式现代化论述摘编[M]. 北京: 中央文献出版社, 2023: 293.

[2]　习近平. 推进中国式现代化需要处理好若干重大关系[J]. 求是, 2023 (19).

[3]　习近平. 习近平著作选读（第一卷）[M]. 北京: 人民出版社, 2023: 20.

思想理论结晶"[1]。

推进中国式现代化必须牢牢把握以下重大原则：坚持和加强党的全面领导。中国共产党是全面建设社会主义现代化国家的主心骨和领航者，具有严密的组织体系、强有力和广泛的社会动员能力。坚决维护党中央权威和集中统一领导，使党始终成为风雨来袭时全体人民最可靠的主心骨。坚持中国特色社会主义道路。中国式现代化举的是中国特色社会主义旗帜，走的是中国特色社会主义道路。坚持党的基本路线，坚持道不变、志不改，既不走封闭僵化的老路，也不走改旗易帜的邪路。坚持以人民为中心的发展思想。中国式现代化是造福人民的现代化，人民是推进中国式现代化最坚实的根基、最深厚的力量。不断实现发展为了人民、发展依靠人民、发展成果由人民共享，让现代化建设成果更多更公平惠及全体人民。坚持深化改革开放。全面建设社会主义现代化国家、全面推进中华民族伟大复兴，动力在于全面深化改革开放。深入推进改革创新，坚定不移扩大开放，着力破解深层次体制机制障碍。坚持发扬斗争精神。中国式现代化前景光明、任务艰巨，绝不会一帆风顺，不可避免地要进行新的伟大斗争。增强全党全国各族人民的志气、骨气、底气，不信邪、不怕鬼、不怕压，知难而进、迎难而上。

推进中国式现代化需要处理好一系列重大关系。一是顶层设计与实践探索的关系。实现各个阶段发展目标、落实各个领域发展战略同样需要进行顶层设计。同时，还有许多未知领域需要我们在实践中去大胆探索。二是战略与策略的关系。把战略的原则性和策略的灵活性有机结合起来，灵活机动、随机应变、临机决断，在因地制宜、因势而动、顺势而为中把握战略主动。三是守正与创新的关系。中国式现代化的探索就是一个在继承中发展、在守正中创新的历史过程。四是效率与公平的关系。中国式现代化既要创造比资本主义更高的效率，又要更有效地维护社会公平，更好实现效率与公平相兼顾、相促进、相统一。五是活力与秩序的关系。中国式现代化应当而且能够实现活而不乱、活跃有序的动态平衡。六是自立自强与对外开放的关系。要加快构建新发展格局，实现内部可循环，并依托我国超大规模市场优势吸引全球资源要素，增强

---

[1] 习近平. 为实现党的二十大确定的目标任务而团结奋斗[J]. 求是，2023（1）.

国内国际两个市场两种资源联动效应。

推进中国式现代化必须坚持团结奋斗，进行伟大斗争。中华民族是有伟大团结奋斗精神的民族，团结奋斗的价值理念深深融入中国人的精神世界。习近平指出："一百年来，党和人民取得的一切成就都是团结奋斗的结果，团结奋斗是中国共产党和中国人民最显著的精神标识。"[1] 团结就是力量，奋斗开创未来；围绕明确奋斗目标形成的团结才是最牢固的团结，依靠紧密团结进行的奋斗才是最有力的奋斗。我们靠团结奋斗创造了辉煌历史，还要靠团结奋斗开辟美好未来。敢于斗争是我们党与生俱来的政治基因和百年淬炼的鲜明品格。推进中国式现代化是一项前无古人的开创性事业，必然会遇到各种可以预料和难以预料的风险挑战、艰难险阻甚至惊涛骇浪，必须增强忧患意识，坚持底线思维，居安思危、未雨绸缪，敢于斗争、善于斗争，通过顽强斗争打开事业发展新天地。习近平强调："历史反复证明，以斗争求安全则安全存，以软弱退让求安全则安全亡；以斗争谋发展则发展兴，以软弱退让谋发展则发展衰。"[2] 我们依靠斗争创造辉煌历史，更要依靠斗争开辟光明未来。

三、坚持中国式现代化正确方向的深圳实践

中国式现代化在深圳有丰富而生动的伟大实践。改革开放以来，深圳经济特区进行了"杀出一条血路"的改革试点，展开了"敢为天下先"的伟大探索，书写了社会主义现代化强国建设的深圳篇章。进行改革试点，对全面深化改革具有重要意义。习近平强调，"改革开放在认识和实践上的每一次突破和发展，无不来自人民群众的实践和智慧。要鼓励地方、基层、群众解放思想、积极探索，鼓励不同区域进行差别化试点"[3]。作为改革开放的发源地、排头兵和试验田，深圳经济特区精彩演绎了富有五大方面中国特色的中国式现代化，奋力推进了承担"五个率先"重点任务的中国特色社会主义先行示范区建设，有力保证了深圳坚持和推进中国式现代化的社会主义方向。可以

---

[1] 习近平. 习近平谈治国理政（第四卷）[M]. 北京：外文出版社，2022：554.

[2] 中共中央党史和文献研究院. 习近平关于中国式现代化论述摘编[M]. 北京：中央文献出版社，2023：267.

[3] 鼓励基层群众解放思想积极探索　推动改革顶层设计和基层探索互动[N]. 人民日报，2014-12-03（01）.

说，经济特区、中国特色社会主义先行示范区就是中国式现代化在深圳的先行先试、区域探索和城市实践，是在更快效率、更高标准、更好平台上开创的社会主义现代化强国建设新路径和新典范，是坚持中国式现代化正确方向的成功案例和集中反映。

人口规模巨大的现代化是深圳实践的内在要求。深圳经济特区实现了从边陲小镇到国际化大都市的历史性跨越，人口从 1980 年的 30 万增至 2023 年的 1779 万。《深圳市 2023 年国民经济和社会发展统计公报》显示，2023 年末，深圳市常住人口为 1779.01 万人，创历史新高；增长率高于全国和广东省平均水平，增量位居北上广深之首。常住人口的恢复增长和规模扩大，体现了深圳人才吸引力、就业承载力和城市宜居度，也体现了深圳经济韧性和发展潜力。

全体人民共同富裕的现代化是深圳实践的现实目标。深圳以经济特区辐射带动下好"全国一盘棋"，在脱贫攻坚、落实"百千万工程"、促进区域协调发展和全面推进乡村振兴等方面交出了"深圳答卷"。脱贫攻坚期间，深圳对口帮扶涉及 9 省 54 县。全面实施乡村振兴战略以来，对口帮扶地区涉及 8 省 60 县，对口合作地区涉及 4 省 4 市，对口地区合计涉及 9 省 97 县。党的十八大以来，深圳累计投入财政帮扶资金超 400 亿元，实施帮扶项目 5.1 万个，推动对口帮扶的 42 个贫困县全部摘帽，204 万贫困人口实现脱贫。[1]

物质文明和精神文明相协调的现代化是深圳实践的强大动力。在推动经济快速发展和科技持续创新的同时，深圳着力塑造现代城市文明，加快建设高质量文化强市，培育出文博会、读书月、文化强国建设高峰论坛等文化品牌，获得"全国文明城市""设计之都""全球全民阅读典范城市"等称号。深圳制定《深圳城市文明建设规划（2021—2035 年）》，建成 791 个新时代文明实践阵地，关爱行动温暖航行 20 年推出 2300 余项优秀公益项目，2023 年全市注册志愿者人数超 381 万，不断擦亮"志愿者之城""关爱之城"城市品牌。[2]

人与自然和谐共生的现代化是深圳实践的生态名片。深圳全力推动经济社会绿色转型，生态文明建设从先行先试走向先行示范，制定实施《深圳率先打造美丽中国典范规划纲要（2020—2035 年）》，打造生态文明建设的"深圳

[1] 吴亚男，罗雅丽.深圳倾力对口帮扶书写特区担当作为[N].深圳特区报，2022-10-14（B15）.

[2] 关炜瀛.勇当新时代新文化先锋，凝聚团结奋进精神力量[N].深圳特区报，2024-01-10（A1，A2）.

样板"。获评"生物多样性魅力城市"国际荣誉称号，成为全国首个获评"国家生态文明建设示范市"的副省级城市。据统计，深圳能耗和碳排放强度分别是全国平均水平的 1/3、1/5，达到国际先进水平；绿色竞争力在全国 289 个城市中排名第一；空气质量优良天数比例由 2013 年的 89.0% 提升至 2023 年的97.8%。[1]

走和平发展道路的现代化是深圳实践的国际空间。十年来，作为"一带一路"交会点的重要枢纽城市，深圳与"一带一路"共建国家和地区合作不断拓展，构建起健康、绿色、数字、创新丝绸之路，为高质量共建"一带一路"贡献出深圳力量。截至 2023 年 11 月底，深圳企业在共建国家累计直接投资设立1189 家企业及机构，累计中方协议投资总额 125.0 亿美元。迄今累计接待各类外国来访团组 3050 批超 2.8 万人次，与 58 个共建国家城市结为友城，出境旅游（旅行社组团）达 3104.3 万人次，接待国际游客 1518 万人次。[2]

率先建设体现高质量发展要求的现代化经济体系是坚持中国式现代化正确方向的经济基础。深圳深入推进"深圳速度"向"深圳质量"转变，抢抓全球新一轮科技革命和产业变革的战略机遇，深入实施创新驱动发展战略，着力构建高端高质高新的现代产业体系。以大湾区综合性国家科学中心建设为重点，巩固提升科技创新发展优势，打好产业基础高级化、产业链现代化攻坚战，以深圳综合改革试点为抓手推动全面深化改革，切实发挥粤港澳大湾区重要引擎功能，持续构建开放型经济新体制，发挥好深圳先行示范区的带动效应、辐射效应、示范效应。

率先营造彰显公平正义的民主法治环境是坚持中国式现代化正确方向的民主法治保障。中央首次为城市法治建设专门出台文件，支持深圳建设中国特色社会主义法治先行示范城市，"法治城市示范"战略定位率先落地。深圳高起点谋划法治先行示范城市建设，制定出台《深圳市建设中国特色社会主义法治先行示范城市的实施方案（2021—2025 年）》；统筹谋划"十四五"法治城市示范总体设计，编制印发实施《法治深圳建设规划（2021—2025 年）》《深圳市法治社会建设规划（2021—2025 年）》《深圳市法治政府建设规划（2021—

---

[1] 窦延文. 打造生态文明建设的"深圳样板"[N]. 深圳特区报，2024-04-16（A1）.

[2] 邹媛. 设施联通，贸易畅通，资金融通，民心相通[N]. 深圳特区报，2024-01-17（A1，A5）.

2025 年）》，法治深圳建设规划框架初步形成。

率先塑造展现社会主义文化繁荣兴盛的现代城市文明是坚持中国式现代化正确方向的文化支撑。深圳推动党的创新理论落地生根、党史学习教育走深走实，壮大主流思想舆论，争创现代城市文明典范，大力推动文化高质量发展。制定实施《深圳市城市文明建设规划（2021—2035 年）》《深圳市民文明素养提升行动纲要（2021—2025 年）》等文件，打造"新时代十大文化设施"和"十大特色文化街区文化地标"，建立健全普惠性、高质量、可持续的公共文化服务体系，打造文博会等国际知名文化活动品牌，建设粤港澳大湾区文化遗产游径，打造世界级运动活力之城。

率先形成共建共治共享共同富裕的民生发展格局是坚持中国式现代化正确方向的根本目的。深圳把人民幸福摆在突出位置，持续将财政支出近七成投向民生领域，坚持改革创新推进教育高质量发展和学位建设，以高水平医疗机构建设加快打造健康中国的"深圳样本"，构建多层次的社会保障体系和住房保障体系，建设高质量、可持续"老有颐养"服务体系，不断完善人才发展体制机制，推进"轨道上的国际化大都市"建设。国家临床重点专科达到 20 个，社康机构总数突破 900 家，床位总数达到 7 万张，"十四五"以来建设筹集各类保障性住房约 49 万套（间）。[1]

率先打造人与自然和谐共生的美丽中国典范是坚持中国式现代化正确方向的生态根基。深圳印发《深圳率先打造美丽中国典范规划纲要（2020—2035 年）》，提出"三个台阶"目标愿景，开启美丽深圳建设新征程；正式实施《深圳经济特区生态环境保护条例》，科学编制《应对气候变化"十四五"规划》，顶层设计提速加速；制定应对气候变化项目库建设方案，生态领域改革试点取得新突破；率先发布国内首个城市生物多样性白皮书，生态环境质量取得新成效；全国首个生态环境保护全链条立法，现代环境治理体系和治理能力迈出新步伐，实现全市域生态文明示范创建。

深圳是全国的深圳，湾区是全球的湾区。改革开放是党和人民事业大踏步赶上时代的重要法宝。当前和今后一个时期是以中国式现代化全面推进强国建

---

[1] 窦延文.深圳高质量增进民生福祉[N].深圳特区报，2024-01-22（A1，A4）.

设、民族复兴伟业的关键时期，"全党必须自觉把改革摆在更加突出位置，紧紧围绕推进中国式现代化进一步全面深化改革"[1]。党中央和习近平总书记在新时代赋予了深圳新的历史使命，支持深圳建设中国特色社会主义先行示范区，要求深圳在新时代、新征程上走在前列，在进一步全面深化改革中勇当尖兵。近年来，深圳锚定高质量发展的首要任务，勇毅前行，以全面深化改革为突破，着力打造具有全球影响力的经济中枢和现代化国际都会，为广东乃至全国的中国式现代化实践贡献深圳力量，书写新时代改革开放的壮美篇章。

---

[1]　中共中央关于进一步全面深化改革、推进中国式现代化的决定[M]. 北京：人民出版社，2024：03.

第三章　肩负改革示范使命　推进高质量发展

习近平总书记在庆祝改革开放 40 周年大会上指出，"改革开放铸就的伟大改革开放精神，极大丰富了民族精神内涵，成为当代中国人民最鲜明的精神标识"[1]。全面深化改革是推进中国式现代化的根本动力，高质量发展是中国式现代化的本质要求；全面深化改革又是高质量发展的重要驱动力量。习近平总书记在党的二十大报告中强调："坚持深化改革开放。深入推进改革创新，坚定不移扩大开放，着力破解深层次体制机制障碍，不断彰显中国特色社会主义制度优势，不断增强社会主义现代化建设的动力和活力，把我国制度优势更好转化为国家治理效能。"[2]

深圳的精髓和灵魂深深植根于改革之中，这座城市天生就携带着改革的基因，承载着作为改革先行示范区的崇高使命。为了推动深圳实现高质量的发展，我们必须积极实施更多具有战略性和引领性的改革，确保深圳在中国式现代化建设的征程中勇立潮头，成为排头兵。推进中国式现代化不仅是一项重大的政治任务，更是我们国家的核心发展方向。全面深化改革正是推动这一进程的根本动力，而高质量发展则是其本质要求；同时，全面深化改革也为高质量发展提供了关键的驱动力。深圳经济特区就是党在改革开放征程中的开篇杰作，特别是党的十八大以来，习近平总书记曾四次莅临深圳，作出一系列重要指示，为深圳的进一步改革开放和高水平现代化建设谋篇定局。

2012 年 12 月 8 日，习近平总书记在党的十八大后来到深圳。在改革开放

---

[1] 习近平. 在庆祝改革开放40周年大会上的讲话[EB/OL].（2018-12-18）. https://www.gov.cn/xinwen/2018-12/18/content_5350078.htm.

[2] 习近平. 高举中国特色社会主义伟大旗帜 为全面建设社会主义现代化国家而团结奋斗——在中国共产党第二十次全国代表大会上的报告[N]. 人民日报，2022-10-26（01）.

的前沿城市，习近平总书记登莲花山，瞻仰邓小平铜像，发出"我们将坚定不移推进改革开放，奋力推进改革开放和现代化建设取得新进展、实现新突破、迈上新台阶"的动员令。[1]2018 年 10 月 25 日改革开放 40 周年，习近平总书记再次来到深圳，指示广东干部群众继续不忘初心，继续全面深化改革、全面扩大开放。在前海石前，习近平总书记发出指示，"实践证明，改革开放道路是正确的，必须一以贯之、锲而不舍、再接再厉。深圳要扎实推进前海建设，拿出更多务实创新的改革举措，探索更多可复制可推广的经验，深化深港合作，相互借助、相得益彰，在共建'一带一路'、推进粤港澳大湾区建设、高水平参与国际合作方面发挥更大作用"[2]。

2019 年 8 月，以习近平同志为核心的党中央作出支持深圳建设中国特色社会主义先行示范区的重大决策。在中央改革顶层设计和战略部署下，支持深圳实施综合授权改革试点，是新时代推动深圳改革开放再出发的重大举措，是建设中国特色社会主义先行示范区的关键一招，也是创新改革方式方法的全新探索。[3]2020 年 10 月，在庆祝深圳经济特区建立 40 周年之际，习近平总书记再次来到深圳，出席庆祝大会时指出，"深圳等经济特区的成功实践充分证明，党中央关于兴办经济特区的战略决策是完全正确的。经济特区不仅要继续办下去，而且要办得更好、办得水平更高"[4]习近平总书记再次走上莲花山，感慨万千，指出"在新起点上，经济特区广大干部群众要坚定不移贯彻落实党中央决策部署，永葆'闯'的精神、'创'的劲头、'干'的作风，努力续写更多'春天的故事'，努力创造让世界刮目相看的新的更大奇迹"。

在党的坚强领导下，深圳持续深化综合改革，扩大对外开放水平，充分发挥改革开放这一"关键一招"的巨大威力，通过制度创新为高质量发展注入强劲动力。自深圳经济特区建立以来，改革步伐从未停歇，开放之路越走越宽，

[1] 习近平在广东考察时强调 增强改革的系统性整体性协同性 做到改革不停顿开放不止步[N]. 人民日报，2012-12-12（01）.

[2] 习近平在广东考察时强调：高举新时代改革开放旗帜 把改革开放不断推向深入[N]. 人民日报，2018-10-26（01）.

[3] 中共中央办公厅 国务院办公厅印发《深圳建设中国特色社会主义先行示范区综合改革试点实施方案（2020—2025年）》[EB/OL].（2020-10-11）. https://www.gov.cn/gongbao/content/2020/content_5554505.htm.

[4] 深圳经济特区建立40周年庆祝大会隆重举行[N]. 人民日报，2020-10-15（01）.

始终聚焦解决高质量发展中的实际难题，坚守创新作为发展的核心驱动力。深圳在培育新质生产力方面走在前列，正朝着成为全球科技和产业创新的领军城市迈进：PCT国际专利申请量在全国城市中名列前茅，国家级高新技术企业数量多达2.1万家，新一代信息通信等四大产业集群成功入选国家先进制造业集群行列。

第一节　高质量发展，完善现代化水平

　　党的二十大报告明确提出，实现高质量发展是中国式现代化的本质要求之一，"高质量发展是全面建设社会主义现代化国家的首要任务"[1]。习近平总书记指出，要加快构建新发展格局，着力推动高质量发展，强调"高质量发展是全面建设社会主义现代化国家的首要任务"，"要坚持以推动高质量发展为主题"。发展是党执政兴国的第一要务。没有坚实的物质技术基础，就不可能全面建成社会主义现代化强国。必须完整、准确、全面贯彻新发展理念，坚持社会主义市场经济改革方向，坚持高水平对外开放，加快构建以国内大循环为主体、国内国际双循环相互促进的新发展格局。

　　深圳把推进中国式现代化作为最大的政治，聚焦经济建设这一中心工作和高质量发展这一首要任务，坚持科技自立自强，发展新质生产力，推进新型工业化，全力推动高质量发展实现最好结果，坚决在推进中国式现代化建设中走在前列、勇当尖兵。2024年2月19日，龙年新春首个工作日，广东"新春第一会"的全省高质量发展大会在深圳举行，吹响"高质量发展是新时代硬道理"的冲锋号，深圳是广东高质量发展的龙头，也是国家高质量发展的前沿城市。

---

[1] 习近平. 高举中国特色社会主义伟大旗帜 为全面建设社会主义现代化国家而团结奋斗——在中国共产党第二十次全国代表大会上的报告[N]. 人民日报，2022-10-26（01）.

一、坚持和完善社会主义市场经济体制

40 余年前，党中央作出了建立深圳经济特区的重大战略抉择，这一决策与 1978 年我国开始实施的改革开放政策相辅相成。深圳成了我国改革开放的先锋和试金石。经过 40 年的实践验证，党中央关于兴办深圳经济特区的决策被证明是完全正确的。深圳从一个 40 年前的边境农业小镇，蜕变成为如今经济蓬勃发展，充满生机、活力和创新精神的国际大都市，创造了经济飞速发展和超大型城市迅速崛起的辉煌成就，为全国的改革开放和现代化建设提供了宝贵经验，发挥了先行先试的重要作用。

（一）深圳特区对坚持和完善市场经济的不断探索

自 1980 年建立经济特区以来，深圳就肩负着探索市场经济道路的重任。在这里，政府不再像过去那样对经济活动进行过多的干预和限制，而是充分尊重市场规律，让市场在经济活动中发挥主导作用。通过引入外资、发展民营经济、建立现代企业制度等一系列改革措施，深圳迅速崛起，成为中国经济的重要增长极。

深圳经济特区在发展过程中，始终遵循市场经济的一般规律，主要体现在以下几个方面。

第一，供求关系决定价格。在深圳，无论是商品还是服务，其价格都由市场供求关系决定。这种价格机制有效地反映了资源的稀缺程度和市场需求的变化，使得资源得到更加合理的配置。第二，竞争机制促进效率。深圳的市场经济环境充满竞争，企业为了在竞争中生存和发展，必须不断提高效率、降低成本、创新产品和服务。这种竞争机制促进了企业的成长和市场的繁荣。第三，产权明晰化激发活力。深圳在建立现代企业制度方面走在全国前列，通过明晰产权、保护知识产权等措施，激发了企业和个人的创新活力，推动了经济的持续发展。

深圳之所以在经济发展方面走在全国前列，主要是因为深圳的改革开放走在了全国前列。深圳通过先行先试、大胆创新，探索出了一条符合市场经济规

律的发展道路，为全国其他地区的改革开放提供了宝贵的经验和借鉴。同时，深圳还积极发挥自身的辐射带动作用，推动周边地区乃至全国的经济发展。深圳坚持用实践来检验改革成效。实践是检验真理的唯一标准。邓小平在1992年"南方谈话"中明确提出"三个有利于"的标准，即判别我国改革开放得失的标准应该主要看是否有利于发展社会主义社会的生产力，是否有利于增强社会主义国家的综合国力，是否有利于提高人民的生活水平。习近平总书记明确提出，把是否促进经济社会发展、是否给人民群众带来实实在在的获得感，作为改革成效的评价标准。

深圳改革开放的举措务实高效，不在于出台了多少改革文件，关键是有力调动了市场主体的创造性、积极性，按照习近平总书记提出的结果导向来看，深圳的改革是符合实践标准的。

深圳推动多元化所有制经济并进发展。深圳从无到有，民营经济已崛起为经济发展的中坚力量，改革的核心任务便是促进多种所有制经济的繁荣发展。2020年，深圳坐拥8家世界500强企业，数量仅次于北京、上海，而其中民营企业的占比，深圳更是位居全国之首。

深圳充分发挥基层在改革中的创新引领作用。改革既要注重顶层设计、明确大方向，也要激发基层的创新活力。深圳的改革从不等待，不依赖上级文件，而是主动出击、积极作为。对于基层的创新尝试、企业的创新实践，以及各地各类人才涌入深圳，深圳都持开放包容的态度。

深圳坚持开放引领改革。深圳经济特区建立之初，就肩负着对外开放"窗口"的使命，起初企业贸易形式以"三来一补"为主。随着经济全球化的不断深入和我国开放程度的不断提升，深圳积极拥抱世界，主动融入经济全球化的大潮流，从以外资外贸为主的开放模式，转变为注重规则制度的开放模式，并通过这种高水平的开放，推动和促进自身的全面深化改革。

（二）"双改"示范的先行示范

习近平在庆祝改革开放40周年大会上的讲话中强调："40年的实践充分证明，改革开放是党和人民大踏步赶上时代的重要法宝，是坚持和发展中国特色社会主义的必由之路，是决定当代中国命运的关键一招，也是决定实现'两个一百年'奋斗目标、实现中华民族伟大复兴的关键一招。"[1]

为贯彻落实习近平总书记关于深圳改革发展的重要指示批示精神和《中共中央　国务院关于支持深圳建设中国特色社会主义先行示范区的意见》有关要求，2020 年 10 月，中共中央办公厅、国务院办公厅印发了《深圳建设中国特色社会主义先行示范区综合改革试点实施方案（2020—2025 年）》，要求积极稳妥做好综合授权改革试点工作方案的制定。2021 年 9 月 6 日又印发了《全面深化前海深港现代服务业合作区改革开放方案》。为进一步扩展发展空间，前海合作区总面积由 14.92 平方公里扩展至 120.56 平方公里。推动前海合作区全面深化改革开放，将以制度创新为核心，在"一国两制"框架下先行先试，推进与港澳规则衔接、机制对接，丰富协同协调发展模式，打造粤港澳大湾区全面深化改革创新试验平台，建设高水平对外开放门户枢纽。[2]该文件指出，到 2025 年，建立健全更高层次的开放型经济新体制，初步形成具有全球竞争力的营商环境，高端要素集聚、辐射作用突出的现代服务业蓬勃发展，多轮驱动的创新体系成效突出，对粤港澳大湾区发展的引擎作用日益彰显。到 2035 年，高水平对外开放体制机制更加完善，营商环境达到世界一流水平，建立健全与港澳产业协同联动、市场互联互通、创新驱动支撑的发展模式，建成全球资源配置能力强、创新策源能力强、协同发展带动能力强的高质量发展引擎，改革创新经验得到广泛推广。

"双改"示范是深圳在全面深化改革和扩大开放方面的重要探索，对于推动深圳乃至全国的经济社会发展具有深远的影响。通过这两项改革示范，深圳期望能够打造全面深化改革创新的试验平台和高水平对外开放的门户枢纽，为全国提供更多的改革经验和发展动力。深圳综合改革试点是中央赋予深圳的一项重大改革任务，旨在通过综合性的改革措施，探索新的发展模式，为全国提供可复制、可推广的经验。前海合作区作为深圳的一个重要区域，其改革开放

---

[1] 习近平：在庆祝改革开放40周年大会上的讲话[EB/OL].（2018-12-18）. https://www.gov.cn/xinwen/2018-12/18/content_5350078.htm.

[2] 中共中央 国务院印发《全面深化前海深港现代服务业合作区改革开放方案》[EB/OL].（2021-09-06）. https://www.gov.cn/zhengce/2021-09/06/content_5635728.htm.

的深化对于推动深圳乃至全国的经济发展具有重要意义。这一改革示范旨在通过制度创新、政策优化等手段，进一步提升前海合作区的开放水平和经济发展质量。

二、率先建设体现高质量发展要求的现代化产业体系

昔日深圳"三天一层楼"的奇迹，已演变成前海的"三天一项制度创新"。深圳在现代服务业创新发展、科技发展体制机制创新等方面大胆闯、大胆试，推出了一批制度创新成果。创业板改革并试点注册制落地见效，《深圳经济特区数据条例》等全国首创性法规出台实施……深圳综合改革试点首批 40 条授权事项全面落地实施，一批重点领域和关键环节的改革成效持续显现。深圳的高质量发展主要体现在三个方面。

（一）全球影响力的科技和产业创新高地

在全球科技创新的版图中，深圳无疑是一颗璀璨的明星。这座位于中国南海之滨的城市，以其独特的地理位置、开放的经济政策和强大的创新能力，正迅速崛起为具有全球影响力的科技和产业创新高地。深圳的崛起，缘于其坚定的创新理念和不懈的探索精神。自改革开放以来，深圳始终坚持创新驱动的发展战略，将创新作为城市发展的核心动力。在科技创新方面，深圳不仅注重引进国外先进技术，更强调自主创新能力的提升。通过加大基础研究和应用基础研究的投入，深圳在人工智能、合成生物学、基因组学等前沿领域取得了一系列标志性重大成果。

深圳湾实验室作为深圳科技创新的重要载体，近年来在体制机制创新、科研团队建设及科研项目攻关等方面取得了积极进展。实验室获批的 25 项国家自然科学基金委集中申报项目，不仅体现了深圳在基础研究领域的深厚实力，也展示了深圳在推动科技创新方面的坚定决心和强大能力。基础研究是科技创新的源头，关乎城市、地区和国家的源头创新能力和国际科技竞争力。深圳把基础研究摆在突出位置，相继出台加强基础研究的实施办法、基础研究项目管

理办法，在全国率先以立法形式确立不低于30%的市科技研发资金投向基础研究和应用基础研究。2016—2021年，全社会基础研究经费由24.33亿元增长至122亿元，基础研究占全社会研发经费比重由2.89%跃升至7.25%。[1]

深圳还将建设一流大学作为提升基础研究能力的关键举措。目前，深圳已拥有一批高水平的大学和研究机构，如南方科技大学、深圳大学等。这些高校和机构在人才培养、科研创新等方面发挥着重要作用，为深圳的科技创新提供了有力支撑。同时，深圳还积极引进国内外一流大学和研究机构，加快建设世界一流大学、一流学科，以提升城市的基础研究水平。

为进一步提升科技创新能力，深圳正加快打造世界级重大科技基础设施集群。以光明科学城为核心承载区，深圳正积极推进一批重大科技基础设施的建设，包括脑解析与脑模拟、合成生物研究等大科学装置。这些设施的建成将极大地提升深圳在基础研究和应用基础研究方面的能力，为深圳的科技创新提供强有力的支撑。

同时，深圳还积极推进深圳高新区与香港高技术园区的深入合作。推进河套深港科技创新合作区建设。这些合作平台的建立将进一步促进深圳与港澳地区的科技创新合作，共同推动粤港澳大湾区的发展。

深圳在打造具有全球影响力的科技和产业创新高地的过程中，还注重优化创新生态，激发创新活力。通过完善政策体系、加强知识产权保护、推动产学研深度融合等措施，深圳为科技创新提供了良好的环境。在政策方面，深圳出台了一系列支持科技创新的政策措施，如《关于支持企业提升竞争力的若干措施》《关于促进人才优先发展的若干措施》等。这些政策为企业的创新发展提供了有力支持。在知识产权保护方面，深圳建立了完善的知识产权保护体系，加大对侵权行为的打击力度。这为企业的创新成果提供了有效保障，激发了企业的创新热情。在产学研合作方面，深圳积极推动高校、科研机构和企业之间的合作与交流。通过共建产学研合作平台、推动科技成果转化等方式，深圳实现了科技创新与产业发展的深度融合。

---

[1] 深圳：世界一流综合性国家科学中心轮廓初现[EB/OL].（2022-12-06）. http://www.sz.gov.cn/cn/xxgk/zfxxgj/zwdt/content/post_10310342.html.

（二）高端高质高新的现代产业体系

深圳工业在全市 GDP 中的占比超 35%，对经济增长的贡献率近半，是拉动经济的关键力量。近年来，深圳致力于打造更具全球影响力的经济中心城市，加速建设全球领先的先进制造业中心。通过一系列创新措施，深圳正加快构建高端、高质、高新的现代产业体系，确保产业体系的完整性、先进性和安全性，提升先进制造业的国际竞争力。

深圳始终将发展经济的重点放在实体经济上，聚焦高端、高质、高新领域，全力推动先进制造业的高质量发展。围绕建设全球领先的先进制造业中心目标，深圳设定了两个阶段目标：到 2025 年，形成多个万亿元级、五千亿元级和千亿元级产业集群，基本建成全球领先的先进制造业中心；到 2035 年，全面建成这一中心。

为实现这一目标，深圳在智能化、绿色化、融合化方面下足功夫，着力提升制造能力、创新能力、要素保障能力、资源整合能力和生态系统建设能力。深圳全面建设数字化城市，推动数字技术与实体经济深度融合；加速人工智能的高质量发展和应用，打造"鸿蒙欧拉之城"；全面实施"极速先锋城市建设"行动，推进"万兆入企"；构建"算力先锋城市"，加快城市级智能算力平台建设；加速打造"新一代世界一流汽车城"，形成万亿级汽车产业集群。这些举措有力地促进了深圳先进制造业的迅猛发展。

深圳瞄准高端、高质、高新领域持续突破，不断提升制造能力和研发能力，构建更具国际竞争力的现代化制造业体系。深圳大力实施工业投资倍增计划，扩大投资规模、优化投资结构、提高投资质量和效益，夯实发展基础。通过"星耀鹏城"等培育工程，帮助优质企业上市融资，为企业注入发展动力。

在推动企业数字化转型方面，深圳加强政策引导，实施专项资金改革，培育了一批工信部双跨平台，为制造业数字化转型提供有力支持。同时，深圳在全国范围内确定了一批实力雄厚的服务商，为规模以上工业企业提供免费数字化转型咨询诊断服务。这些举措加速了深圳制造业数字化转型的进程。

在要素保障方面，深圳为产业发展提供了充足的要素支持。围绕"20+8"产业集群发展，依托 20 大先进制造业园区，优化产业空间布局，创新土地供给方式。自实施"工业上楼"计划以来，首批 72 个项目已全部开工，建成超过 2000 万平方米的优质、经济、定制化厂房空间，为先进制造业的发展提供了有力支撑。

深圳不断完善产业配套，推动产业集群化发展。截至 2024 年，深圳已累计培育国家级专精特新"小巨人"企业 1025 家；截至 2025 年 5 月，深圳有专精特新中小企业 1.1 万家，创新型中小企业为 2.1 万家，形成了"国家—省—市"三级梯度为框架的优质企业培育梯队。[1]大企业、创新企业、中小微企业和个体工商户共同形成了蓬勃发展的格局。深圳以梯度成长、集群化发展为方向，推动先进制造业向高端化、智能化、绿色化、融合化方向发展。龙岗区高端智能车载设备、龙华区新型显示器件两大产业集群入选国家级中小企业特色产业集群名单，彰显了深圳在先进制造业集群化发展方面的显著成果。这些产业集群的形成和发展为深圳先进制造业参与全球竞争提供了有力支持。

此外，深圳还积极参与全球产业链、价值链的分工合作，推动产业链、供应链、价值链的深度融合。深圳通信基站占全球产量的一半、电化学储能约占全球产量的七分之一、智能手机占全球产量的七分之一、新能源汽车占全球产量的八分之一……这些数据充分展示了深圳先进制造业在全球产业链、价值链中的地位不断提升。

（三）全球数字先锋城市建设

数字经济已成为全球经济增长的新引擎，数据作为新的生产要素，正在深刻改变着社会财富创造的方式和途径。在这一背景下，深圳凭借其雄厚的经济实力和创新的基因，提出了打造全球数字先锋城市的战略目标。这不仅是对深圳自身发展的高瞻远瞩，更是对全球经济格局的深刻洞察和积极应对。2022 年 3 月，深圳市政府发布了《深圳市推进新型信息基础设施建设行动计划（2022—2025 年）》（以下简称《行动计划》），明确了未来几年的发展目标与路径，旨在构建泛在先进、高速智能、天地一体、绿色低碳、安全高效的新型

---

[1] 深圳新增八十七家企业入围"小巨人"　数量居全国城市第一[EB/OL].（2025-06-13）.https://www.sz.gov.cn/cn/zjsz/fwts_1_3/yxhjjc/content/post_12225989.html.

信息基础设施供给体系，为打造新型信息基础设施标杆城市和全球数字先锋城市奠定坚实基础。

根据《行动计划》，深圳将围绕以下几个方面展开工作：首先是基础设施建设。深圳将加速推进新型信息基础设施建设，构建"5G+千兆光网+智慧专网+卫星互联网+物联网"的通信网络体系。

至 2025 年底，深圳计划实现 5G 用户占比超八成，千兆宽带用户数量突破300 万大关，重点区域的千兆公共 WLAN 覆盖率将达到 99%，并部署超过 1000万个物联网感知终端。这一宏伟目标的达成，将为深圳铸就全球数字先锋城市的地位奠定坚实基础。接下来是数字化转型的深入推进。深圳将全面加速各领域的数字化进程，涵盖企业、政府及社会各个方面。通过大力推广"5G+工业互联网"和"AI+智能制造"等创新模式，深圳将打造至少 2 个数字化转型公共服务平台，并新增 5 家或更多无人工厂、"灯塔工厂"及国家智能制造示范工厂。同时，深圳还将强化数字技术在城市管理、民生服务和公共安全等领域的应用，以提升城市的治理能力和水平。

其次，科技创新始终是深圳发展的核心驱动力。深圳将围绕大科学装置、超算中心、科研高校和重点实验室等科研平台的互联互通需求，构建科技创新走廊的超高速智能网络。此外，深圳还将积极支持下一代光网络、可见光通信、第六代移动通信（6G）、毫米波、太赫兹通信、量子通信等领域的创新载体及相关基础设施的试点建设，为未来的科技创新提供强有力的支撑。为此，深圳出台新型信息基础设施配套扶持政策，引导多元主体参与投资建设和运营服务。同时，深圳还加强与国际先进城市的交流合作，引进国际先进技术和经验，推动深圳在全球数字经济领域取得更大突破。

三、发展新质生产力

2023 年 9 月，习近平总书记在黑龙江省考察调研时提出了"新质生产力"的概念。他强调，"要以科技创新引领产业全面振兴。要立足现有产业基础，扎实推进先进制造业高质量发展，加快推动传统制造业升级，发挥科技创新的增量器作用，全面提升三次产业，不断优化经济结构、调整产业结构。整合科技创新资源，引领发展战略性新兴产业和未来产业，加快形成新质生产力。"[1]
2024 年 1 月 31 日下午，中共中央政治局就扎实推进高质量发展进行第十一次集体学习。中共中央总书记习近平在主持学习时强调，"发展新质生产力是推动高质量发展的内在要求和重要着力点，必须继续做好创新这篇大文章，推动新质生产力加快发展"。2023 年 9 月初，习近平总书记在主持召开新时代推动东北全面振兴座谈会时强调，"积极培育新能源、新材料、先进制造、电子信息等战略性新兴产业，积极培育未来产业，加快形成新质生产力，增强发展新动能"；在听取黑龙江省委、省政府工作汇报时强调，"整合科技创新资源，引领发展战略性新兴产业和未来产业，加快形成新质生产力"。习近平总书记关于"新质生产力"的重要论述，为新发展阶段全面落实创新驱动发展战略、大力推动产业结构优化升级、有效促进区域经济协调发展、加快培育战略性新兴产业和未来产业集群、大力推动经济高质量发展、加快构筑国家竞争新优势提供了根本遵循。

"新质生产力"成了年度经济热词，预示着我国正站在科技创新引领现代化产业体系建设的新起点上，加速形成新质生产力，推动经济高质量发展。新质生产力是现代化国家建设的重要支撑，面对新型工业化革命，需要构建一个面向未来的创新生态系统，以突破传统的生产与分配模式。[2]"新质生产力"是由技术革命性突破、生产要素创新性配置、产业深度转型升级而催生的当代先进生产力。它是马克思主义生产力理论的创新和发展，进一步丰富了相关思想的内涵。这一重要论述为新时代把握科技和产业变革方向、推动生产力高质量发展提供了指引。在实践中，应围绕发展新质生产力布局产业链，将科技创新成果应用到具体产业中，推动产业升级和转型。作为改革开放的前沿阵地，深圳以其独特的创新基因和前瞻性的产业布局，在加快形成新质生产力的道路上勇立潮头，向未来进发。

---

[1]　习近平在黑龙江考察时强调 牢牢把握在国家发展大局中的战略定位 奋力开创黑龙江高质量发展新局面[N]. 人民日报，2023-09-08（01）.

[2]　赵振华.论新质生产力的生成体系[J].毛泽东邓小平理论研究，2024（03）：1-13.

（一）深圳"因地制宜"发展新质生产力的战略定位

习近平总书记明确提出"因地制宜"的要求。"因地制宜"是基于新质生产力的核心内涵。以"因地制宜"发展新质生产力的要求来看，深圳作为"创新之都"，应当充分发挥创新尖兵的优势和特点，特别是高精尖、高端化、智能化、绿色化的发展方向，不断挖掘新产业、新业态、新模式。

以创新驱动发展战略为引领，深圳在改革开放进程中持续深化科技体制机制创新，通过国家自主创新示范区建设和综合性国家科学中心布局，在基础研究和重大科技基础设施领域实现系统性突破，生动诠释了中国特色社会主义先行示范区的创新实践路径。习近平在深圳经济特区建立40周年庆祝大会上指出，深圳要"坚定不移贯彻新发展理念。要坚持供给侧结构性改革这条主线，坚定不移实施创新驱动发展战略，加大基础研究和应用基础研究投入力度，培育新动能，提升新势能""必须坚持创新是第一动力，在全球科技革命和产业变革中赢得主动权"。[1]2014年，深圳组建国家自主创新示范区获批，是党的十八大后国务院批准建设的首个国家自主创新示范区。2017年，由深圳参与建设的"未来网络试验设施重大科技基础设施"项目获国家批准，这标志着深圳国家重大科技基础设施建设实现重大突破。2019年，《中共中央　国务院关于支持深圳建设中国特色社会主义先行示范区的意见》出台，提出了加快实施创新驱动发展战略的"施工图"。2020年，深圳成为我国第四个综合性国家科学中心，集中布局建设世界一流的重大科技基础设施集群。

深圳的教育、科技与人才三者的紧密结合已成为推动社会进步的不竭动力。为了催生更多原创性、颠覆性的科技创新，深圳市采取了一系列举措，旨在构建一个充满活力与创造力的创新生态系统。深圳市坚持"四链融合"的战略思维，将教育链、创新链、产业链、人才链紧密衔接。通过优化高校学科专业布局，确保学科专业群与产业链无缝对接；构建创新联盟，强化校企合作，形成产学研用一体化格局；设立校企协调机构，确保产教融合落到实处；同时，深圳市加强校企间的深度交流，充分发挥人才在科技创新中的核心引领作

---

[1] 深圳经济特区建立40周年庆祝大会隆重举行[N]. 人民日报，2020-10-15（01）.

用。这一系列措施的实施，犹如一套强有力的"组合拳"，旨在通过"产业拉动＋创新驱动＋教育联动＋人才发动"的协同机制，加快培育和发展新质生产力。

在探索科技创新新型举国体制的深圳路径上，深圳市始终坚持以国家战略需求为导向，强化基础研究和应用基础研究能力。通过深化财政科技经费分配使用机制改革，支持构建多元创新联合体，深圳市致力于实现高水平的科技自立自强。同时，深圳市深化科技成果使用权、处置权和收益权改革，建立以市场为主导的科技项目遴选、经费分配、成果评价机制，确保源头创新与成果转化之间的无缝衔接。

在人才引育方面，深圳为高质量发展源源不断引进和培养高素质人才。特区建设初期，深圳领全国之先打破"铁饭碗"实行劳动合同制，采取公开招考招聘等方式面向全国选拔干部和人才，为特区建设快速集聚了一大批高素质人才。此后，深圳实施人才强市战略，实施"81条"人才新政、"十大人才工程"，颁布《深圳经济特区人才工作条例》，构建引育并重的人才政策体系，营造优越政策环境。深圳还充分利用华为、腾讯、大疆等高科技企业集聚优势吸附人才，利用市场化机制吸引人才，形成"创新成果越多、经济贡献越大、奖励补贴越多"的持续激励机制。针对战略性新兴产业和未来产业的发展需求，深圳市精准预测产业人才缺口，有针对性地培养面向未来经济主战场的拔尖创新人才。同时，深圳市积极探索企业基础研究人员职称评定办法，促进基础研究人才在高校院所和企业之间的合理流动。深圳市坚持"不唯地域引进人才，不问出身培养人才，不求所有开发人才，不拘一格用好人才"的原则，为人才提供全方位、多层次的支持和服务。

在全面深化改革、推动生产要素创新性配置方面，深圳市采取了多项措施。首先，深圳市完善要素市场化配置体制机制，推动二、三产业混合用地改革，探索利用存量建设用地进行开发建设的市场化机制；同时，深圳市完善适应超大城市特点的劳动力流动制度，探索适应新技术、新业态、新产业、新模式发展需要的特殊工时管理制度。其次，深圳市加快培育数据要素市场，开展数据生产要素统计核算试点，探索跨境数据流通交易和监管协调机制，以智慧城市建设深化"一数一源一标准"治理，提升数据共享利用水平。最后，深圳市健全要素市场评价贡献机制，探索完善生产要素由市场评价贡献、按贡献决定报酬的机制，支持建立和完善符合市场经济规律与企业家成长规律的国有企业领导人员管理机制。

在强化制度融贯性建设、稳步推进产业深度转型升级方面，深圳市秉持钉钉子精神，确保政策的连续性和稳定性。深圳市加强法治建设，打造保护知识产权的标杆城市，完善互联网信息等数字知识产权财产权益保护制度，建立知识产权侵权惩罚性赔偿制度，实施知识产权领域以信用为基础的分级分类监管。同时，深圳市处理好"破与立"的关系，塑造适应新质生产力的新型生产关系，加强宏观政策取向一致性评估，推动落后产能有序退出，以数智技术、绿色技术赋能传统产业，深度参与全球产业分工和合作。这些举措的实施将有力推动深圳市产业的深度转型升级和经济的高质量发展。

（二）深圳发展新质生产力的成就

当前，深圳作为中国首个以城市为整体单元被纳入国家自主创新示范区的城市，正以前所未有的速度加快构建国际科技、产业创新中心。在电子信息、互联网、生物科技、新能源等众多高新技术产业领域，深圳凭借其深厚的创新底蕴和强大的研发实力，稳居行业领先地位。这座城市孕育并培育了华为、中兴、腾讯、比亚迪、大疆等一系列享誉全球的高科技企业，它们不仅是深圳的骄傲，更是中国科技创新的杰出代表。深圳因此被誉为名副其实的"创新之都"，其创新创业环境之优越，得到了国内外广泛认可，被评为"全国创新创业环境最优秀的城市之一"，成了无数创业者心中的梦想之地和科技创新的热土。

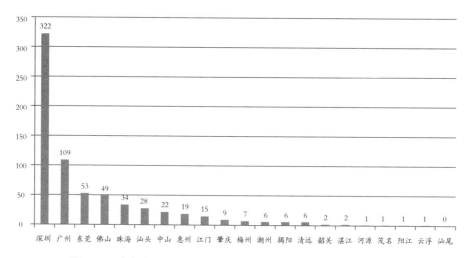

图 3-1　广东省 21 个地市战略性新兴上市公司情况（单位：家）

数据来源：Wind 数据库。

英国知名杂志《经济学人》将深圳誉为"硅洲"，这一称号充分彰显了深圳在科技创新和经济发展方面的卓越成就。据该杂志报道，从 1980 年至 2016 年，深圳的实际 GDP 年均增速令人瞩目，如今已接近 2 万亿元大关。尤为值得一提的是，深圳的南山区，作为科技创新的重地，汇聚了超过 120 家上市公司，其市值总额近 4000 亿美元。

与北京等拥有众多顶尖大学的城市不同，深圳的高等院校数量相对较少。然而，这并未阻碍各地大学毕业生纷纷涌向这座充满机遇的城市，他们在这里追寻梦想，挥洒才华。深圳在研发方面的投入力度极大，其研发支出占 GDP 的比重超过 4%，这一比例是中国内地平均水平的两倍还多。而南山区更是达到了 6% 以上的高水平，其中大部分资金来源于充满活力的私营公司。

深圳的企业在获得国际专利方面同样表现出色，它们拥有的国际专利数量众多，且大多为高质量专利，与中国内地其他企业所获得的专利形成鲜明对比。事实上，深圳一个城市所获得的国际专利数量已经超过了法国、英国等发达国家。2023 年，深圳战略性新兴产业增加值占 GDP 的比重持续提升，达到了 41.9%，在全国范围内领跑。同时，数字经济核心产业增加值突破 1 万亿元大关，展现了深圳在数字经济领域的强大实力。

2023 年，深圳在知识产权方面也取得了多项领先指标。全市国内专利授权量和商标注册量均居全国第一位，每亿元 GDP 专利产出量和每万人口高价值发明专利拥有量也在全国大中城市中排名首位。此外，深圳的 PCT 国际专利申请量连续 20 年居全国大中城市首位，知识产权证券化工作持续领跑全国。同时，深圳还积极为企业出海"护航"，海外知识产权布局能力进一步增强，在美欧日韩专利公开量、专利授权量方面，均在全国各大城市中排名第一。

值得一提的是，2023 年华为高端手机重返市场，体外膜肺氧合仪、核磁共振设备也实现了国产化。两项创新成果更是入选了中国十大科技进展。同时，深港穗科技集群连续 4 年排名全球第二，充分展示了深圳在全球科技创新领域的重要地位和影响力。深圳产业体系的竞争能力不断凸显，正在着眼于做大做强"20+8"战略性新兴产业与未来产业体系。在 2023 年的经济版图中，深圳战略性新兴产业的增加值占 GDP 比重显著增长至 41.9%，这一数据在全国范围内处于领先地位。同时，深圳的数字经济核心产业也实现了跨越式发展，增加值突破 1 万亿元的里程碑。在科技创新方面，深圳新增了 1615 家国家高新技术企业，总数达到 2.47 万家。新能源汽车整车制造业的产值更是实现了惊人的 85.3% 的增长，巩固了深圳作为中国新能源第一城的地位。深圳不仅专注于当前产业的发展，还前瞻性地规划布局了卫星制造与应用、航空航天、机器人、可穿戴设备和新型健康技术等未来产业，展现出对未来科技趋势的敏锐洞察。此外，深圳在低空经济产业领域也取得了显著成果，推出了全国首部低空经济产业促进条例，并新开通了 77 条无人机物流航线，载货无人机飞行达 61 万架次，这一数字在全国范围内遥遥领先。在推动新型工业化方面，深圳也展现出了积极的姿态。此外，深圳还加快升级了生产性服务业，软件和信息技术服务业增长 21.4%，在中国软件名城评估中位列第一。金融业增加值也实现了 5.8% 的增长，深圳证券交易所的股票交易额保持亚洲第一位。深圳在围绕发展新质生产力布局产业链、引领产业升级方面走在了前列，展现出了强大的经济实力和创新能力。[1]

深圳科技创新"硬核力"持续强化。面向世界科技前沿，提升基础研究能

[1] 深圳市统计局，国家统计局深圳调查队. 深圳市2023年国民经济和社会发展统计公报[R/OL].（2024-04-28）. https://tjj.sz.gov.cn/gkmlpt/content/11/11264/post_11264245.html#4222.

力。在 2023 年，深圳市积极推进了 170 项关键性的"深研"项目，并同步开展了 312 项技术攻关项目，旨在加速构建具备全球影响力的产业科技创新中心。这一年，全社会的研发投入达到了 1880.5 亿元，同比增长了 11.8%，其中企业研发投入占比高达 94.9%，位居全国首位。同时，深圳市在高素质劳动力队伍建设方面也取得了显著进展，迈上了一个新台阶。为了进一步推动人才的高质量发展，深圳市还出台了相关政策，并有 574 名学者成功入选了全球前 2% 的顶尖科学家榜单。同时，要素市场化配置的改革也在不断持续深化中。2023 年，深圳综合改革试点累计 40 条创新举措和典型经验、前海累计 88 项制度创新成果在全国推广。[1]

（三）培育形成新质生产力的排头兵

在深圳迈向现代化产业体系的征途上，发展新质生产力成了不可或缺的驱动力。生产力，作为推动社会前进的核心力量，其活跃性和革命性无可替代。回顾深圳过去 40 多年的辉煌历程，这座城市凭借对生产力的不懈追求与科技创新的强力推动，成功构建起了一个完备且先进的产业体系，经济总量跃居亚洲前列，全球排名稳步提升，实现了从边陲小镇到国际大都市的华丽转身。

新质生产力，其本质即代表着先进生产力，已经在实践中展现出对高质量发展的巨大推动力和支撑力。展望未来，深圳若要实现经济总量的进一步飞跃，成为在全球经济舞台上具有更强影响力的经济中心城市和现代化国际大都市，就必须继续深化生产力的解放与发展，特别是要加快发展那些具备高科技、高效能、高质量特质，并符合新发展理念的先进生产力质态——新质生产力。通过这一发展路径，深圳将构建起一个符合智能化、绿色化、融合化要求，兼具完整性、先进性和安全性的现代化产业体系，不仅能够提升城市的国际竞争力，更将实现更高质量、更有效率、更加公平、更可持续、更为安全的发展目标，为城市的繁荣与进步奠定坚实的基础。

发展新质生产力，要加快培育新质生产力生成机制，建设完善技术进步形

---

[1] 全力推动高质量发展实现最好结果系列主题新闻发布会（打造一流营商环境）[EB/OL].（2024-01-27）. https://fgw.sz.gov.cn/hdjl/zxft/fthg/content/post_11132869.html.

成机制、生产要素创新型配置机制、产业深度转型升级机制；要加快建设新质生产力生成的政策体系，深化科研体制改革、构建有利于科研成果转化为现实生产力的生态系统、加快从传统产业向新兴产业和未来产业的政策转型。[1]

随着全球变革的浪潮汹涌而来，新质生产力正成为引领未来发展的强大引擎。新质生产力的核心在于创新，它不仅是技术和产品的革新，更是对生产方式和产业结构的重塑。在这个充满变革的时代，我国正站在新的历史起点上，以新质生产力为引领，加快催生新产业、新模式、新动能，以实现从跟跑到并跑乃至领跑的跨越。深圳这座以创新为灵魂的城市，正是新质生产力蓬勃发展的生动例证。它深入实施创新驱动发展战略，推动创新链、产业链、资金链、人才链深度融合。在5G通信、新能源汽车、无人机等新兴领域，深圳已形成从技术研发到产品产业化，再到新业态新模式的全链条创新优势。深圳正肩负起服务国家高水平科技自立自强的重任，通过科技创新推动产业创新，不断攻克关键核心技术，将原创性、颠覆性的科技成果转化为实际生产力，改造提升传统产业，培育壮大新兴产业，布局建设未来产业，推动新技术、新产品广泛应用，新业态、新模式蓬勃发展。

在新型工业化的道路上，深圳同样展现出了坚定的步伐和强大的实力。它坚持工业立市、工业强市，高新技术产业发展迅猛，规模以上工业总产值、全部工业增加值连续多年位居全国前列。深圳正紧紧抓住新型工业化这一关键任务，深入挖掘新质生产力的发展潜能，不断增强制造能力和创造能力，成为众多工业产品的全球主要生产基地。同时，深圳还致力于完善生态系统，形成大中小企业紧密协同的发展格局，加快打造全球领先的先进制造业中心。

在推动服务业迈向高质量发展的征途中，发展新质生产力成为引领前行的核心动力。服务业不仅是新质生产力的重要载体，更是推动其持续壮大的关键力量。服务业以其庞大的经济体量和广泛的覆盖领域，为新质生产力提供了丰富的应用场景和巨大的市场空间，为新思想、新技术、新模式的孵化提供了肥沃的土壤。

与此同时，服务业，特别是科技服务业和信息服务业，以其强大的赋能能

---

[1] 赵振华. 论新质生产力的生成体系[J]. 毛泽东邓小平理论研究，2024（03）：1-13.

力，成为各行各业技术升级的催化剂。它们通过技术革新和服务创新，为千行百业提供解决方案，推动数字经济与实体经济的深度融合，为新质生产力的形成和壮大提供了强有力的支撑。

目前，深圳的服务业正迎来其发展的新阶段。在这个关键时期，深圳服务业的规模体量正在迈上新台阶，发展能级达到新高度，新质生产力也在加速形成。面对这一历史性的机遇，深圳必须抢抓时机，乘势而上，以"一业一策"的精准策略，面向国内外市场，推动服务业各细分行业领域的快速发展。

在推动城市全面增值的道路上，以新质生产力为引擎，深圳正以前所未有的速度提升着整个城市的附加值。新质生产力，这一概念不仅涵盖了劳动者素质的提升、劳动资料的革新以及劳动对象的拓展，更强调了这些要素在优化组合中的跃升。其核心在于全要素生产率的显著增强，这是衡量一个城市乃至一个国家经济发展质量的重要标准。随着新质生产力的蓬勃发展，深圳正迎来一股全新的经济浪潮。这股浪潮带来了更为高效的劳动者、更为先进的劳动资料、更为丰富的劳动对象，以及更为科学的优化组合方式。这不仅使得单一行业的附加值和增加值得到了显著提升，更重要的是，这种提升已经扩散至整个产业体系和整个城市，形成了多行业贯通叠加的累积效应。在深圳，新质生产力的快速发展正催生出一批批新兴的、具有巨大盈利潜力的行业、领域和机会。这些新兴领域不仅为城市带来了新的经济增长点，更提升了整个城市在全球经济版图中的竞争力和影响力。深圳深知，要抓住这一历史性的发展机遇，就必须将发展新质生产力与城市化、现代化的历史进程紧密结合起来，与产业发展迭代升级、城市间竞争的大局大势相呼应。为此，深圳立足自身实际，面向全国，放眼全球，积极抢位发展、错位发展。通过大力发展新质生产力，深圳正加快推进数字技术特别是人工智能的全时全域应用，以科技创新驱动产业升级和城市升级。同时，深圳还致力于推进各产业链条的丰富和完善，特别是在价值链高端环节的集聚，以形成更具竞争力的产业集群和产业链。通过这一系列的努力，深圳正努力实现产业升级和城市升级的相互促进。随着城市升级的不断推进，深圳将进一步吸引更多高级产业和优秀人才，为城市的持续发展注入新的活力。在全球性的人、财、物和信息流动网络中，深圳正努力占据关键位置，并不断向高端突破，以实现城市的跨越式发展。

第二节　乡村振兴　深圳不离场

党的十八大以来，以习近平同志为核心的党中央坚持把解决好"三农"问题作为全党工作的重中之重，全面打赢脱贫攻坚战，启动实施乡村振兴战略，推动农业农村取得历史性成就、发生历史性变革。党的二十大对全面推进乡村振兴作出系统部署，指出"全面推进乡村振兴。坚持农业农村优先发展，坚持城乡融合发展，畅通城乡要素流动。加快建设农业强国，扎实推动乡村产业、人才、文化、生态、组织振兴"。

波澜壮阔的乡村振兴的号角吹响，深圳这座现代化的都市并未选择置身事外，而是积极投身其中，以其独特的视角和资源优势，为乡村振兴注入新的活力。乡村振兴，不仅是对乡村面貌的改善，更是对乡村经济、文化、生态等多方面的全面提升。深圳作为中国的经济特区之一，其先进的发展理念和丰富的创新资源，无疑为乡村振兴提供了强有力的支持。深圳的企业家们带着资金、技术和市场经验，深入乡村，与当地人民共同探索适合当地发展的新模式、新路径。

深圳的科技创新力量也为乡村振兴提供了强大支撑。通过引入先进的农业技术和管理模式，深圳助力乡村实现农业现代化、产业化，提高农业生产效率，增加农民收入。同时，深圳还积极推动乡村旅游、文化创意等产业的发展，为乡村带来新的经济增长点。

在乡村振兴的道路上，深圳始终与乡村同行，不离场、不懈怠，用自己的智慧和力量，为乡村的繁荣发展贡献力量，共同绘就一幅城乡融合、共同发展的美好画卷。

一、走城乡融合之路

深圳，作为中国的经济特区，一直在城乡融合发展的道路上积极探索，并取得了显著的成效。通过创新体制机制、优化产业布局、提升公共服务等一系列措施，深圳有效推动了城乡经济社会的协调发展，为其他城市提供了宝贵的经验。深圳出台了《深圳市乡村振兴和协作交流局关于"深圳农场"建设实施意见》[1]，该意见提出建设"深圳农场"的总体要求，"以习近平新时代中国特色社会主义思想为指导，全面贯彻落实党的二十大精神，深入贯彻落实习近平总书记关于'三农'工作的重要论述和对广东系列重要讲话、重要指示精神，聚焦实施'百县千镇万村高质量发展工程'，锚定助力建设农业强国目标，深入实施'我帮企业找市场'行动，依托深圳对口的9省106县，坚持深圳科技、人才、市场等优势以及对口地区空间、资源、劳动力等优势相结合，坚持创新服务企业协作机制，重点支持一批有意愿拓宽发展空间的深圳企业在对口地区开展'深圳农场'示范创建，形成可复制、可推广、可持续的先进模式和公共品牌，推动深圳企业在加快建设农业强国中有更大作为"。

深圳在城乡融合过程中，注重体制机制的创新，打破城乡分割的壁垒，激发城乡发展活力。建立健全城乡统一的户籍登记制度，实现城乡居民在社会保障、教育、医疗等方面的平等权利。推动土地管理制度改革，完善农村土地流转机制，促进农村土地规模经营和现代农业发展。建立城乡统一的就业管理制度，促进城乡劳动力有序流动和就业创业。

深圳注重优化产业布局，推动城乡产业融合发展。在农村地区发展现代农业、生态旅游等产业，提升农业综合效益和乡村经济发展水平。引导城市资本、技术、人才等要素向农村流动，推动城乡产业优势互补、协同发展。培育和发展乡村特色产业，打造具有地方特色的农产品品牌，提升农产品附加值和市场竞争力。

深圳注重提升乡村公共服务水平，缩小城乡差距。加大对乡村教育、医疗、文化等公共服务设施的投入力度，改善乡村公共服务条件。推动城乡基本公共服务均等化，确保城乡居民享有均等的公共服务资源。加强乡村基础设施建设，提升乡村交通、供水、供电等基础设施水平，改善乡村生产生活条件。

深圳注重加强城乡文化交流，促进文化融合发展。举办各类文化活动，推动城乡文化互动和交流，增进城乡居民之间的了解和认同。挖掘和传承乡村优

---

[1] 深圳市乡村振兴和协作交流局关于"深圳农场"建设实施意见[EB/OL].（2023-08-18）. http://xczxhxzjlj.sz.gov.cn/zwgk/zcfgjzcjd/zcfg/content/post_10791760.html.

秀传统文化，打造具有地方特色的文化品牌，提升乡村文化软实力。推动乡村文化产业发展，将乡村文化资源转化为经济资源，提升乡村经济发展水平。

通过一系列具体措施的实施，深圳在城乡融合方面取得了显著成效。深圳通过推动城乡产业融合发展，实现了城乡经济的协调发展。农村地区发展现代农业、生态旅游等产业，提升了农业综合效益和乡村经济发展水平；城市资本、技术、人才等要素向农村流动，推动了城乡产业优势互补、协同发展。深圳通过提升乡村公共服务水平，实现了城乡基本公共服务均等化。乡村教育、医疗、文化等公共服务设施得到改善，城乡居民享有均等的公共服务资源。同时，乡村基础设施建设得到加强，提升了乡村交通、供水、供电等基础设施水平，改善了乡村生产生活条件。

深圳通过加强城乡文化交流互动，增进了城乡居民之间的了解和认同。各类文化活动的举办推动了城乡文化互动和交流；乡村优秀传统文化的挖掘和传承打造了具有地方特色的文化品牌；乡村文化产业的发展将乡村文化资源转化为经济资源，提升了乡村经济发展水平。

二、走全面振兴之路

在乡村振兴战略的大背景下，深圳市不仅在城市发展上取得了显著成就，同时也在乡村振兴的道路上迈出了坚实的步伐。通过创新布局建设"深圳农场"项目，以及近期深能环保寻乌能源生态园的成功投产，深圳市正积极探索与对口地区合作的新模式，为农业强国建设贡献深圳智慧和深圳力量。

自"深圳农场"项目启动以来，深圳市充分发挥自身优势，积极与对口地区开展深度合作。截至 2024 年 12 月，成功创建的"深圳农场"已达 69 个，涵盖种植、养殖、水产等多个领域。这些农场立足当地资源特色，发展特色种植、养殖、水产产业，有效提升了农业产值和经济效益。同时，通过引进深圳的科技、人才、市场等资源，推动了当地农业农村现代化进程，为乡村振兴注入了新的活力。

深圳市在"深圳农场"建设中，注重科技赋能和产业融合。通过引进先进技术和设备，提升农业生产效率；同时，积极推动农机装备、生物育种、绿色生态、智慧农业等先进技术的融合应用，促进农业全产业链整合发展。例如，万绿智慧无人农场通过引进无人机、无人农机和智慧农业系统，实现了从耕地整地到播种、田间管理、运输收获等全过程的智能化管理，为现代农业发展树立了典范。

2024年1月1日，由深圳援建的"寻乌调查·1930"红色文旅街区正式开街。街区全方位展示寻乌红色文化新风貌，多方面呈现深寻文化合作新成果。作为深圳援建的项目，街区入口旁的第一个游览点便是"深寻非遗展示中心"。作为"深寻非遗展示中心"的建设方，非遗生活文化产业有限公司凭借多年的非遗传承保护经验，实现寻乌相关非遗项目产业化、带动当地文旅产业发展、促进当地乡村振兴，同时结合深圳特色，为寻乌打造了一批非遗新产品，让非遗"老手艺"变成当地致富的"新产业"。[1]

深能环保寻乌能源生态园项目经过"72+24"小时满负荷试运行进入生产运行阶段。这一项目的投产标志着寻乌县生活垃圾由填埋向无害化处理转变，将为保护东江水源地和促进寻乌县高质量发展注入新的强劲动能。作为深寻支援合作的重点项目，该项目不仅提高了两地环境卫生基础设施水平，还助力经济发展"高质量"和生态环境"高颜值"协同并进。

在项目建设过程中，深圳市、赣州市、寻乌县各级政府给予了寻乌项目无微不至的支持和帮助。通过简化外部手续流程、加快审批、厂外配套工程与主体工程同步等措施，大大加快了项目的建设和投产。寻乌项目超常规完成了建设任务，实现高质量焚烧垃圾和并网运行，成为深寻支援合作的典范。

深圳市在"深圳农场"建设中，还注重打造全产业链发展模式。通过"研发+生产+加工+科技+品牌+市场"一体化发展，引导农产品种植、加工向产业园集中集聚，促进现代农业全产业链整合发展。同时，通过挖掘本地资源特色，培育具有地方特色的农产品品牌，提高农产品的附加值和竞争力。

---

[1] 掘非遗"手艺"价值 绘就乡村振兴"蓝图"[EB/OL].（2024-04-18）. https://xczxhxzjlj.sz.gov.cn/xczxhxzjl/xczx/content/post_11256773.html.

三、发展乡村特色产业

随着乡村振兴战略的深入实施，深圳这座经济特区不仅在经济发展上取得了令人瞩目的成就，更在文化振兴领域发挥了积极作用。特别是在非遗保护与传承方面，深圳通过一系列具体而有力的措施，让非遗文化焕发新生，为乡村振兴注入了新活力。下文将结合具体数据，深入探讨深圳在乡村振兴中的文化振兴贡献。

深圳拥有丰富的非遗资源，截至 2024 年 12 月，深圳市共有国家级非遗项目 8 项，省级非遗项目 27 项，市级非遗项目 63 项，区级非遗项目超过 200 项。这些非遗项目涵盖了传统手工艺、民俗表演、民间文学等多个领域，是中华优秀传统文化的瑰宝。

为了保护和传承这些珍贵的非遗文化，深圳市政府高度重视，投入大量资源。自 2008 年以来，深圳先后公布了五批非物质文化遗产代表性项目名录，共计 214 项。同时，深圳还加大了非遗传承人的培养和扶持力度，全市各级非遗代表性传承人共 176 人，其中国家级 3 人、省级 24 人、市级 30 人、区级 119 人。

深圳在乡村振兴中注重精准帮扶，通过非遗产业化发展，为乡村经济注入新活力。以雅色村为例，深圳报业集团结对帮扶雅色村，通过捐建雅色党建培训中心、巾帼农场等项目，推动乡村产业、文化全面发展。在非遗产业化方面，深圳报业集团联合非遗生活文化产业有限公司在雅色村开展非遗工坊建设，培育了酿酒、油茶制作、茶叶制作等多项非遗项目。据统计，非遗工坊已带动当地数百名群众就业，人均年收入提高至 3 万元以上。同时，非遗工坊的产品也深受市场欢迎，年销售额超过千万元，成为乡村经济的新增长点。

深圳在乡村振兴中注重党建引领，通过加强基层党组织建设，推动乡村文化振兴。以云澳镇为例，深圳驻云澳工作队投资近 500 万元对云澳镇荖园村党群活动中心进行改造升级，将其打造成为集服务、教育、娱乐等多功能于一体的党群服务中心。该中心自开放以来，已举办各类活动超过百场，吸引了数千名村民参与。同时，该中心还成为云澳镇招商引资的文商旅样板，吸引了多家企业前来考察投资。

深圳在乡村振兴中注重非遗文化的展示和传播，通过建设非遗展示中心等方式提升非遗文化的影响力。以"寻乌调查·1930"红色文旅街区为例，该街区入口旁的"深寻非遗展示中心"由非遗生活文化产业有限公司建设运营。该中心自开放以来已接待游客超过 50 万人次，其中不乏来自全国各地的非遗爱好者和专家学者。这些游客的到来不仅为当地带来了可观的经济收入，还推动了非遗文化的传承和发展，让更多人了解和关注非遗文化。

第三节　高举高水平开放大旗

习近平总书记在党的二十大报告中强调："推进高水平对外开放。依托我国超大规模市场优势，以国内大循环吸引全球资源要素，增强国内国际两个市场两种资源联动效应，提升贸易投资合作质量和水平。"[1] 这一重要论述，为新时代新征程进一步推进高水平对外开放指明了前进方向。习近平总书记深刻指出："站在新的历史起点，中国开放的大门只会越开越大。"新征程上，我们要坚定不移推进高水平对外开放，不断开拓合作共赢新局面，奋力谱写全面建设社会主义现代化国家崭新篇章。

自改革开放以来，深圳就以其敢为人先、勇于探索的精神，不断推动对外开放向更高水平迈进。从最初的特区建设，到如今的国际化大都市，深圳始终坚持开放包容的发展理念，不断拓宽开放的领域和层次。深圳高举高水平开放大旗，不仅体现在经济领域的深度融入全球产业链、价值链和创新链，更体现在文化、教育、科技等多个领域的全方位开放。这里，中外文化交流频繁，国际教育机构众多，科技创新合作深入，成为国内外人才、技术、资本、信息等资源汇聚的高地。在新的历史时期，深圳继续坚持高水平开放战略，推动形成全面开放新格局。深圳积极融入"一带一路"建设，加强与共建国家和地区的经贸合作和文化交流；深化粤港澳大湾区建设，推动区域合作向更高水平发展；加强与国际先进城市的交流合作，共同探索城市发展新路径。

---

[1] 习近平. 高举中国特色社会主义伟大旗帜 为全面建设社会主义现代化国家而团结奋斗——在中国共产党第二十次全国代表大会上的报告[N]. 人民日报, 2022-10-26(01).

一、实现高水平对外开放

深圳这座改革开放的前沿城市，持续弘扬其特区精神，坚定不移地推进深层次改革和高水平对外开放，近年来形成了一批具有影响力的深圳改革开放品牌和拳头产品。

深圳的综合改革持续深化，其典型经验被国家发改委等七部门向全国推广。据悉，仅 2022 年 10 月，深圳就有 22 条典型经验被推向全国，过去 3 年深圳累计推广的改革创新举措更是高达 87 条。这些举措不仅彰显了深圳的改革创新精神，也为全国各地提供了可借鉴的宝贵经验。

前海合作区和广东自贸区前海蛇口片区作为改革开放的试验田，不断推出制度创新成果，并不断产生能在全国范围内复制推广的成果。这些制度创新不仅提升了深圳的国际化水平，也为全国的自贸区建设提供了有益参考。

深圳的外贸外资也呈现出高质量发展的态势。数据显示，2023 年深圳全市货物进出口总额达到了 3.87 万亿元，同比增长 5.9%。其中，出口额更是高达 2.46 万亿元，连续 31 年位居内地城市之首。深圳与全球超过 200 个国家和地区建立了贸易往来，展现了其强大的国际贸易能力。值得一提的是，跨境电商等外贸新业态在深圳蓬勃发展，全年跨境电商进出口额首次突破 3000 亿元大关，服务贸易规模也创下了历史新高。

在国际友好往来方面，深圳同样取得了显著成绩。2023 年共有 8 个国家元首和政府总理级外宾团组到访深圳，这无疑提升了深圳的国际影响力。同时，深圳还成功举办了 2023 深圳"一带一路"国际音乐季等对外交流活动，通过文化艺术的桥梁，进一步加深了与国际社会的联系。此外，深圳的原创舞剧《咏春》在国内外巡演超过百场，赢得了广泛赞誉，实现了文化"出圈"和"出海"。

在交通互联互通方面，深圳机场国际及地区客运通航城市达到 31 个，恢复和新开了伦敦、巴塞罗那等 22 条国际及地区客运航线。深圳港的国际航线更是多达 248 条，通达全球 100 多个国家和地区共 300 多个港口，进一步巩固了其作为全球重要航运枢纽的地位。

深圳市人民政府办公厅发布了《深圳市进一步加大吸引和利用外资实施办

法》（简称《实施办法》）。该《实施办法》从推动重点领域高水平对外开放、持续优化营商环境、提高投资运营便利化水平、加大财税支持力度等方面提出了 20 条具体措施，为外资企业在深圳的发展提供了全方位的支持和保障。

在推动重点领域高水平对外开放方面，《实施办法》明确提出支持全球知名制造业龙头企业将总部基地、研发设计、生产制造等关键环节落地深圳。这一举措不仅有助于深圳打造国际研发创新高地，也有助于吸引更多外资企业在深圳设立研发中心、产业创新中心等，推动深圳制造业向高端化、智能化、绿色化方向发展。

在持续优化营商环境方面，《实施办法》保障外商投资企业参与政府采购和标准制定，确保内外资企业平等竞争。同时，建立健全外商投资企业投诉协调工作机制，为外资企业提供更加高效、便捷的服务。这些措施将进一步提高深圳的营商环境水平，增强外资企业的投资信心。

在提高投资运营便利化水平方面，《实施办法》提出了全面优化外籍人才服务体系、探索便利化的数据跨境流动安全管理机制等具体措施。这些措施将进一步提高外资企业在深圳的运营便利化水平，降低企业的运营成本和时间成本。

在加大财税支持力度方面，《实施办法》对符合条件的制造业外资企业给予重奖，鼓励外资企业加大在深圳的投资力度。这一举措将进一步激发外资企业的投资热情，推动深圳制造业的快速发展。

除了政策层面的支持外，深圳还积极打造总部经济集聚区，为外资企业提供更加优质的发展空间。根据《深圳市总部经济集聚区布局规划》，深圳将打造涵盖高科技企业、先进制造业、未来产业等十大行业类别的 40 个总部经济集聚区，为外资企业提供更加广阔的发展空间。

深圳长期鼓励支持外商投资企业在深圳设立研发中心、产业创新中心、概念验证中心、新产品导入中心等，提升深圳的创新能力。外商投资企业符合国家、省、市高新技术企业条件的，按规定享受深圳相关政策奖励，进一步激发创新活力。鼓励外资研发机构申报国家、省、市科技计划项目，加强与本地研发机构的合作，促进技术创新和产业升级。充分发挥河套深港科技创新合作区优势，营造良好国际化研发环境，吸引更多全球知名企业来此设立研发中心。

深圳积极鼓励外商投资企业依法在深圳开展境外已上市细胞和基因治疗药品临床试验，推动生物医药产业的发展。设立粤港澳大湾区国际临床试验中心，为外商投资企业提供便利的临床试验环境。推动更多"港澳药械通"临床急需药械获批在深圳指定医疗机构使用，加强粤港澳大湾区的医疗合作。发挥国家药品监督管理局药品评审检查大湾区分中心受理审批、检查工作机制作用，为香港、澳门药品提供注册受理服务，便利外资药品进入市场。

据深圳海关统计，2024 年前 4 个月深圳市累计进出口 1.41 万亿元，同比增长 31.8%。其中，出口 8933.2 亿元，增长 33.9%；进口 5172.6 亿元，增长 28.4%。这一成绩意味着，深圳市前 4 个月的进出口总额和增速、出口额和增速，以及进口增速，均居全国外贸出口十强城市第一位。

表 3-1　2024 年前 4 个月全国外贸出口十强城市

出口排名	城市	出口额（亿元）	同比增速（%）	进出口总额（亿元）
1	深圳	8933.2	33.9	14105.8
2	上海	5530.7	−0.4	13890.5
3	苏州	4926.0	8.3	8033.7
4	宁波	2778.1	5.6	4364.9
5	东莞	2547.9	−3.7	4015.8
6	金华	2302.3	16.0	2615.6
7	广州	1957.2	−12.2	3348.1
8	北京	1921.6	−2.7	12275.2
9	杭州	1673.8	0.8	2573.1
10	青岛	1623.6	9.4	2803.4

数据来源：各地海关　图源：第一财经

深圳以其超强的枢纽能力，在全球物流网络中占据了举足轻重的地位。其强大的硬件优势为货畅天下提供了坚实的基础，使得深圳成为国际物流的重要节点。深圳拥有得天独厚的地理位置和丰富的海岸线资源，长达 260 千米的海岸线为港口发展提供了得天独厚的条件。深圳港，作为粤港澳大湾区的重要港口之一，其东翼的深圳港集团和西翼的招商局港口集团，共同构建了庞大的港口物流体系。盐田港，作为超大型船舶的首选港，以其深水航道和大型集装箱泊位，承担了广东省超过三分之一的外贸进出口量，展现了深圳港口的强大吞吐能力。不仅如此，深圳的口岸和跨境电商通关场站数量均位居全国之首，这进一步提升了深圳的物流效率。无论是海运、陆运、空运还是铁路运输，深圳都展现出了其作为交通枢纽城市的全面性和高效性。特别是深圳宝安国际机场，作为中国首个实现海陆空联运的现代化国际机场，其高效的通关流程和过境运输方式，大大提升了国际物流的便捷性。此外，深圳还通过"湾区号"中欧班列，进一步打通了"一带一路"的连接，使得深圳的枢纽能力不仅局限于国内，更延伸到了国际舞台。这种全方位、多层次的交通枢纽体系，使得深圳在全球物流网络中占据了不可替代的地位。

深圳蛇口港、盐田港和宝安国际机场均是全年 24 小时都可以报关，货物出口成本不断降低。深圳的枢纽能力，不仅体现在硬件设施的完善上，更体现在其高效、便捷的服务上。无论是全年 24 小时的报关服务，还是系统审单的快速放行，都大大提升了货物的通关效率，降低了物流成本。这也是越来越多的货物选择从深圳出口的重要原因之一。

深圳的工业制造基础雄厚，拥有 31 个制造业大类，基本形成梯次型现代制造业体系。制造业早已成为深圳的支柱产业之一，立市之本，占 GDP 比重超过 30%。

二、提升服务业开放水平

随着全球化的深入发展和中国经济的持续转型升级，服务业在国民经济中的地位日益凸显。深圳，作为中国改革开放的前沿城市，一直致力于服务业的高质量发展。特别是在全面贯彻落实党的二十大精神，以及习近平总书记对深圳经济特区的重要讲话精神指引下，深圳加快提升服务业开放水平，推动服务业高质量发展，为打造更具全球影响力的经济中心城市和现代化国际大都市提供重要支撑。

深圳作为中国的经济特区之一，服务业发展起步早、速度快、质量高。近年来，深圳服务业增加值持续快速增长，占 GDP 比重不断提升，成为推动经济增长的重要引擎。同时，深圳服务业内部结构不断优化，现代服务业加速发展，特别是在金融、物流、文化、信息技术等领域取得了显著成效。然而，面对全球经济形势的复杂多变和国内经济转型升级的迫切需求，深圳服务业也面临着诸多挑战和机遇。《深圳市服务业发展"十四五"规划》提出：到 2025 年，深圳服务业增加值突破 2.5 万亿元，现代服务业增加值占服务业增加值比重达 77%；服务业对外开放水平显著提升，集聚培育一批具有国际竞争力的企业主体，服务贸易进出口额达 1500 亿美元。

深圳与香港作为粤港澳大湾区的重要城市，金融合作具有得天独厚的优势。深圳通过深化深港金融合作，推动两地金融市场互联互通，便利香港居民和企业跨境投融资，支持香港打造资产管理中心。具体举措包括便利香港居民开立内地银行账户、便利香港居民信用融资、便利香港企业跨境投融资等，为两地居民和企业提供更加便捷、高效的金融服务。

深圳在服务业开放方面采取了一系列积极举措，不断拓展服务业开放领域。一方面，深圳全面实施市场准入负面清单制度，试点进一步放宽服务业准入限制；另一方面，深圳加大服务业对外开放力度，推动跨境服务贸易负面清单管理，放宽前沿技术领域的外商投资准入限制。这些举措为深圳服务业的发展注入了新的活力，也吸引了更多的外资企业和国际人才来深圳投资兴业。2020 年，全市现代服务业增加值 13084.4 亿元，占服务业增加值比重达 76.1%，比 2015 年增加 6.9 个百分点。金融、物流、文化产业增加值占 GDP 比重约三成。"十三五"期间，信息传输、软件和信息技术服务业年均增速达 17.9%。

深圳注重优化服务业发展环境，为企业和居民提供更加便捷、高效的服务。加强数字化基础设施建设是推动服务业数字化转型的关键。目前深圳已建成 5G 基站超过 5 万个，实现全市主要区域 5G 网络全覆盖。此外，深圳还积极推动公共服务支撑体系建设，为企业数字化转型提供开发工具及公共性服务。目前已有超过 100 家数字化服务平台和机构在深圳设立运营中心或研发中心。这些举措不仅提升了深圳服务业的数字化水平，也为服务业的创新发展提供了有力支持。深圳在提升服务业开放水平上的主要实践经验是：

深圳在提升服务业开放水平的过程中，始终坚持市场化导向。深圳通过深化市场化改革，打破行政性垄断和市场壁垒，充分发挥市场在资源配置中的决定性作用。同时，深圳还加强市场监管和执法力度，维护公平竞争的市场秩序，为企业和居民提供更加公平、透明的市场环境。

深圳在服务业开放方面采取了一系列积极举措，不断拓展服务业开放领域。全面实施市场准入负面清单制度，试点进一步放宽服务业准入限制。截至2023年底，深圳服务业市场准入负面清单已缩减至150项左右，比2019年减少了近三分之一。同时，深圳还加大服务业对外开放力度，推动跨境服务贸易负面清单管理。目前已有超过200家外资企业成功在深圳设立金融机构或参与金融业务合作。这些举措为深圳服务业的发展注入了新的活力，也吸引了更多的外资企业和国际人才来深圳投资兴业。

深圳注重人才培养与引进工作，为服务业的发展提供有力的人才保障。加强高等教育和职业教育体系建设，培养高素质的服务业人才。统计数据显示，深圳高等教育毛入学率已超过60%，职业教育毕业生就业率保持在95%以上。同时深圳还积极引进海外高层次人才和团队来深圳创新创业。通过设立人才公寓、提供税收优惠等措施吸引更多优秀人才来深圳发展。这些举措不仅提升了深圳服务业的人才水平，也为服务业的发展提供了更加坚实的人才基础。

三、营造一流营商环境

随着中国经济进入高质量发展阶段，优化营商环境成为推动经济转型升级、实现高质量发展的必然要求。深圳作为中国的经济特区之一，肩负着先行先试、探索创新的重任。近年来，深圳在营商环境优化方面取得了显著成效，成为全国乃至全球营商环境优化的典范。

深圳长期致力于优化国际化营商环境，通过改革扩大外资准入、跨境服务贸易和现代服务业的开放，建立外商投资数据集成平台，整合涉外服务信息资源进行集中发布，从而吸引了大量的外资，使深圳成为外资投资中国的首选之地。同时，深圳还针对国家重大平台，如河套深港科技创新合作区和前海深港现代服务业合作区，持续深化改革。利用这些平台，深圳深入开展了跨境科技创新合作、现代服务业体制机制改革，以及深港融合发展、高水平对外开放、制度规则对接等领域的体制机制改革。

深圳在推动体制机制改革的道路上，展现出了坚定的决心和强大的行动力。从最初的 1.0 版"构建基础框架"，到后续的 2.0 版"夯实发展基础"，再到 3.0 版"弥补存在短板"、4.0 版"推动全面提升"，直至最新的 5.0 版"聚焦精准试点"，深圳持续优化营商环境改革的政策框架体系，并在顶层设计上进行精准施策。其目标是构建一个高度市场化、严格法治化、深度国际化的顶级营商环境。在这一过程中，深圳以先行示范的标准推进实施，力求形成一系列可复制、可推广的制度创新成果，为其他城市提供宝贵的经验和借鉴。特别是在优化营商环境 5.0 版改革中，深圳再次强调了对各类市场主体产权和合法权益的依法平等保护，这一原则贯穿于立法、执法、司法和守法等各个环节，确保所有市场主体都能在法治的轨道上公平竞争。为了加强政务诚信建设、提升知识产权保护水平以及案件审理和仲裁服务效能，深圳采取了一系列有力措施，旨在最大限度地保护市场主体的合法权益。这些努力不仅提升了深圳的营商环境质量，也为城市的可持续发展奠定了坚实的基础。

深圳通过简政放权、减少行政审批事项等方式，不断激发市场活力。例如，深圳率先推行"一枚印章管审批"改革，将多个部门的审批事项集中到一个部门办理，大大缩短了企业办事时间。同时，深圳还推行了容缺受理、告知承诺等制度，进一步提高了审批效率。政府部门应加大力度对各类行政审批流程进行再设计和优化，将冗长、复杂的程序简化，减少层层审批的环节，缩短审批时间。例如，可以建立"一口受理、一口办理、限时办结"的审批机制，推行"最多跑一次"制度，使办事群众能够更加高效地完成各类行政审批事项。深圳注重提升政府服务效能，通过建立健全政务服务体系、推进电子政务建设等方式，为企业和群众提供更加便捷、高效的服务。例如，深圳推行了"不见面审批""一网通办"等政务服务新模式，实现了企业办事"最多跑一次"甚至"一次都不用跑"。

深圳致力于建设先行示范区，其核心要义在于构建卓越的营商环境，以此推动经济的全面、协调、可持续发展。综合改革试点实施方案在精心构建经济发展宏观环境的同时，对法治改革措施进行了详尽阐述，这凸显了法治建设与营商环境之间相互促进、相辅相成的紧密联系。在先行示范区的建设征程中，法治建设与经济建设如同双翼齐飞、两轮共驱，二者缺一不可，共同支撑深圳的繁荣发展。

社会主义市场经济的繁荣发展，离不开法治的坚实支撑。法治化对于市场经济的重要性不言而喻，因此深圳注重将法治发展与优化营商环境紧密结合。深圳结合高科技产业和经济发展战略，不断提升法律服务大局的能力，致力于提高产权司法保护水平，推进产权保护法治化，力求在全国率先打造知识产权保护的法治高地。通过法治建设，深圳为粤港澳大湾区和深圳先行示范区建设提供了强有力的司法服务和保障，推动市场化、法治化、国际化的营商环境不断优化。

面对新形势、新任务、新要求，党中央、国务院作出了优化营商环境的重大决策。然而，深圳也清醒地认识到，我国营商环境仍存在一些亟待解决的问题和障碍。法治正是解决这些问题的关键所在。法治不仅是营商环境的守护者，更是其不可或缺的组成部分。首先，法治能够稳固营商环境的基础，稳定市场预期，为长远发展提供有力保障。其次，法治为各类市场主体提供了投资兴业的制度保障，是深化改革开放、促进公平竞争、增强市场活力和经济内生动力的重要举措。再次，法治也是营商环境的重要内容，它保护那些维护营商环境的行为，惩罚那些破坏营商环境的行为，对一般市场主体则坚持"法无明确禁止不违法、法无明确规定不处罚"的原则。因此，法治能够为市场主体营造一个稳定、公开、透明、可预期的良好环境。法治作为最佳营商环境的理念已深入人心，深圳的政法工作者更应深入学习领会法治在优化营商环境中的重要作用，贯彻落实习近平总书记在深圳经济特区建立40周年庆祝大会上的重要讲话精神，以法治为引领推进综合改革试点，为深圳先行示范区建设提供坚实保障。

深圳在优化营商环境的同时，也注重加强市场监管力度，维护市场秩序。通过建立健全监管体系、完善法律法规等方式，加强对市场主体的监督和管理。同时，深圳还积极推进社会信用体系建设，加大对失信行为的惩戒力度，为企业创造公平竞争的市场环境。深圳出台了一系列创新政策，支持企业发展壮大。例如，深圳实施了企业研发费用加计扣除、高新技术企业认定等税收优惠政策，设立了创业投资引导基金、科技成果转化基金等专项资金支持企业创新创业，还推出了人才安居工程、高层次人才认定等人才政策吸引优秀人才来深圳发展。

深圳充分利用现代信息技术手段推动政务服务创新。通过建设政务服务云平台、推广电子证照应用等方式实现了政务服务全流程电子化、智能化。企业和群众可以通过手机 APP、微信小程序等渠道随时随地办理各类政务服务事项，大大提高了办事效率和便捷性。深圳推行了企业服务专员制度，为每个企业提供一对一的专属服务专员，负责解决企业在生产经营过程中遇到的问题和困难。这一制度有效提升了政府服务企业的针对性和实效性，得到了广大企业的认可。深圳致力于打造开放包容的国际化营商环境，吸引全球优质企业和人才来深圳发展。通过加强与国际组织的合作、推广国际通行规则等方式提升深圳营商环境的国际化水平。同时深圳还积极引进外资企业和国际人才，为城市经济发展注入新动力。

经过多年的努力和实践，深圳打造一流营商环境的成效显著。统计数据显示，近年来深圳新登记企业数量持续增长，企业活跃度保持在较高水平；同时深圳还吸引了大量优质企业和人才聚集，为城市经济发展注入了新动力。此外，深圳在政务服务效率、市场监管力度等方面也取得了显著成效，得到了社会各界的广泛赞誉。

《深圳市优化国际化营商环境工作方案（2023—2025年）》[1]（以下简称《工作方案》）的出台，彰显了深圳在构建市场化营商环境方面的决心与智慧。该方案立足市场主体需求，围绕产权保护、市场准入、公平竞争等关键领域，提出了一系列务实举措，旨在保护和培育市场主体，激发市场主体活力，推动各类市场主体实现高质量发展。《工作方案》将加强市场主体产权保护放在首位，这无疑是对市场主体最为根本的保障。产权保护作为市场经济基础制度的核心，其重要性不言而喻。深圳通过加强知识产权保护，不仅有利于发挥创新主体的优势，更能激发市场主体的创新活力，推动科技创新引领力的提升。这一举措对于深圳建设现代化国际化创新型城市具有重要意义。在市场准入和公平竞争方面，《工作方案》作出了重要部署。持续放宽市场准入门槛，优化企业

---

[1] 深圳市优化国际化营商环境工作方案（2023—2025年）[EB/OL].（2023-08-07）. https://difang.gmw.cn/sz/2023-08/07/content_36749069.htm.

登记与退出服务，为中小企业和民营企业提供了更多参与市场竞争的机会。同时，通过健全公平竞争审查机制，降低公共资源交易成本等措施，确保各类所有制企业能够一视同仁、平等对待，公平参与市场竞争。这不仅有助于优化市场环境，更能够激发市场活力，形成多元主体竞争的市场格局。优化营商环境是一项系统工程，需要各级各部门共同努力。深圳在《工作方案》的落实上，注重加强工作任务的科学分解，确保各项任务落到实处。同时，加强与企业需求的接轨，以企业需求为导向，精准发力，确保相应举措走深走实。此外，深圳还积极借鉴国内外先进城市的创新举措，加强总结学习，创新激励措施，激发各部门抓改革、促落实的积极性。这种"一盘棋"的思想，不仅有助于形成工作合力，更能够确保营商环境的持续优化。深圳通过系统梳理优化营商环境的好做法、好经验，形成典型案例，树立了良好的城市形象，打造了深圳品牌。这不仅有助于吸引全球优质资源要素，增强深圳的发展动力，更能够让深圳在全球化竞争中保持领先地位。

此外，深圳将深化对外开放重点领域的体制机制改革视为综合改革试点的核心要素，并视其为推动深港协同发展的强劲引擎。为了加强与国际规则的衔接，深圳正在积极推进该领域的改革，致力于实现深港两地规则机制的"软联通"。此举包括允许税务师、建筑师等16类港澳专业人士在前海完成备案后即可执业，同时吸引多家粤港澳联营律师事务所落户前海。此外，前海还开展了跨境征信合作试点，推动与港澳台跨境信用报告标准的互认，为境外企业融资提供便利。

深圳还加强了粤港澳大湾区国际仲裁中心的建设，通过合作方式引进国际知名的仲裁调解机构，并创新了"境外调解＋境内仲裁"的争议解决模式，旨在打造成为国际仲裁的优选之地。同时，深圳国际贸易"单一窗口"推出了深港无缝清关服务，实现了"一次录入、两地申报"的便捷操作。

在科技合作方面，深圳正积极推进与香港的科技合作，构建"河套＋"创新圈。通过探索"深圳企业发榜＋深港河套揭榜＋项目经理挂帅"的机制，深圳努力推动创新要素的高效便捷流通。在项目申报、合同签订、经费使用、项目验收等方面，深圳也加强了与港澳规则的衔接，以汇聚国际高端创新资源，加快建设世界级的科研枢纽。

第四章　打造全过程人民民主的"深圳样板"

2019 年 11 月，习近平总书记在上海考察时首次提出"人民民主是一种全过程的民主"。党的二十大报告深刻阐述了全过程人民民主的重要性，明确指出，全过程人民民主是社会主义民主政治的本质属性。全过程人民民主强调在决策和治理的各个阶段充分保障人民的知情权、参与权、表达权、监督权，其核心内涵是让人民群众在国家政治生活中拥有主体地位，实现全方位、全过程、全领域的广泛参与。全过程人民民主是中国式现代化的本质要求，是实现党的领导、人民当家作主和依法治国有机统一的有效途径。发展全过程人民民主，要坚持人民主体地位，充分体现人民意志、保障人民权益、激发人民创造活力。[1]

深圳作为改革开放的前沿阵地和中国特色社会主义先行示范区，不仅在经济增长和科技创新方面取得了显著成就，在推进中国式现代化的政治民主化实践中也表现卓越。深圳始终坚持以人民为中心的发展理念，以实现全体人民共同富裕为价值目标，通过制度创新和政策落实，构建了多层次、多渠道的民主参与机制，确保人民群众在各个领域的广泛参与和有效监督。通过广泛的协商机制和基层民主治理，深圳增强了群众的参与感和获得感。多样化的民族团结和共建共享的实践，推动各族群众共同参与城市建设，增强社会的凝聚力和向心力。健全的法治体系和高效的法治政府建设，确保民主实践的有序进行和公正落实。

从制度创新到协商民主，从民族团结到法治建设，深圳的每一个环节都紧密围绕以人民为中心的发展理念，不断提升人民的获得感、幸福感和安全感。

---

[1]　习近平. 高举中国特色社会主义伟大旗帜 为全面建设社会主义现代化国家而团结奋斗——在中国共产党第二十次全国代表大会上的报告[N]. 人民日报，2022-10-26（01）.

深圳的探索和实践，不仅为中国式现代化道路的探索注入了新的动力，也为推进国家治理体系和治理能力现代化提供了有益的借鉴。

第一节 从制度上保证人民当家作主

习近平总书记在 2021 年"七一"讲话中提出"江山就是人民、人民就是江山"，强调要"践行以人民为中心的发展思想，发展全过程人民民主"。[1]党的二十大报告进一步把"必须坚持人民至上"作为"把握好新时代中国特色社会主义思想的世界观和方法论，坚持好、运用好贯穿其中的立场观点方法"的"六个坚持"的第一位，这些重要论述深刻体现了中国共产党以人民为中心的执政理念，强调了人民在国家治理中的主体地位。以人民为中心的发展思想是马克思主义群众观的具体体现，是中国式现代化的重要组成部分。其核心在于把实现好、维护好、发展好最广大人民的根本利益作为一切工作的出发点和落脚点。

全过程人民民主是"以人民为中心"这一发展理念的具体形式，它扩展了传统民主的范围，使人民的民主权利不仅仅局限于选举阶段，而且要体现在从选举到决策、管理、监督的全过程。全国人民代表大会制度作为中国的根本政治制度，通过立法、监督、代表工作等机制，保障人民的知情权、参与权、表达权、监督权，构建了全过程人民民主的制度平台和实践基础。

人民代表大会制度的设计包括人民主权原则、民主集中制原则和依法治国原则。全国人民代表大会是国家的最高权力机关，由全国各地选举产生的代表组成，主要职能包括立法、监督、决定重大事项和选举任免国家领导人。地方各级人民代表大会是地方国家权力机关，主要职能与全国人大相似，但更加注重对地方事务的管理和监督。各级人大代表通过选举产生，代表人民行使国家权力，履行法定职责。

---

[1] 习近平. 在庆祝中国共产党成立100周年大会上的讲话[N]. 人民日报，2021-07-02（01）.

通过人民代表大会，人民能够选举代表、参与议政、表达意见、进行监督，这种制度安排确保了民主的全面性和连续性、实质性和有效性，使人民能够真正行使国家的主人翁权力，全面实现、维护和发展自己的根本利益和发展需求。通过不断创新和改革，人大制度在深圳等改革前沿地区的探索和实践中展现出了强大的生命力和广阔的发展前景。

一、"人民就是江山"的深圳实践

深圳在人民代表大会制度的实践中，通过立法创新、监督机制的完善以及代表工作的深化，不断推动社会主义民主政治的发展和完善，彰显了"人民就是江山"的发展理念，形成了具有深圳特色的全过程人民民主实践。

1. 立法创新：确保法律与时俱进

深圳市紧扣改革创新实践需要，注重立法与改革决策相衔接，正确处理改革与立法的相互关系，坚持在法治下推进改革、在改革中完善法治。通过制定与改革相关联、相配套的法规，实现重大改革于法有据，增强立法的针对性、适用性和可操作性。

在推动现代化产业体系建设方面，深圳市通过立法促进产业高质量发展。如党中央提出发展新质生产力是推动高质量发展的内在动力和重要着力点，为推动深圳市加快形成和发展新质生产力，2023 年 12 月 29 日，深圳市第七届人民代表大会常务委员会第二十三次会议通过的《深圳经济特区低空经济产业促进条例》，并于 2024 年 2 月 1 日起施行，这是国内首部低空经济法，为促进低空经济产业高质量发展提供有力法治保障。深圳市还围绕前海、河套、光明科学城等重大平台展开一系列创新性立法工作，破除体制机制障碍。

深圳市人大在立法过程中注重吸收各方意见，设立了立法听证会制度和立法评估制度，同时，积极推进基层立法联系点建设，发挥立法联系点民意"直通车"作用，收集社情民意，提升立法建言献策的质量。[1] 例如，在制定《深圳经济特区社会建设促进条例》时，深圳市人大通过立法听证会广泛征求市

---

[1] 深圳市人大常委会2024年度立法计划[EB/OL].（2024-05-28）. https://www.szrd.gov.cn/v2/gkygs/ggtz/content/post_1148852.html.

民、专家和相关部门的意见，确保立法过程的公开透明和科学合理。福田区人大常委会出台了立法联系点工作办法，建立了"五有"社区立法联系点，通过立法沙龙等形式，让立法征询活动更加贴近群众，使立法工作更加民主、透明。

2. 监督机制：增强透明度和公信力

在监督机制方面，深圳市人大不断完善监督体系，确保政府和官员的行为受到有效监督。通过建立专项监督、执法检查、询问和质询等多种监督形式，深圳市人大加大了对政府工作的监督力度。例如，深圳市人大常委会每年对市政府预算执行情况进行审查，并通过听证会和公开报告的形式，接受公众和媒体的监督。这种监督机制的完善，不仅提高了政府工作的透明度和公信力，也保障了人民群众的知情权和监督权，推动了政府依法行政和廉洁高效。

深圳市正不断加强对干部依法行政的监督工作，通过出台相关暂行规定，要求政府各部门的主要负责人每年向人大常委会提交书面的依法履职报告，并接受满意度评估。这一措施旨在全面评估干部依法履职的实际效果，激励干部持续优化工作方式，提升依法行政的能力。

深圳市持续加大对执法和司法工作的监督力度，不断拓宽人大监督的范围。通过听取并审议专项工作报告，推动依法行政和公平司法的落实，切实保障人民群众的合法权益。深圳致力于让公众在每一项执法行动和司法案件中感受到公平与正义，为城市的高质量发展创造优良的法治环境。例如，罗湖区人大常委会开展了对法官、检察官的任后监督，通过民主测评和现场观摩等活动，提高了司法公正和司法队伍的素质。

深圳市深入贯彻宪法精神，持续推进宪法的实施与监督工作，不断完善备案审查制度，提升审查能力。将政府规章、监察机关制定的相关规范性文件，以及"两院"在审判和检察工作中的规定，各区人大及其常委会的决议与决定，全部纳入审查范围，维护国家法治的统一性和规范性。

坪山区人大常委会积极探索重点民生实事项目人大代表全程介入式监督机制。通过这种机制，人大代表参与到重点民生项目的征集、筛选、票决、监督、评议等各个环节，形成监督工作的闭环。自 2019 年以来，坪山区人大常委会通过人民代表大会差额票决产生区重点民生项目 52 项，每年约有 80 名人大代表参与监督活动 70 余次，有效推动了民生实事的如期落地。[1]

3. 代表工作：密切联系群众

人大代表代表人民的利益和意志，与人民群众保持密切联系，听取和反映人民群众的意见和要求，努力为人民服务，对人民负责，并接受人民监督。在代表工作方面，深圳市人大积极推进代表履职创新，增强人大代表的责任感和履职能力。深圳市在全国率先探索了设立代表联络站和代表接待日，通过定期接待选民、组织代表视察和开展专题调研等活动，搭建代表与群众沟通的桥梁。例如，深圳市南山区人大通过代表联络站收集选民意见，推动解决了多个社区的环境问题和公共服务短缺问题。

深圳市充分发挥代表作用，坚持代表主体地位，支持和保障代表依法履职，深化和拓展代表工作的内容和形式，进一步巩固国家一切权力属于人民的制度优势。通过落实"两个联系"工作制度，完善市人大常委会党组会议和主任会议的代表工作机制，推动常委会组成人员与代表、代表与人民群众的紧密联系。

4. 科技赋能：提升效率与透明度

深圳市人大积极探索利用科技手段提升人大工作的效率和透明度，推动"智慧人大"建设。通过运用大数据、人工智能和区块链等技术，深圳市人大在民意收集、代表履职和信息公开等方面取得了显著成效。2019 年，深圳市人大启动了"智慧人大"平台建设。该平台集立法、监督、决策和代表履职等功能于一体，通过信息化手段提高人大工作的透明度和参与度。例如，市民可以通过"智慧人大"平台提交意见和建议，人大代表可以在线互动，及时回应群众关切。

2021 年，南山区人大在智慧社区治理方面进行了深入探索。南山区人大代表通过智慧人大平台收集社区居民的意见和建议，推动了社区智能化管理系统的建设。这一系统包括智能安防、智能垃圾分类、智能停车等功能，极大地方便了居民的生活，提高了社区治理的效率和质量。

此外，深圳市人大还利用大数据技术，对民意进行科学分析，为决策提供

---

[1] 深圳市坪山区人民代表大会常务委员会办公室2022年度重点民生实事项目支出部门评价报告[R/OL].（2023-11-17）. https://www.szpsq.gov.cn/attachment/1/1380/1380291/10972479.pdf.

数据支持。例如，在制定《深圳市生活垃圾分类管理条例》时，深圳市人大通过大数据分析市民的意见和建议，科学制定垃圾分类政策，有效提升了政策的科学性和执行力。

综上，通过立法创新、监督机制的完善和代表工作的深化，深圳市在全国人民代表大会制度的框架下，积极探索全过程人民民主的实践路径，取得了显著成效。深圳的实践表明，只有充分保障人民的知情权、参与权、表达权、监督权，才能真正实现人民当家作主，不断推进社会主义民主政治的发展和完善。

二、拓展民主渠道

在践行和发展全过程人民民主方面，深圳市通过民生实事票决制、基层立法联系点建设等措施，不断扩大人民群众有序政治参与，用好"代表直通车"平台，完善人民群众反映情况的跟踪处理和反馈机制，将人大代表之家、人大代表社区联络站建成制度宣传站、民意反馈窗、群众连心桥，确保人大各项工作的推进实施都能吸纳民意、汇集民智，维护好人民权益。

1. 创新民主形式

深圳在民主实践中不断探索创新，实施了网络民主和民主评议等一系列措施，显著提高了民主的效率和质量。一方面，网络民主和民主评议拓宽了公民参与的渠道，使更多市民能够直接参与到公共事务中来，提高了民主参与的广泛性和代表性。另一方面，通过广泛听取公众意见和进行科学分析，政府和人大的决策更加符合实际情况和公众需求，增强了决策的科学性和合理性。此外，信息公开度和透明度的提升，使政府的工作更加公开和透明，增强了公众的信任感和认同感。

网络民主是深圳推进全过程人民民主实践的重要创新之一。通过电子政务平台和社交媒体，深圳市政府和人大建立了多样化的网络参与渠道，使市民能够更便捷地参与公共事务和表达意见。例如，深圳市开设了"人大在线"平台，不仅向市民提供人大代表履职情况查询功能，还开设了意见征集专栏，市民可以在线提交对各项政策和法规的建议，人大代表则可以通过平台及时回应群众关切，提高了参与度，增加了互动性。这种网络民主形式不仅打破了时间和空间的限制，使更多市民能够参与到公共决策中来，还提高了信息交流的效率和透明度。

深圳市还通过民主评议的方式广泛征求公众和各利益相关方的意见，对政府工作、公共政策和公共服务进行评价。民主评议不仅是一种评价机制，更是一个互动平台，使政府能够及时了解和回应公众的关切。例如，深圳市在进行重大项目决策前，常常组织公众评议会，邀请市民代表、专家学者和相关部门共同参与，广泛听取各方意见。这种评议机制有效提高了决策的透明度和科学性，避免了"一言堂"现象，确保决策更加符合公众利益。

网络民主和民主评议的结合，使深圳的民主实践更加丰富和多元化。通过网络平台，市民可以随时随地参与评议活动，提出建议和意见，政府和人大则可以通过大数据技术，对这些意见进行分类和分析，科学制定政策。民主评议会的结果也通过网络平台公开，市民可以看到自己的意见如何被采纳和落实，增强了对政府工作的信任和支持。

2. 民主渠道的多元化

深圳通过建立和完善社会组织、民间智库等各种民主渠道，为公民参与公共事务提供了更多机会，不仅拓宽了公众参与的渠道，还增强了社会治理的科学性和民主性，为打造全过程人民民主的深圳样板提供了有力支持。

首先，深圳大力支持和发展社会组织，鼓励社会各界广泛参与公共事务。社会组织作为连接政府与公众的重要桥梁，在公共决策、政策实施和社会监督中发挥着重要作用。深圳市通过制定优惠政策、提供资金支持和建立培训机制，积极扶持各类社会组织的发展。这些组织涵盖了环保、教育、社区服务、文化艺术等多个领域，通过组织活动、提供服务和开展调研，广泛吸纳公众意见，反映公众诉求。例如，深圳的环保组织积极参与环境保护政策的制定和实施，定期开展环境监测和宣传活动，有效促进了市民环保意识的提升和政策的优化。

其次，深圳重视民间智库的建设，充分发挥其在政策研究和决策咨询中的作用。民间智库由独立的专家学者和专业研究机构组成，具有较高的专业性和独立性，能够为政府提供科学、客观的决策建议。深圳市通过建立健全民间智库的评价和激励机制，鼓励智库积极参与公共政策研究和评估。例如，深圳市先后成立了先行示范区专家库和智库联盟，后者是由 51 家智库联合发起设立的非法人组织，是一个开放性、咨询研究型、平台式智库联合体，主要围绕公共政策研究咨询，引导智库围绕党和政府中心工作及一些重大课题开展研究。深圳市在制定《深圳经济特区科技创新条例》过程中，广泛征求民间智库的意见，借鉴其研究成果，确保政策的科学性和可操作性。通过与智库的合作，深圳市能够更好地了解社会各界的意见和建议，制定出更加符合实际情况和公众需求的政策。

此外，深圳市还通过建立多种民主参与平台，为公民提供便捷的参与渠道。市政府和各级人大通过官方网站、微信公众号和手机应用程序等信息化手段，及时发布各类信息，公开政府工作和人大活动，方便市民了解和参与公共事务。市民可以通过这些平台提交意见和建议，参与网上讨论和问卷调查，表达自己的观点和诉求。

深圳还积极推进社区自治，鼓励居民参与社区管理和决策。社区作为城市治理的基本单元，直接关系到居民的日常生活质量。深圳市通过建立居民议事会、社区代表大会等机制，增强社区居民的参与意识和能力。例如，深圳市南山区通过居民议事会制度，定期组织居民代表、社区干部和专业人士共同讨论社区事务，解决居民关心的问题。这种自治模式不仅提高了社区治理的效率和质量，也增强了居民的归属感和参与感。深圳的经验表明，只有充分发挥各类社会力量的作用，广泛吸纳公众意见和建议，才能实现真正的民主治理。

三、打通堵点破解难点，汇通民意、民智

深圳市在推进人民当家作主的进程中，首先面临的一大挑战是如何高效响应民生诉求。早期的响应机制可能因信息分类不明确、处理流程烦琐或跨部门协调不顺畅而效率不高。为解决这些问题，深圳市着手优化民生诉求响应机制，通过建立统一的民意诉求平台，实现信息的快速收集与分类，简化处理流程，并强化跨部门协调与合作。这一系列措施有效提升了民意响应的速度和质量，确保市民的每一项诉求都能得到及时且有效的处理。

在加强人民当家作主的实践中，深圳市注重发挥人大代表联络站的作用，旨在让基层群众能够更方便地与人大代表接触，反映问题和意见。然而，联络站在实际运作中可能存在活动组织不够频繁、群众参与度不高等问题。为增强联络站的桥梁作用，深圳市采取了多项措施，包括定期组织代表与群众的交流活动、加强代表培训以提升其履职能力，并通过媒体和社区公告提高群众对联络站活动的知晓率和参与度。

普法宣传是提高公民法治素养的重要途径，但深圳市在实施过程中遇到了资源分配不均、普法形式单一等问题。为了解决这些问题，深圳市采取了创新性的普法宣传策略，如利用多媒体和网络平台进行法律知识的普及，开展法律知识竞赛和模拟法庭等互动性强的活动，以及在学校和社区中增设法律咨询服务点，从而扩大了普法宣传的覆盖面，增强了效果。

民主选举是人民当家作主的重要体现，但选举过程中可能会存在不正之风和监督不足的问题。深圳市通过加强选举法律法规的宣传教育，完善选举监督机制，并严厉查处选举中的不正之风，确保了选举的公正性。此外，深圳市还推动了选举透明度的提高，如公开候选人信息、选举流程和结果，让市民能够更直观地了解选举情况，增强了选举的公信力。

民主协商和民意表达是社会主义协商民主的重要组成部分，深圳市在实际操作中遇到了协商主体不够广泛或机制不完善的问题。为了解决这些问题，深圳市拓宽了协商渠道，增加了协商主体，并完善了协商机制。通过建立和完善基层立法联系点，深圳市提高了群众参与立法的意识和能力，确保了民意能够得到充分的表达和反映。

群团组织在联系服务群众方面发挥着重要作用，但面临组织活力不足或服务能力不强的问题。深圳市通过改革和建设，激发了群团组织的活力，提升了其服务群众的能力。通过加强群团组织与政府部门的协作，优化服务项目，以及提高群团组织对群众需求的响应速度，深圳市确保了群团组织能够有效地发挥其桥梁和纽带的作用。

通过这些综合性措施，深圳市在制度方面保证了人民当家作主，同时也不断探索和完善，以应对新情况、新挑战，确保人民当家作主的理念得到有效实施和体现。

第二节　协商民主、基层民主的深圳场景

协商民主是我国社会主义民主政治的特有形式和独特优势。有事好商量，众人的事情由众人商量，是人民民主的真谛。协商民主作为全过程人民民主的重要途径，通过制度化的协商机制，确保了不同社会群体的意见和建议能够在决策过程中得到充分体现。基层民主是全过程人民民主的重要体现。

党的二十大报告强调要完善协商民主体系，统筹推进政党协商、人大协商、政府协商、政协协商、人民团体协商、基层协商以及社会组织协商，健全各种制度化协商平台，推进协商民主广泛多层制度化发展。要健全基层党组织领导的基层群众自治机制，加强基层组织建设，完善基层直接民主制度体系和工作体系，增强城乡社区群众自我管理、自我服务、自我教育、自我监督的实效。[1]

一、全方位协商的实践探索

1. 协商民主的概念与重要性

协商民主是中国政治生活中的一种重要民主形式，它通过在决策过程中广泛听取和吸纳不同社会阶层、不同利益群体的意见和建议，实现不同利益的协调和共识的形成。这种民主形式强调的不仅是选举产生的代表进行决策，而且是通过协商、讨论，使得政策和决策更加贴近民意、反映民情、集中民智。

在中国，协商民主的作用体现在多个层面。首先，协商民主通过广泛集中各方面的智慧和力量，使政策制定更加科学合理，更贴近实际，更符合人民群众的利益和愿望。其次，协商民主增强了决策的透明度，使公众能够更好地理解政策背后的考量和目标，从而提高政策的公信力和执行力。

协商民主为公民提供了直接或间接参与政治决策的机会，确保了公民的知情权、参与权、表达权、监督权得到实现。此外，在多元化社会中，不同的个体和群体有着不同的利益诉求，协商民主通过对话和协商，有助于平衡不同利

---

[1] 习近平. 高举中国特色社会主义伟大旗帜　为全面建设社会主义现代化国家而团结奋斗——在中国共产党第二十次全国代表大会上的报告[N]. 人民日报，2022-10-26（01）.

益，促进社会和谐稳定。在中国这样一个多民族国家，协商民主有助于各民族之间的交流和理解，增强民族团结，维护国家统一稳定。

作为社会主义民主政治的重要组成部分，协商民主丰富了民主的形式，增强了民主的活力。它推动了社会治理创新，鼓励社会各界参与社会治理，通过政府、市场和社会的良性互动，推动社会治理体系和治理能力的现代化。

2.构建多层次协商平台

深圳市作为中国改革开放的重要窗口，积极探索并建立了多样化的协商平台，以促进不同层级和领域的公民参与和表达意见。深圳市政协作为重要的协商机构，通过政治协商会议、专题协商会等形式，就深圳市的重大政策、社会经济发展计划等进行协商。政协委员们来自社会各界，代表了广泛的社会利益和专业意见，为政策制定提供了宝贵的参考。

在基层社区层面，深圳推动建立居民议事会、社区论坛等协商平台，鼓励居民直接参与到社区治理和公共事务的讨论中，使居民能够就社区发展规划、公共设施建设、环境改善等议题发表自己的见解，提出自己的需求。

针对不同行业的特定需求，深圳建立了行业协商机制，如行业协会、商会等组织，作为企业和政府之间沟通的桥梁。这些平台通过定期的会议等形式，就行业发展、政策制定、市场规范等议题进行深入讨论和协商，确保行业发展的多元化声音能够被听到。

为了解决跨领域的复杂问题，深圳市建立了跨部门协商平台，如城市发展委员会、环境保护委员会等。这些平台汇聚了不同政府部门、专业机构和公众代表，共同讨论和解决城市规划、环境保护、交通管理等跨部门问题，提高了决策的综合性和协调性。

深圳还积极支持和引导社会组织参与协商，如非政府组织（NGO）、社会企业等。这些组织通过与政府部门的合作，参与到社会服务、公共政策的制定和评估中，拓宽了公民参与的渠道。

深圳市利用信息技术优势建立了线上协商平台，如政府网站、社交媒体、移动应用等，为公众提供了便捷的参与途径。市民可以通过这些平台了解政策信息、参与在线讨论、提交意见和建议，提高了协商的效率和广泛性。

针对特定的社会问题或公共关切，深圳市会组织专题性协商活动，邀请相关的专家学者、利益相关者、公众代表等参与，进行深入的讨论和交流，确保决策能够充分吸纳各方面的智慧。

通过这些协商平台的建立和运用，深圳市不仅增强了政策制定的民主性和科学性，而且有效地促进了社会各界的沟通和协作，提高了政府工作的透明度和公众参与度。这些协商平台的建立和运用，为构建和谐社会和推动可持续发展提供了坚实的社会基础和民意支持，展现了深圳市在推进社会主义民主政治建设中的创新和实践。

二、人民政协的积极作为

深圳市通过政治协商会议和社会组织协商等多种形式，积极推动公民参与和意见表达，形成了一个多元化和系统化的政治参与体系。市政协充分发挥平台作用，定期召开全体会议和常委会会议，邀请来自不同界别、不同领域的政协委员参与讨论。这些委员在会议中就经济社会发展、政策法规等重要问题进行深入讨论，提出建设性的意见和建议，直接向政府及其相关部门反映社会各界的声音，参与公共政策的制定和完善。

2023年，深圳市政协聚焦高质量发展，围绕市委的工作部署，开展了一系列专题协商和调研活动。通过5场专题协商会和2场市领导与委员面对面的"一起来商量"会议，广泛开展468场次调研，收集了396条务实建议。这些建议涵盖了经济社会发展的各个方面，还形成了专题报告报送市委，并得到了主要领导的批示，提升了政协建言资政的质效。[1]

为了推进专门协商机构建设，深圳市政协建设了市政协协商民主实践基地，作为综合展示和开展协商活动的重要平台。基地自2023年1月启用以来，开展了党建、学习讲座等30余场活动，吸引了全国各地调研团队参观学习，成为展示社会主义协商民主的重要窗口。[2]

通过提案工作，市政协为政协委员和社会公众提供了一个表达意见和建议的渠道。政协委员可以就关注的问题提交提案，这些提案经过审查后，会交由

---

[1]　白杨.以高质量履职服务高质量发展——深圳市政协亮点工作综述[N].人民政协报，2024-05-15（01）.

[2]　白杨.2023年度深圳市政协十件大事出炉[N].人民政协报，2024-01-27（02）.

相关部门研究和办理，并将办理结果反馈给提案人，确保公民意见能够被听取和采纳。同时，积极推动社会组织协商，与各类社会组织建立合作关系，鼓励社会组织参与政治协商，增强公民参与的广泛性和深入性。

深圳市政协还注重利用现代信息技术建立政协网站、社交媒体等网络平台，让公民能够更方便地了解政协工作，参与在线讨论，提出自己的见解和建议，进一步拓宽了公民参与的渠道，提高了公民参与的便捷性和有效性。

通过开展专题协商、民主监督等活动，邀请政府部门、专家学者、社会组织代表及公民代表等参与，就特定社会问题或政策议题进行深入讨论和交流。这些活动为公民提供直接参与政策讨论的机会，同时为政府决策提供了多元化的视角和建议。基层政协组织也积极开展社区协商、居民议事会等活动，让普通公民在基层直接参与公共事务的讨论和决策，实现公民参与的基层化和民主化。

在文化产业发展方面，市政协通过提交提案、关注文化传承、非遗保护、推动文艺精品创作等多方面的建议和行动，为提升深圳文化软实力、促进文化与经济融合发展、推动文化产业繁荣贡献了智慧和力量。2014年，市政协"深圳口述史"工程，通过文字、声音、影像等多种形式，真实记录了深圳建设者们的寻梦、追梦、圆梦故事，生动再现了深圳的成长记忆，弘扬了特区精神，并为传承深圳独特的历史和文化提供了宝贵资料。该项目入选了2023年国际口述历史项目展，荣获深圳青年影像节"公益类最佳公益作品奖"，全网传播量达4.7亿次。[1]

三、基层民主制度化

习近平总书记在二十大报告中强调，"坚持大抓基层的鲜明导向，抓党建促乡村振兴，加强城市社区党建工作，推进以党建引领基层治理，持续整顿软弱涣散基层党组织，把基层党组织建设成为有效实现党的领导的坚强战斗

---

[1] 深圳市政协文化文史委员会. "人与城"的时代故事——用"深圳口述史"传播改革开放故事[J]. 中国政协, 2023（11）：78-79.

堡垒。"[1]

1. 基层民主是全过程人民民主的重要体现

基层民主是社会主义民主政治的基石，它体现了民主政治的深度和广度，确保人民群众能够在最接近他们日常生活的层面上参与决策和管理。基层民主的概念涵盖了直接参与、自我管理、利益表达和权力监督等方面，它允许公民通过选举、议事会、听证会等形式直接参与到影响他们生活的决策中。一方面，基层民主增强了民主的广泛性和真实性，让更多的人民群众能够参与到政治生活中。另一方面，通过公开透明的决策过程，提升了政府的透明度和公信力，增强了公众对政府的信任。此外，基层民主还有助于维护社会稳定和谐，通过及时解决民众关心的问题，能有效调解社会矛盾。

在践行全过程人民民主中，基层民主的作用尤为突出。它体现了人民当家作主的原则，确保了人民在国家政治生活和社会治理中的主体地位。基层民主推动了民主制度化、规范化，通过建立和完善相关制度，为民主的深入发展提供了坚实的基础。同时，基层民主的实践有助于培养公民的民主意识和政治参与能力，提高公民的民主素养。基层民主确保了民主参与的全覆盖，无论是城市社区还是农村地区，都能实现民主管理和民主决策。通过基层民主的实践，可以有效地保障人民的知情权、参与权、表达权、监督权，促进社会主义民主政治的深入发展和社会治理的现代化。

2. 深圳基层民主的创新实践

2015年6月16日，习近平总书记在贵州调研时，指出"要重点加强基层党组织建设，全面提高基层党组织凝聚力和战斗力。"[2]深圳市积极践行总书记的指示，在社区基层民主治理中积极发挥党建引领的作用。例如，大力推进"党建进小区"试点工作，充分发挥党建引领作用，探索建立"社区党组织＋小区党支部＋业主委员会＋物业公司"四级联动机制。[3]深圳市实现了社区党群服务中心全覆盖，提供情绪疏导、"四点半学校"、慈善公益等各种专业服

---

[1] 习近平. 高举中国特色社会主义伟大旗帜 为全面建设社会主义现代化国家而团结奋斗——在中国共产党第二十次全国代表大会上的报告[N]. 人民日报, 2022–10–26(01).

[2] 习近平. 习近平关于全面从严治党论述摘编[M]. 北京：中央文献出版社, 2021：227.

[3] 陈文清. 广东深圳强化党建引领社区治理 构建共建共治共享新格局[N]. 中国社区报, 2021–04–07(02).

务，逐步发展成为团结引领群众的政治中心、文化中心和便民中心。[1]

南山区委组织部实施社区人才培养三年规划，打造"一室两库"，培养社区五类"领头人"，构建起社区优秀"领头人"及后备人才培养体系。福田区委组织部通过打造社区党建星级品牌，实施"合理设星、聚力创星、科学评星、动态护星、璀璨亮星"五步法，建立起动态体系，提升社区党委的战斗堡垒作用。

深圳市在基层民主的探索和实践中取得了显著成就，尤其是在社区治理和居民自治方面。深圳市积极推动社区治理模式的创新，通过建立社区居委会、居民议事会等组织形式，鼓励居民参与到社区公共事务的管理和决策中。通过居民自治章程，明确居民的权利和义务，规范自治程序，确保居民能够通过选举产生自治组织，参与社区事务的讨论和决策。深圳市首创"民生微实事"项目，通过"群众点菜、政府配菜"的服务模式，快速解决社区居民身边的小事、急事、难事，提升社区服务的精准化、精细化水平。[2]

深圳市还建立了民主协商机制，在社区层面召开居民大会、座谈会等，就社区发展规划、公共设施建设、环境改善等议题进行讨论和协商。这种机制确保了居民的意见和建议能够被充分听取，增强了决策的民主性和科学性。

信息技术的应用也是深圳市提升基层民主参与度和效率的重要手段。例如，宝安区推出了"智慧社区"平台，居民可以通过该平台了解社区动态、参与社区事务、提出建议和反馈，实现了居民与社区管理者之间的即时互动。这些措施有效提升了社区治理的效率和质量，增强了居民的社区归属感和参与感。此外，深圳市不断拓宽居民公共参与的渠道，鼓励居民参与志愿服务、社区文化建设和公共安全监督活动。这些活动不仅提高了居民的社区归属感和参与感，也为社区的和谐稳定作出了积极贡献。

在政策反馈和监督方面，深圳市建立了有效的机制，居民可以通过社区组织向政府部门反映问题和提出建议，并对社区公共事务的执行情况进行监督。这种监督机制保障了居民的知情权和参与权，促进了政府决策的公开和透明。

[1] 杨丽萍. 深圳探索超大型城市基层治理现代化之路[N]. 深圳特区报，2024-08-01（A02）.
[2] 杨丽萍. 深圳探索超大型城市基层治理现代化之路[N]. 深圳特区报，2024-08-01（A02）.

3．制度化建设

深圳市通过一系列制度化手段，确保了基层民主的稳定运行和发展，包括制定规章、建立机构以及创新实践等，旨在构建一个系统化、规范化的基层民主体系。通过立法和制定规章来确立基层民主的法律基础，例如，深圳市出台《中国共产党深圳市社区委员会工作规则（试行）》《深圳市社区居民议事会工作规程》《深圳市基层议事协商工作指引（试行）》等相关工作指引，推进基层协商制度化，为开展社区协商工作提供了规范，构建共建共治共享的社区治理新格局，增强了社区自治活力。《深圳市社区居民委员会选举办法》和《深圳经济特区社会建设条例》，确保了社区事务的公开、公平、公正。建立了社区居民委员会和村民委员会等基层民主机构，负责协调社区事务、反映居民诉求、组织社区活动。

此外，通过组织培训和激励机制，提高社区工作者的专业能力和服务水平，进一步推动了基层民主的发展。深圳市注重基层民主人才的培养和激励，通过表彰、奖励等方式，鼓励社区工作者积极投身于基层民主建设。

综上，深圳市通过制定规章、建立机构、创新实践以及应用信息技术等手段，确保了基层民主的稳定运行。这些措施不仅提高了基层民主的质量和效率，而且增强了公民的参与意识和满意度，为社会主义民主政治的发展和社会治理现代化作出了积极贡献。

第三节 画好民族复兴的同心圆

2014年9月28日，习近平总书记在中央民族工作会议上强调："加强中华民族大团结，长远和根本的是增强文化认同，建设各民族共有精神家园，积极培养中华民族共同体意识。"[1]党的二十大报告明确提出，以铸牢中华民族共同体意识为主线，全面推进民族团结进步事业。

---

[1] 习近平. 江山就是人民 人民就是江山:习近平总书记系列重要论述综述（2020—2021）[M].北京:人民日报出版社，2022: 60.

一、一起来想　一起来干

在党的二十大精神的指导下，深圳市在制定发展规划的过程中，始终坚持开放包容的原则，广泛吸纳各方意见，集思广益，以确保规划的全面性和前瞻性。通过建立多元化的参与机制，深圳市确保了不同群体，包括少数民族、港澳台同胞以及侨胞代表等，都能在规划过程中发挥作用，贡献智慧。

深圳市政协积极发挥作用，组织政协委员就城市发展的重大议题进行深入研讨，这些委员来自不同界别，包括经济、科技、教育、文化等多个领域，他们的意见和建议反映了社会各界的多元需求和期望。

深圳市是一个多民族聚居的城市，全市有 56 个民族的市民，是全国少数民族人口增长最快、少数民族流动人口最多的城市之一，被列为全国首批"少数民族流动人口服务管理示范城市"之一。[1] 深圳市通过倡导"来了就是深圳人"的理念，以铸牢中华民族共同体意识为主线，全面推进中华民族共有精神家园建设，推动民族工作取得新进展。深圳市注重加强党对民族工作的全面领导，构建新时代民族工作格局，并通过国家通用语言文字培训、职业技能培训等，提升少数民族群众的融入能力。

深圳市还致力于促进各民族广泛交往交流交融，助力共同发展实现共同富裕，推动各民族共同走向社会主义现代化。通过建立多层次的服务管理平台和举办各种文化交流活动，深圳市增强了不同民族之间的相互理解和尊重，促进了民族团结和谐共处。这些措施确保了各民族的合法权益，推动了社会的和谐稳定与发展。

在涉及少数民族的发展规划时，深圳市注重听取和吸纳少数民族群体的意见。例如，深圳市通过组织少数民族代表座谈会，了解他们在城市发展中的特别需求和建议，确保在城市规划和发展中兼顾少数民族的文化特色和生活需求。

对于来自港澳台的同胞，深圳市在制定规划时也特别考虑他们的特殊视角和经验。深圳市通过与港澳台地区的商会、专业团体合作，举办专题研讨会，

---

[1] 中共深圳市委党史文献研究室，深圳市人民政府地方志办公室. 深圳年鉴（2023）[M/OL]. https://www.shenzhenshizhi.cn/ebook/show?id=291&aid=65577.

邀请港澳台同胞参与，他们的国际视野和专业见解对深圳市的发展规划具有重要价值。侨胞代表在深圳市的发展规划中同样扮演着重要角色。深圳市积极联系海外侨胞，通过侨联等组织，邀请侨胞代表参与到城市发展策略的讨论中。侨胞的国际网络和经验对于推动深圳市的国际化发展具有积极作用。

深圳市通过组织深港经贸交流活动达成了 129 项合作意向，并通过香港深圳社团总会等机构发起了"助力深港高质量发展十项行动"等倡议，促进了深港澳在经济、科技、文化、青年交流等多个领域的协同发展。同时，深圳市还通过"港澳 e 站通"等政务服务创新，便利了香港居民办理深圳政务，推动了深港澳专业人士交流合作，为粤港澳大湾区的整体发展贡献了积极力量。此外，深圳还组织开展了一系列深港澳文化交流活动，如深圳书展、深港城市 /建筑双年展等，增进了港澳青年对内地文化的了解和认同，增进了两地民众的相互理解和友谊。

深圳市通过公开征求意见、社会听证会等形式，进一步扩大了发展规划的参与面。例如，在制定深圳市的"十四五"规划时，深圳市政府通过官方网站向社会公开征求意见，收到了来自不同群体的大量反馈和建议。这种开放包容的态度确保了规划的全面性和合理性。

此外，深圳市在发展规划中注重案例研究和实践探索。在前海蛇口自贸区的规划中，深圳市就充分考虑了港澳台及国际因素，通过与港澳台企业和国际企业合作，共同探索自贸区的发展模式。前海深港现代服务业合作区的建设积极推动深港两地在金融、物流、信息、专业服务等领域的合作。前海深港青年梦工场已孵化了大量港澳青年创业项目，取得了良好效果。

通过上述多元化的参与机制和开放包容的态度，深圳市的发展规划充分吸纳了各方意见，确保了规划的科学性、合理性和可操作性。不同群体的参与和贡献，不仅丰富了深圳市的发展规划内容，也增强了规划的社会认可度和实施效果，体现了深圳市在推动社会主义民主政治发展和践行全过程人民民主中的积极作为。

二、肝胆相照　荣辱与共

习近平总书记在党的二十大报告中指出："发挥我国社会主义新型政党制度优势，坚持长期共存、互相监督、肝胆相照、荣辱与共，加强同民主党派和无党派人士的团结合作，支持民主党派加强自身建设、更好履行职能。"[1] 这一论述充分体现了中国共产党对统一战线工作的高度重视和对多党合作制度的坚定支持。中国的多党合作制度不同于西方的多党制或两党制，是以中国共产党为领导核心，各民主党派和无党派人士紧密合作，共同致力于国家的繁荣富强。这种制度设计，既保证了政治的稳定性和连续性，又能够广泛吸纳各方智慧，形成民主和集中相结合的决策机制。

"长期共存、互相监督、肝胆相照、荣辱与共"八字方针，是中国共产党与各民主党派、无党派人士团结合作的基本原则。这一方针不仅体现了中国共产党对其他政党的尊重和信任，也凸显了各民主党派在社会主义事业中的重要地位和作用。通过长期共存，各民主党派可以在社会主义建设中发挥长期作用；通过互相监督，各民主党派和中国共产党能够互相制衡，共同确保政治清明；通过肝胆相照、荣辱与共，中国共产党与各民主党派能够在共同的奋斗目标下携手前行，形成强大的政治合力。

中国共产党不仅重视民主党派的参政议政，还通过各种形式支持其自身建设，包括组织建设、思想建设、制度建设等，确保民主党派能够在国家政治生活中更好地发挥作用。这一政策的实施，可以促进民主党派提高参政议政能力，增强其在社会中的影响力，进而提升整个国家治理体系和治理能力现代化水平。在这种制度框架下，深圳市通过创新和实践，不断推动统一战线工作、积极发挥民主党派和无党派人士的作用、完善协商民主机制、推动合作共建、加强民主监督，不仅加强了中国共产党与民主党派的团结合作，也提升了多党合作的制度效能。

1. 增强统一战线工作

深圳市在推进民主党派和共产党的合作共建中，始终坚持肝胆相照、荣辱

---

[1] 习近平. 高举中国特色社会主义伟大旗帜 为全面建设社会主义现代化国家而团结奋斗——在中国共产党第二次全国代表大会上的报告[N]. 人民日报, 2022-10-26(01).

与共的原则，努力构建和谐的政治生态和广泛的统一战线。通过加强与各民主党派、工商联和无党派人士的合作，深圳市积极推动多党合作和政治协商制度的发展，确保各民主党派和无党派人士在政治生活中发挥重要作用。市政协积极发挥协商民主重要渠道作用，通过双周协商座谈会等形式，就深圳市经济社会发展中的重大问题和涉及群众切身利益的实际问题，广泛听取各党派团体和各界人士的意见和建议。

40 年来，深圳市的民主党派从无到有，快速发展，现有 8 个民主党派市委会、461 个支部、超过 12300 名成员，成为特区建设发展的重要力量。深圳市各民主党派和无党派人士积极参与政治协商和参政议政，为深圳的发展提供了智慧和力量。他们围绕中共深圳市委的中心工作，聚焦时代主题，提出了一系列具有针对性和操作性的意见和建议，为深圳的改革创新和发展提供了重要支持。[1]

作为深圳最早成立的民主党派之一，致公党深圳市委会在特区发展中发挥了重要作用。1992 年，致公党深圳市委会积极建议并推动 ISO 9000 质量体系的引入，为特区工业化发展奠定了坚实基础；2004 年，提出关于为外来劳务工提供医疗服务的议案，直接促成了全国首部劳务工医疗保险办法的出台；2007 年则建议修建深中大桥，为大湾区的融合发展提前布局、谋划。此外，致公党深圳市委会与多个市政府部门建立了对口联系工作机制，通过定期交流信息、献计献策，共同推进深圳的高质量发展，探索形成了"两个明确、三个突出、三个聚焦"的工作思路，以提高参政议政职能、资源整合效应和侨海界别优势。[2]

深圳市注重发挥各民主党派和无党派人士在社会治理中的积极作用。各民主党派通过捐款捐物、志愿服务等形式积极参与疫情防控、脱贫攻坚、乡村振兴等重大社会事务，为深圳市经济社会发展贡献力量。例如，深圳民革党员赵广创办了"天天学农"在线农业职业教育培训平台，为农民提供全生命周期的

---

[1] 周元春. 市各民主党派积极参政议政 为深圳发展聚人心、集众智、增合力[N]. 深圳特区报，2020-12-25（A04）.

[2] 致公党深圳市委会：探索对口联系新思路 推进多党合作往深走[EB/OL].（2022-04-28）. https://tzb.sz.gov.cn/xwzx/gzdt/content/post_802943.html.

农业技术培训。

2.完善协商民主机制

在政治协商过程中，深圳市注重听取各方意见，充分发挥民主党派的参政议政作用。市政府通过召开座谈会、专题协商会和联合调研等形式与各民主党派深入交流，共同探讨经济发展、城市规划、社会治理、科技创新等领域的重大问题。2017年，深圳市首次由市委委托民主党派开展年度重点调研，形成了"市委委托、党派调研、政府落实"的模式。市各民主党派发挥人才荟萃、智力密集的优势，为市委市政府决策提供了重要参考。2022年，深圳市各民主党派围绕重大国家战略在深圳的落地开展了年度重点考察调研。民建深圳市委会以"推动深圳商业数字化转型"为课题，农工党深圳市委会关注"进一步完善普惠婴幼儿照护服务体系"，致公党深圳市委会围绕"深港共建'全球数据交易交换中心'"等主题开展调研。

3.推动合作共建

深圳市坚持党外干部培养与使用并重，注重发挥民主党派和无党派人士在实际工作中的作用，通过定期组织民主党派和无党派人士的培训和考察活动提升他们的政治素养和参政能力。此外，深圳市作为全国党外代表人士实践锻炼基地之一，通过建立党外人士挂职锻炼机制，增强党外人士对政府工作的了解和参与度，促进了党外人士的成长和多党合作的深入发展。

4.加强民主监督

深圳市高度重视民主党派和无党派人士的监督作用，积极推动民主监督机制的完善。各民主党派通过参与政府工作监督、提出意见建议、开展专题调研等形式，对政府的决策和执行情况进行监督，确保政府工作公开透明、廉洁高效。例如，深圳市政协组织的民主监督小组，定期对重大项目和民生工程进行监督检查，提出整改意见，推动政府改进工作。自2018年起，中共深圳市委首次委托市各民主党派开展专项民主监督工作，如对营商环境建设中的"优化政务服务"进行监督。此后，每年都有特定的监督主题，如"水污染治理成效巩固管理提升年"和"涉企执法检查"，这些监督工作体现了围绕中心、服务大局的履职原则。各民主党派通过专项民主监督形成的报告，为市委、市政府的科学决策和精准施策提供了重要参考。相关部门和各区则积极配合民主监督工作，对存在的问题进行有效整改。

通过这些措施，深圳市在加强统一战线工作、完善协商民主机制、推动合作共建和加强民主监督方面取得了显著成效，进一步巩固了党的领导地位，提升了多党合作的质量，促进了全市的和谐发展。

三、像石榴籽一样紧紧团结在一起

1．保护与促进文化多样性

深圳市通过一系列节日庆典和文化活动，强化了不同民族文化的认同和交流，营造了一个多元、包容、和谐的社会氛围。深圳市的实践体现在以下几个方面。

首先，深圳市积极举办各种文化节庆活动，如深圳客家文化节、深圳南山荔枝文化旅游节、深圳世界之窗国际啤酒节等。2023 年 9 月是广东省第 13 个民族团结进步宣传月，福田区以"民族团结进步宣传月"为契机，开展了"石榴籽社区文化节"等一系列活动，这些活动旨在促进民族团结和文化交流。这些活动不仅展示了深圳本土文化，也吸引了来自不同地区和民族的人们参与，增进了对多元文化的认识和理解。

其次，深圳市通过"民族讲坛"等形式，聚焦中华文化认同，弘扬中华文化，铸牢中华民族共同体意识。例如，2023 年 4 月，深圳市"民族讲坛"在宝安区文化馆开讲，由北京大学博士部建华担任主讲，强调文化认同是民族团结的根脉，加强中华民族大团结，长远和根本的是增强文化认同。

再次，深圳市南山区举办民俗传统文化大讲堂系列活动，通过讲故事、实物展示、歌舞表演等群众喜闻乐见的形式，向各民族同胞讲解民族知识，在潜移默化中铸牢中华民族共同体意识。

此外，深圳市还注重在教育机构中弘扬传统文化，促进不同文化背景学生的交流。例如，南方科技大学、深圳大学等高校每年举办国际文化节，为留学生提供展示本国文化风情的舞台，同时让中国学生有机会了解世界各地的文化。

最后，深圳市还通过市集文化节等活动，促进不同文化背景的人们之间的交流。市集不仅是买卖商品的场所，更是文化交流的平台，通过市集活动，可以增进不同文化之间的理解和尊重。

2. 增进民族团结，铸牢中华民族共同体意识

深圳市在促进民族团结方面采取了一系列具体项目和政策，以铸牢中华民族共同体意识为主线，促进不同民族之间的广泛交往、全面交流、深度交融。

首先，深圳市大力倡导"来了就是深圳人"的城市民族工作理念，强调各民族的平等和团结，并通过顶层设计积极构建新时代党的民族工作格局。深圳市将民族工作列入各级党组织重要议事日程，并纳入各级领导班子评价考核体系，确保党委主要负责同志对民族工作亲自研究、过问、落实和督查。

其次，深圳市深化民族团结进步创建活动，将其纳入干部教育、党员教育、国民教育体系。通过开展民族团结进步创建活动，推动各族群众树立正确的国家观、历史观、民族观、文化观、宗教观，增强国家意识、公民意识、法治意识，坚定"五个认同"。

此外，深圳市还强化中华民族一家亲宣传，举办全市各民族庆祝建党百年文艺汇演、庆祝中华人民共和国成立 70 周年联欢会等活动，推动"福田民族风""盐田海石榴+""龙华红石榴"等品牌活动进机关、进企业、进社区、进学校。

深圳市还推动港澳同胞和华人华侨铸牢中华民族共同体意识，通过实施"手牵手、向前走"深港青少年携手成长计划等活动，增进港澳同胞和华人华侨对中华民族的自觉认同。

在服务方面，深圳市打造流动人口信息采集共享、社区民族事务服务等多层次管理服务平台，为各族群众提供更规范、更快捷、均等化的公共产品与服务。同时，深圳市提供国家通用语言文字培训、职业技能培训，帮助各族群众提升融入城市的能力。

最后，深圳市广泛参与脱贫攻坚与协作，推动各民族共同走向社会主义现代化。通过选派干部人才、实施帮扶项目、援建基础设施等措施，帮助贫困地区实现脱贫，推动乡村振兴。

第四节　法治示范区建设

依法治国是中国共产党领导人民治理国家的基本方略，“全面依法治国”也是我国战略布局的重要内容。党的二十大报告进一步强调了法治的重要性，指出要全面推进依法治国，扎实推进法治政府建设，加强法治社会建设，加快建设中国特色社会主义法治体系，建设社会主义法治国家。法治是治国理政的基本方式，必须坚持依法治国、依法执政、依法行政共同推进，坚持法治国家、法治政府、法治社会一体建设，全面推进科学立法、严格执法、公正司法、全民守法。[1]

习近平总书记还指出，法治是国家治理体系和治理能力现代化的重要依托，必须深入推进全面依法治国，全面推进严格规范公正文明执法，加大关系群众切身利益的重点领域执法力度，维护社会公平正义，保障人民合法权益。这体现了法治在中国治理体系中的核心地位，强调了通过法治实现公平正义和保障人民权益的重要性。

这些论述充分体现了党中央对于法治建设的高度重视，强调了法治在实现国家治理现代化、维护社会公平正义、保障人民权益方面的重要作用。通过这些措施，中国正不断推进法治国家、法治政府和法治社会建设，努力实现国家治理体系和治理能力现代化。

一、深圳经济特区立法

1. 特区立法的创新与实践

作为中国首批经济特区，深圳享有较大的立法自主权，为有效应对快速变化的社会经济环境，深圳在法律和制度创新方面进行了积极探索。

首先，深圳在土地管理和使用方面进行了重大创新。2001年，《深圳市土地交易市场管理规定》成为中国内地第一部关于土地交易的地方性法规，规范

---

[1] 习近平. 高举中国特色社会主义伟大旗帜 为全面建设社会主义现代化国家而团结奋斗——在中国共产党第二十次全国代表大会上的报告[N]. 人民日报, 2022-10-26(01).

了土地交易市场，提高了土地使用效率。此举为深圳经济的高速发展提供了坚实的基础。

在企业管理和金融改革方面，深圳也走在全国前列。2006 年，深圳出台了《深圳经济特区改革创新促进条例》，这是全国首部保护改革创新的专项法规，旨在激发创新活力，保护创新成果。同时，深圳在金融领域进行了多项创新，如设立中小企业板和创业板，推动资深圳市场发展，支持中小企业融资。

深圳在社会治理方面同样有诸多创新举措。2013 年，深圳实施了新的商事登记制度，《深圳经济特区商事登记若干规定》大幅简化了企业登记流程，提高了市场准入的便利性。这一举措不仅促进了创业创新，还提升了深圳的营商环境，吸引了大量企业和投资。

在公共卫生和环境保护领域，深圳也不断通过立法创新应对新挑战。2014 年，《深圳经济特区控制吸烟条例》实施，成为全国首部在公共场所全面禁烟的地方性法规，有效改善了市民的生活环境。

此外，深圳在社会服务和治理方面也进行了前瞻性的法律探索。2015 年，深圳推出全国首张"多证合一、一照一码"营业执照，大幅提升了政务服务的效率。2020 年 7 月，深圳市司法局出台了《深圳经济特区数据条例（征求意见稿）》并进行首次公开征求意见，这是全国首部数据领域的地方性法规，为数据资源的开发利用、保护和管理提供了法律依据，推动了数字经济的发展。

2．保障人民权益

深圳市在推进法治建设的进程中，坚持科学立法、民主立法和依法立法的原则，努力提升政府治理能力，增强市民的参与感和信任度，推动社会的和谐与发展。通过一系列立法创新和民意参与机制，深圳市在立法过程中注重回应民需、体现民情，形成了以人民为中心的立法体系。

首先，深圳立法遵循科学立法、民主立法、依法立法的原则。科学立法要求立法决策基于实际情况，符合客观规律，确保立法的合理性和有效性。民主立法强调立法过程中的公民参与，通过公开征求意见、举行听证会等方式，让社会各界人士参与立法活动，确保立法决策的民主性和透明性。依法立法则是立法工作的基本前提，要求所有立法活动都必须在宪法和法律的框架内进行。

其次，深圳市人大常委会通过建立基层立法联系点，如社区立法联系点和企业立法联系点，拓宽了社会各方有序参与立法的途径和方式。这些联系点作为立法共享平台，极大地推动了基层参与立法的深度和广度，让最基层的声音能够直达立法机关，确保了立法更加贴近民意、回应民需、体现民情。

再次，深圳市在立法过程中注重民意的收集和反馈。市人大常委会始终坚持把全过程人民民主体现到法规起草、调研、审议中，汇聚民意民智，广开立法言路。例如，在《深圳经济特区数据条例》征求意见过程中，收集到来自市民、企业、行业协会和专家学者的意见建议数以千计，这些意见建议被吸收到最终的法律法规文本中，体现了民主立法的原则。这一条例从 2022 年 1 月开始实施，是全国首部数据领域基础性、综合性立法，首次明确了数据与数据权的概念，并针对市场主体就数据要素的应用规定了详细的规则，强化了个人数据保护，并对大数据"杀熟"等违反条例规定处理数据的行为设定了法律责任，体现了对公民权利的保护。

深圳市的立法工作注重质量优先，强调以高质量为核心导向，服务于先行示范区的战略定位以及深化改革开放的需求。在要素市场化配置、创新链与产业链融合、高水平开放型经济、生态环境保护以及城市空间治理等关键领域，深圳不断深化立法探索，拓展经济特区立法的空间，并在新兴领域积极开展创新性和试验性立法实践。

在环境保护方面，深圳通过《深圳经济特区生态环境保护条例》进行立法创新，强调公众参与和环境信息公开。市民可以通过公开平台了解环境状况，参与环境保护决策过程。这种公众参与机制增强了环境治理的透明度，确保了公民在环境保护中的知情权和参与权，体现了民主原则。

为了保障公民的权益，深圳还通过特区立法加强了社会保障和公共服务。例如，《深圳经济特区和谐劳动关系促进条例》通过强化劳动者权益保护、规范劳动关系，保障了劳动者的基本权益和工作环境。深圳市聚焦群众关注的民生问题，不断完善养老服务、无障碍城市建设等领域的立法工作，体现了人民有所呼，立法有所应的原则。

此外，在信息化和智慧城市建设方面，深圳通过《深圳经济特区数据条例》，促进了政府信息公开和数据共享，提高了政府工作透明度，增强了市民对政府工作的监督能力。这不仅保障了公民的知情权和监督权，还提高了政府工作的效率和透明度。

二、大力推动法治政府建设

习近平总书记在党的二十大报告中强调，要扎实推进依法行政，转变政府职能，优化政府职责体系，全面推进严格规范公正文明执法，加大关系群众切身利益的重点领域执法力度，为法治政府的建设指明了方向。[1]深化法治政府建设，不断完善相关制度和机制，是实现国家治理体系和治理能力现代化的重要路径。

1. 法治政府的内涵与目标

法治政府的内涵与目标是确保政府在法治轨道上运行，维护社会公平正义，保障公民的基本权利和自由。法治政府不仅仅是一个治理理念，更是一种治理模式，其核心在于依法行政，确保所有政府行为符合法律规定，并受到法律监督和约束。实现法治政府的目标包括政府的透明度、责任性和法律约束力，这些基本要求共同构成了法治政府的内涵。

首先，透明度是构建法治政府的基石。透明度不仅包括政府信息的公开，还包括政策的制定和实施过程透明。政府信息公开是实现政务透明的重要手段，通过政府网站、政务新媒体等平台，及时发布政府决策、政策解读、公共服务等信息，让公众了解政府运作情况。例如，中共中央、国务院于2021年印发的《法治政府建设实施纲要（2021—2025年）》强调，要加快推进政务服务"跨省通办"，并提供更多的在线服务，确保政务服务的透明化和便民化。[2]通过信息公开，政府可以增强公信力和合法性，公民也能够更好地参与公共事务，监督政府行为。信息公开还可以防止腐败和滥用权力，促进政府廉洁高效。

---

[1] 习近平. 高举中国特色社会主义伟大旗帜 为全面建设社会主义现代化国家而团结奋斗——在中国共产党第二十次全国代表大会上的报告[N]. 人民日报，2022-10-26（01）.

[2] 中共中央　国务院印发《法治政府建设实施纲要（2021—2025年）》[EB/OL].（2021-08-11）. https://www.gov.cn/zhengce/2021-08/11/content_5630802.htm.

其次，责任性是法治政府的核心要求。责任性意味着政府必须对其行为和决策负责，承担相应的法律和道德责任。这包括对政策效果负责，对违法行为承担法律责任，对行政失误进行纠正和弥补。政府的责任性还体现在对公民的服务和保障上，政府应确保提供公平、公正和高效的公共服务，满足公民的基本需求。为了强化政府的责任性，需要建立健全的问责机制，对政府官员的行为进行监督和评估，确保他们依法行政、廉洁奉公。

法律约束力是法治政府的基本保障。法律约束力要求政府必须依法行政，所有政府行为都必须在法律框架内进行，任何超越法律授权的行为都应受到制约和纠正。这不仅要求政府官员必须熟知并遵守法律，还要求有健全的法律监督机制，确保法律在行政过程中的权威性和有效性。法律约束力还要求建立独立的司法体系，对政府行为进行审查和监督，确保法律的公正实施。《法治政府建设实施纲要（2021—2025年）》提出，政府应增强立法的针对性、系统性和可操作性，制定符合实际需求的法律法规，确保法律的权威和有效执行。

2. 深圳的实践与成效

深圳市在建设法治政府方面采取了一系列具体措施，并取得了显著成效。这些措施涵盖了完善依法行政制度体系、规范性文件审查、法治力量建设、行政执法质量提升、行政权力制约和监督、科技保障体系、规范性文件管理、行政决策制度体系等多个方面。

首先，深圳市高度重视立法工作，不断完善地方立法体系，为依法行政提供坚实的法律基础。深圳市人人通过制定和修订一系列地方性法规，涵盖经济、社会、文化、环境等各个领域，确保各项行政行为都有法可依。例如，《深圳经济特区生态环境保护条例》《深圳经济特区社会建设促进条例》等法规的出台，为深圳市政府在环境保护和社会建设方面的工作提供了明确的法律依据，促进了各项政策的依法实施。

深圳市通过发布和修订政府规章，提请审议法规议案，不断完善依法行政的制度体系。2020年，深圳市共发布政府规章7件，修订规章11件，废止规章4件，提请市人大常委会审议法规议案17件。这些举措有效地完善了政府管理的法律基础，提高了行政行为的法治化水平。[1]

深圳市政府通过建立联席会议、定期通报、常态化征求意见等工作机制，增强了政府与人大的立法协同性，并实施了政府立法工作联系点扩点提质计划。这一机制的完善，使得深圳市的立法工作更加科学、民主和高效。

在规范性文件管理方面，深圳市严格实施规范性文件前置审查和备案审查，确保文件的合法性和合规性。深圳市加强了行政规范性文件的审查和管理，统一归集区政府部门规范性文件至市政府查询平台，实现了市、区两级行政规范性文件"一网可查"。

在行政执法方面，深圳市不断提高行政执法水平，健全执法工作机制，加大重点领域执法力度，并规范执法程序，创新执法方式。深圳市公安局在2023年的法治政府建设年度报告中提到，该局深入践行主动警务、预防警务理念，全力打造更高水平的平安深圳。这些措施提高了行政执法的质量和效率，确保了执法过程的公平、公正和透明。

深圳市通过开展规章、规范性文件专项清理工作，确保了文件的合法性和合规性。在行政决策制度体系方面，深圳市严格落实了重大行政决策程序规定，公布了市政府重大行政决策事项目录及听证事项目录，推进了科学、民主、依法决策。

其次，深圳市大力推进政府信息公开，增强政府工作的透明度。深圳市建立了全面的信息公开机制，确保政府决策、财政预算、公共资源配置等信息的公开透明。市政府制定了《深圳市政府信息公开指南》，明确了政府信息公开的机构、职责、内容、分类、形式等，方便公民、法人和其他组织获取政府信息。市民可以通过政府网站、公开报告和新闻发布会等途径，获取政府的各类信息，增强了政府工作的透明度和公众的信任度。

深圳市还积极推进行政审批制度改革，简化行政程序，提高行政效率。通过建立"一网通办"平台，深圳市将各类行政审批事项集中到一个线上平台，方便市民和企业办理相关手续，极大地提高了行政服务的效率和便捷性。此举不仅减少了行政成本，也提高了政府的服务质量，增强了市民和企业的满意

---

[1] 深圳市人民政府2020年法治政府建设年度报告[R/OL].（2021-02-19）. https://www.sz.gov.cn/cn/xxgk/fzzfjsndbg/szffzjs/content/post_9655830.html.

度。深圳市人力资源和社会保障局打造了"秒批＋信用审批"的高效智慧服务模式，提高了政务服务的规范化和便利化。这些科技手段的应用，提高了法治政府建设的智能化和信息化水平。龙华区在全市率先建立了"三级一体""六个统一"的全新型、标准化、信息化的基层政务服务体系，推动政务服务、政务公开、智慧城市和数字政府无缝对接、深度融合。

再次，在政府责任机制方面，深圳市建立了严格的问责制度和绩效考核机制。深圳市政府通过制定《深圳市政府绩效考核办法》，对各级政府部门和公务员的工作表现进行全面评估，对行政失误、滥用职权和腐败行为进行严肃问责。例如，深圳市在推进城市更新和公共服务项目时，严格监督项目的执行情况，确保项目按计划高质量完成。同时，通过公众参与和监督，增强了政府工作的责任感和执行力。

在法律监督方面，深圳市立足制约监督全覆盖无缝隙，不断完善行政权力制约和监督体系，构筑监督合力，不断强化对行政行为的法律监督，确保依法行政。深圳市人大和市政协通过听证会、执法检查、专项监督等方式，对政府的各项行政行为进行监督和评估。深圳市还建立了行政复议和行政诉讼制度，市民和企业可以通过法律途径，维护自身合法权益，确保政府行为符合法律规定。

为应对官僚主义和行政体制的长链条问题，深圳采取了结构性改革，推动政府职能转变，简化行政程序，提高政府服务效率，减少官僚主义现象。深圳注重提高公民的民主参与意识和能力，通过加强民主教育和创新民主实践，如建立基层立法联系点，让公民直接参与到法律草案的讨论和建议中。这些措施不仅提高了政府的行政效率，还增强了公众的民主参与意识和能力。

这些措施的实施，使深圳市在建设法治政府方面取得了显著成效。深圳市政府的透明度和公信力显著提高，人民的知情权、参与权、表达权、监督权得到了有效保障。通过严格的责任机制和法律监督，深圳市政府的工作效率和依法行政水平不断提升，政府行为更加规范和高效。

三、司法体制综合配套改革

1. 增强司法独立与公正

首先，深圳法院在司法改革中推行了审判权运行机制改革。这一改革的核心是确立法官和合议庭的办案主体地位，确保"让审理者裁判、由裁判者负责"。通过改革，院长、副院长、庭长、副庭长不再签发未参加合议审理案件的裁判文书，实现了审判权力与审判主体的统一，强化了法官的独立性。

其次，深圳市推动了法院人事制度改革，逐步取消地方政府对法院人事的直接干预，确保法官的选任和管理更加独立，使法官的选拔和任命过程更加透明和公正，减少了外部干预的可能性。改革打破了传统的晋升"天花板"，建立法官员额制，并对法官实行单独职务序列管理，确保了法官的专业素质和职业稳定性，提升了司法独立性和审判质量。深圳还积极推进司法权力运行机制改革，明确法院和法官的权责关系，确保司法权独立行使。通过设立司法委员会，深圳市明确了重大、疑难案件的讨论和决策机制，确保审判过程的专业性和独立性。此外，深圳市还通过建立法官职业保障制度，确保法官在依法独立行使审判权时不受外部压力和干扰，进一步增强了司法独立性。

在保障审判公正方面，深圳市采取了多项创新措施。深圳市法院系统通过推进案件审理公开、裁判文书公开和执行信息公开，确保司法过程的透明和公正。公众可以通过互联网查阅裁判文书和执行信息，监督司法活动，增强了司法透明度和公信力。此外，深圳市还建立了审判监督机制，通过内部监督和外部监督相结合的方式，确保每一个案件的审理过程都严格依法进行，保障了司法公正。

深圳市还通过推进多元化纠纷解决机制建设，减轻法院的压力，提升审判效率和公正性。深圳市鼓励和支持仲裁、调解等非诉讼纠纷解决方式的发展，为当事人提供更多元的选择和更加公正的解决途径。通过建立专业调解机构和仲裁机构，深圳市有效分流了大量纠纷案件，提升了司法资源的利用效率，同时也保障了当事人的合法权益。

在司法改革过程中，深圳市注重提升法官的专业素质和职业道德。通过定期培训和考核，不断提高法官的法律素养和职业操守，确保法官能够依法独立公正地行使审判权。通过设立法官职业道德委员会，深圳市对法官的职业行为进行严格监督和管理，确保司法队伍的廉洁和公正。

深圳还注重司法责任制的建立和完善，明确法官、检察官的责任，强化错案追究制度。通过建立健全司法责任制，提高了司法人员的责任意识，确保每一项司法决策都能得到严格审查和评估。通过建立院、庭长权力清单，规范审判监督权的行使，确保监督不缺位也不越位。同时，通过信息化手段，实现了对各类履职行为的可提示、可留痕、可倒查、可监督，提高了司法透明度和公信力。深圳市还推动了多元化纠纷解决机制的建设，如调解、仲裁和诉讼等多种解决纠纷的途径，为当事人提供了更多选择，减轻了法院的案件压力，有助于提高司法效率和公正性。

深圳市作为改革开放的前沿阵地，通过一系列司法改革措施，致力于增强司法独立性，保障审判公正，以适应经济社会发展的需求并响应人民群众对法治的期待。

通过这些综合性的司法改革措施，深圳市不仅增强了司法独立性，而且有效保障了审判公正，为构建公正高效权威的社会主义司法制度提供了有力支撑，也为全国法院的司法改革提供了宝贵经验和示范作用。

2. 提升司法效率

深圳通过智慧法院建设、电子诉讼服务、多元化纠纷解决机制、审判流程优化和法官专业化建设等多项创新举措，大幅提升了司法效率，简化了司法程序。

首先，大力推进智慧法院建设，利用大数据和人工智能等先进技术，显著提升了司法工作的效率。智慧法院系统通过智能分流、自动立案和在线审理功能，实现了案件的智能分配。案件可以根据类型、复杂程度和法官的专业特长进行自动分配，确保每个案件都能由最适合的法官审理，从而提高了审判效率和公正性。在线审理系统的应用，使得当事人可以通过互联网参加庭审，大大减少了诉讼成本和时间。

在诉讼服务方面，深圳市推广"一站式"电子诉讼服务，简化了司法程序。通过建立电子诉讼平台，深圳市法院实现了从立案、审理到执行的全流程电子化管理。当事人和律师可以通过互联网提交诉讼材料、进行证据交换、查询案件进展、在线参加庭审和调解。电子诉讼平台的应用不仅提高了案件处理的效率，也使得司法程序更加便捷和透明。

深圳市还积极推进多元化纠纷解决机制，减轻了法院的审判压力，提高了司法效率。鼓励和支持仲裁、调解等非诉讼纠纷解决方式的发展，为当事人提供多样化的纠纷解决途径。通过建立专业调解机构和仲裁机构，深圳市有效分流了大量纠纷案件，减少了法院的工作负担，使得司法资源得到更加合理的配置。同时，多元化纠纷解决机制的应用也为当事人提供了更加灵活和高效的解决途径，提升了司法服务的满意度。

在审判流程管理方面，深圳市法院通过优化审判流程，提高了案件处理的效率。深圳市推行案件繁简分流机制，将案件按照复杂程度进行分类处理。对于简单案件，实行简易程序和速裁程序，通过简化诉讼程序和缩短审理期限，加快案件的处理速度。对于复杂案件，实行专业化审理和专家参与，通过引入专业知识和技术手段，提高审判质量和效率。繁简分流机制的应用有效提升了审判效率，确保了案件处理的公正性和及时性。

深圳市还注重提升司法人员的专业素质和工作效率。通过建立法官绩效考核机制，对法官的工作效率和案件质量进行全面评估，激励法官提高工作效率和审判质量。定期培训和专业研讨提升了法官的专业素养和职业技能，确保法官能够高效、公正地处理各类案件。法官绩效考核机制和专业培训体系的建立，有力推动了司法效率的提升和司法公正的实现。

此外，深圳市积极引入和运用现代科技手段，提升司法审判的效率和公正性。智慧法院系统的应用，不仅提升了司法工作的效率，也增强了司法公开和透明，进一步保障了司法公正。深圳市还通过信息化建设，开发智能审判系统，通过大数据分析辅助法官快速获取案件信息，智能辅助裁判文书的生成，减少法官的文案工作量，提高审判效率。

四、全方位多层次建设守法普法示范区

普法教育在提升公民法治意识和法律素养中具有至关重要的作用。它不仅是建设法治社会的基础性工作，也是实现社会公正和维护社会稳定的重要手

段。普法教育有助于增强公民的法律意识，提升公民的法治观念和法律素养，掌握运用法律维护自身权益的方法，同时，在预防犯罪和违法行为方面也有积极作用，还能促进政府依法行政，推进整个社会的法治化进程和国家治理体系、治理能力的现代化。深圳市高度重视普法教育和法律服务工作，采取了一系列创新举措，以提高普法教育的覆盖面和有效性，为建设社会主义法治先行示范区提供了有力支撑。

首先，深圳市通过《推动守法普法工作融入新时代文明实践中心建设实施方案》等政策文件，推动普法工作与文明实践活动的深度融合，实现资源共享和活动联动。这一做法不仅提升了普法教育的实践性和针对性，而且有助于形成全社会尊法学法守法用法的良好风尚。

其次，深圳市注重公共法律服务体系建设，努力打通公共法律服务"最后一公里"，通过建立公共法律服务平台，提供法律咨询、法律援助等服务，让市民能够便捷地获得法律帮助。深圳设立了多个法律援助中心，为低收入群体、老年人、残疾人等弱势群体提供免费的法律咨询和法律援助服务，中心不仅提供面对面的法律咨询，还通过热线电话和在线平台为市民解答法律问题，极大地方便了群众获取法律帮助。

为了增强社区的法治氛围，深圳市推行了社区法律顾问制度。在每个社区配备专职或兼职的法律顾问，这些法律顾问定期到社区值班，提供法律咨询服务，帮助居民解决日常生活中遇到的法律问题。此外，他们还参与社区的矛盾调解，帮助社区居民以法律手段化解纠纷，维护社区和谐稳定。

深圳市通过普法讲座、法律宣传周和法治文化节等活动，广泛宣传法律知识和法治理念。市政府和司法部门定期组织法律专家和律师走进社区、学校和企事业单位，开展法律知识讲座和法律咨询活动。

在信息化时代，深圳市利用互联网和新媒体平台，创新普法教育的方式方法。深圳市司法局和各区司法部门通过开设"法律知识"微信公众号、普法APP和在线法律课堂，向市民普及法律知识。这些平台提供了丰富的法律知识资源，市民可以随时随地学习法律知识，了解最新的法律动态和法规解读。

此外，深圳市还积极推动法律服务进校园活动，通过在中小学和高校开设法治教育课程、组织法治夏令营和模拟法庭等活动，培养青少年的法律意识和法治精神。例如通过"新雨计划"等项目，为青少年提供"赋能型"法治教育，这些活动不仅增强了学生对法律的了解和认知，也帮助他们从小树立法治观念，培养依法办事的良好习惯。

第五章　深圳丰富人民精神世界的生动实践

　　习近平总书记多次强调精神世界之于国家、民族、人民的底层逻辑，"如果没有自己的精神独立性，那政治、思想、文化、制度等方面的独立性就会被釜底抽薪"[1]，"实现中华民族伟大复兴的中国梦，物质财富要极大丰富，精神财富也要极大丰富"[2]，"精神文化产品潜移默化地影响着人们的思想观念、价值判断、道德情操"[3]，"不断提升人民思想境界、增强人民精神力量，中华民族的精神世界就能更加厚重深邃"[4]。历史地看，人们对精神世界这一概念的认知主要来自马克思主义历史唯物主义理论视角和中华优秀传统文化领域。前者主要涉及，一是对主观性、意识、感觉、意志、思维、想象力等关于人类精神世界运动中重点研究对象的科学定义及描述，二是将人民精神世界定位为一种基于对物质世界的、人们感性活动的精神映射，继而人们通过在这种精神世界中丰富精神生活与创建精神家园，达到自身解放、自由而全面发展的目的，马克思指出"个人在精神上的现实丰富性完全取决于他的现实关系的丰富性"[5]；后者则是中华民族在历史长河中实现精神追求、凝练精神标识、创建精神家园的进程中，使精神世界同文化自觉、文化自信紧密联系，用创造性实践形塑中华优秀传统文化、丰富中华文明，同时还在促进世界不同文明间互鉴交流中将中华文明拓展至新境界。

[1] 中共中央文献研究室. 习近平关于社会主义文化建设论述摘编[M]. 北京: 中央文献出版社, 2017: 139.

[2] 习近平. 论党的宣传思想工作[M]. 北京: 中央文献出版社, 2020: 132.

[3] 中共中央党史和文献研究院. 习近平关于社会主义精神文明建设论述摘编[M]. 北京: 中央文献出版社, 2022: 100.

[4] 中共中央党史和文献研究院. 习近平关于社会主义精神文明建设论述摘编[M]. 北京: 中央文献出版社, 2022: 261.

[5] 马克思恩格斯文集（第一卷）[M]. 中共中央马克思恩格斯列宁斯大林著作编译局, 译. 北京: 人民出版社, 2009: 541.

中国共产党自诞生以来，始终团结、带领全国各族人民，通过社会主义革命、建设、改革的伟大实践，将马克思主义基本原理同中华优秀传统文化深度融合，创造了社会主义先进文化，推动了物质文明与精神文明的协调发展，构建了人类文明新形态。这一现代化进程已成功将马克思主义、优秀传统文化有机融合，形成了内涵丰富的社会主义革命文化、社会主义先进文化，"两个文明"相协调、人类文明新形态等反映我国不同时期人民群众精神需求的文化产物、文化使命与文化追求，并以此表现为中国式现代化的宏大叙事。尤其是党的十八大以来，习近平总书记着重强调"第二个结合"——马克思主义基本原理同中华优秀传统文化相结合的重要性，指出当前阶段全民族文化创新的创造活力要在新的历史起点上继续推动文化繁荣、建设文化强国、建设"中华民族现代文明"这一新的文化使命，同时党的二十大报告提出，"中国式现代化既要物质财富极大丰富，也要精神财富极大丰富、在思想文化上自信自强。要坚持两手抓、两手硬，促进物质文明和精神文明相互协调、相互促进，让全体人民始终拥有团结奋斗的思想基础、开拓进取的主动精神、健康向上的价值追求"[1]。精神世界的丰富内涵，恰如邓小平同志所概括，"所谓精神文明，不但是指教育、科学、文化（这是完全必要的），而且是指共产主义的思想、理想、信念、道德、纪律，革命的立场和原则，人与人的同志式关系，等等"[2]。

综上可知，中国共产党人基于马克思历史唯物主义和辩证唯物主义立场用社会主义丰富实践验证了精神、文化、文明三者间的辩证关系，故而中国式现代化进程中新时代深圳丰富人民精神世界的实践须是既包含中国特色社会主义的新文化引领城市发展方向的战略先锋行动，又包括深圳从"经济特区"到"先行示范区"独特发展道路历史中精神品格的铸造过程，还包括深圳在文化与精神相互作用下积极探索城市文明典范的进程。

[1] 习近平. 中国式现代化是强国建设、民族复兴的康庄大道[J]. 求是，2023（16）：4-8.

[2] 邓小平. 邓小平文选（第二卷）[M]. 北京：人民出版社，1994：367.

第一节　勇当新时代新文化先锋

2019 年发布的《中共中央　国务院关于支持深圳建设中国特色社会主义先行示范区的意见》(以下简称《意见》)明确了深圳"城市文明典范"的战略定位,并提出"率先塑造展现社会主义文化繁荣兴盛的现代城市文明"。五年来,深圳在党中央建设中国特色社会主义先行示范区的战略引领下,深入实施"文化立市""文化强市"战略,大力弘扬"开放多元、兼容并蓄"的城市文化,始终坚持把社会主义核心价值观融入城市发展各方面,敢闯敢试、敢为人先、率先探索、勇当先锋,在文化创新的实践中推动城市文化高质量发展。全市不仅注重在理论学习、研究阐释、思想宣传的全过程生动实践中展示新时代新文化的凝聚力和引领力,尤其是严格遵循习近平文化思想中"七个着力"的宣传实践要求,在激活全市各类文化资源和保证全体市民的基本文化权利过程中讲好新时代的深圳故事,在开放的全球视野中开辟新时代深圳文化发展新赛道。

一、意识形态展示凝聚力和引领力

(一)推动理论学习走深走实

1. 党的二十大精神的常态化特色化学习宣传

"一个民族要走在时代前列,就一刻不能没有理论思维,一刻不能没有正确思想指引"[1]。作为当代马克思主义中国化的最新理论成果,习近平新时代中国特色社会主义思想彰显了新时代新文化新理论的集中统一,是中国共产党领导全国各族人民踏上社会主义现代化强国建设的重要精神力量,是新时代各地区践行中国式现代化的根本遵循,为筑牢全体中国人民的精神家园增添了时代底蕴。"理论修养是领导干部综合素质的核心,理论上的成熟是政治上成熟的

---

[1]　习近平. 习近平谈治国理政(第四卷)[M]. 北京: 外文出版社, 2022: 29.

基础，政治上的坚定源于理论上的清醒"[1]，深圳市始终高举中国特色社会主义伟大旗帜，深入学习贯彻习近平新时代中国特色社会主义思想，弘扬伟大建党精神，在各个领域、各条战线牢牢把握和占领党的意识形态高地。党的二十大召开后，深圳市成立全国首个互联网行业党委讲师团，在全省率先组建区级党委讲师团，成立全市首个街道党工委讲师团，创新构建了"市—区—街道—社区"四级宣讲体系，各级宣讲团成员第一时间迅速开展党的二十大精神宣讲活动，深入推进"学习贯彻党的二十大精神　推进深圳高质量发展"主题宣讲活动进企业、进机关、进校园、进社区、进网络，已实现对深圳各区、新区、前海合作区及深汕特别合作区的全面覆盖，目的在于让全市党员干部群众在思想"再充电"、精神"再补钙"中全面理解、深刻领会党的二十大精神。习近平总书记在广东考察时强调，"以学铸魂，就是要做好学习贯彻新时代中国特色社会主义思想的深化、内化、转化工作，从思想上正本清源、固本培元，筑牢信仰之基、补足精神之钙、把稳思想之舵"[2]。对此，各宣讲团成员理论联系实际，根据深圳各区各行业职业特征宣传新思想、新理论，在宣传活动中用党的创新思想理论武装头脑、指导实践、推动工作。例如，光明区创新打造了深圳市首个区级党委讲师团——光明区委讲师团，在实践中建构起"领导干部讲政策、专家学者讲理论、行业模范讲业务"的基层理论宣讲模式，形成了独树一帜的"红色风、信仰力、科技范、民生韵"的光明特色理论宣讲风格；深汕特别合作区发展改革和财政局（统计局）党组成员、副局长，区国资党委副书记游鹏飞通过宣讲，总结出深汕推动高质量发展"高""质""效"三大"方法论"，用以破解深汕发展起步晚、资金少、手续难等问题；深圳市海格物流股份有限公司董事长梅春雷在宣讲中就如何解决制造业、流通行业里广大中小企业实现高质量发展路径这一核心痛点问题给出答案：在高质量行业实践中解题——搭建进出口贸易的产业互联网服务平台，用技术手段帮助中小实体企业完成自身数字化转型。总之，乡镇干部、医务工作者、教育工作者、企业家

---

[1] 习近平. 在中央党校建校90周年庆祝大会暨2023年春季学期开学典礼上的讲话[J]. 求是，2023（7）：4-13.

[2] 坚定不移全面深化改革扩大高水平对外开放　在推进中国式现代化建设中走在前列[N]. 人民日报，2023-04-14（01）.

等来自深圳市各区、各界别、各行业的宣讲团成员，真正做到了在党的二十大精神宣传学习活动中"学思用贯通、知信行统一"。

2. 习近平新时代中国特色社会主义思想主题教育走深走实

"新时代新征程，面对错综复杂的国际国内形势、艰巨繁重的改革发展稳定任务、各种不确定难预料的风险挑战，要实现党的二十大确定的战略目标，迫切需要广大党员、干部特别是各级领导干部进一步深入学习贯彻新时代中国特色社会主义思想，这是党中央确定在全党开展这次主题教育的主要考量"[1]。据此，全市深入学习贯彻习近平总书记关于主题教育重要讲话和重要指示批示精神，推进各区主题教育成果向现实生产力转化，充分运用第一批主题教育成功经验，始终坚持"实"的导向，推动第二批主题教育高质量开局、高标准起步。例如，南山区严格落实市委主题教育工作推进会要求，以"关键少数"带动"绝大多数"，各部门 7.4 万余名党员以"走在最前列"，真学、真信、真干，把主题教育成效转化为推动高质量发展的实际成效；坚持把用心用情为民服务贯穿始终，深入实施"百校焕新""社康新韵""宜居新品""文体新境""绿美新城""党群新貌"等"六新行动"，围绕辖区居民最关注的教育、医疗、住房、文化体育、生态环境和政务服务等民生领域提档升级，以实实在在成效取信于民造福于民。[2] 又如，坪山区坚持把加强领导指导、发现问题解决问题贯穿始终，把党组织建在产业链上，秉承"以企业的利益增长为工作重心""以企业的利益标尺为服务原则"的理念，瞄准阻碍企业更好更快发展的难点、痛点、堵点集中发力，真正做到"产业发展到哪里，党的组织和工作就覆盖到哪里"。2023 年 8 月，深圳市首个市级产业链党委——市新能源和智能网联汽车产业链党委在坪山区成立，坪山"创新药、智能车、中国芯"三大主导产业全覆盖，成立了区级产业链党委。[3]

---

[1] 把学习贯彻新时代中国特色社会主义思想不断引向深入[N]. 人民日报，2023-04-01（01）.

[2] 王志明. "六新行动"提升市民生活品质[N]. 深圳特区报，2023-11-13（A01）.

[3] 肖雄鹏，吴璇玲. 把党组织建在产业链上[N]. 深圳特区报，2023-11-27（A01）.

（二）推进研究阐释出新出彩

习近平同志指出，新的时代条件下，"仍然需要保持和发扬马克思主义政党与时俱进的理论品格，勇于推进实践基础上的理论创新"[1]，"理论的生命力在于不断创新，推动马克思主义不断发展是中国共产党人的神圣职责"[2]。深圳社会科学理论界努力以学术讲好中国故事，传播中国声音、中国理论、中国思想，作出新的理论探索和回答。2023 年市社科联组织开展的第十一届深圳市哲学社会科学优秀成果评奖活动中，习近平新时代中国特色社会主义思想与深圳实践成果占总成果比例为 10%，展现出深圳市广大哲学社会科学工作者的积极性、主动性和创造性。目前深圳市已有人文社会科学重点研究基地 51 个，门类较齐全、布局较均衡，初步形成了具有鲜明深圳特色的人文社会科学创新体系。

彰显理论真理力量，基础在于研精阐微。深圳市牢记习近平总书记对广东宣传思想文化工作的殷殷嘱托，深入实施"文化立市"战略、建设"文化强市"，始终把进一步做好本市宣传思想工作作为深圳现代化建设的坚强思想保证、强大精神力量、有利文化条件，将理论武装摆在突出位置，打造了"沈仲文""沈仲平""沈学思"理论宣传品牌。当前，以《深圳改革创新丛书》系列和《深圳改革开放丛书》系列为代表的现实成果，在指导思想、学科体系、学术体系、话语体系等方面充分体现深圳特色、深圳风格、深圳气派，目的在于扩大深圳优秀学术文化在中国及世界的影响，体现了深圳社会科学界在构建中国特色哲学社会科学上依然走在前列和勇当尖兵，为全国社会科学界提供了城市创新发展的鲜活样本。《深圳这十年》改革创新研究特辑，成果包括《新时代深圳先行示范区综合改革探索》《新时代数字经济高质量发展与深圳经验》《新时代深圳民生幸福标杆城市建设研究》《新时代生态文明思想的深圳实践》《飞地经济实践论》等十部著作，是用中国式现代化深圳先行示范的鲜活实践阐释习近平新时代中国特色社会主义思想的最新成果。

[1] 习近平. 习近平谈治国理政（第二卷）[M]. 北京：外文出版社，2017: 62.
[2] 习近平. 在纪念马克思诞辰200周年大会上的讲话[M]. 北京：人民出版社，2018: 27.

（三）推动党的创新理论"飞入寻常百姓家"

习近平总书记强调，要"把党的创新理论的时代背景、科学体系、精神实质、实践要求、原创性贡献研究深、阐释透，用通俗易懂的语言将其中的道理学理哲理讲得令人信服，切实把鲜活的思想讲鲜活，把彻底的理论讲彻底，有力推动党的创新理论深入人心"[1]。深圳市各区为此积极谋划基层宣讲的战略、策略，打通党的创新理论传播"最后一公里"。例如，宝安区被喻为深圳"商事主体第一区"，超大型城区体量带来了严峻的基层党建和基层治理难题，亟待该区治理主体积极回答"如何引导各级党组织和党员干部走好新时代党的群众路线"这一关键问题。为此，宝安区深入开展实施"基层调研服务日""走社区、办实事"等行动，将"四下基层"制度创造性运用于基层党务、基础业务等日常实务事务中，为广大党员干部用好"一线工作法"竖标尺、立标杆，旨在解决好群众操心事、烦心事、揪心事。1988年，领导干部"四下基层"制度是由时任福建宁德地委书记习近平同志大力倡导并躬身力行的，后在深圳市、各区得到了很好的贯彻执行。所以在党的创新理论宣传上，宝安区一是瞄准基层党建中的主要矛盾，特邀国内顶尖党建专家实施有针对性的指导，并从全区范围内精心选拔包括党员领导干部、党校讲师、杰出基层党组织书记及党员代表在内的百人，组建起党员教育的优质讲师队伍，他们利用直播技术，创新性地举办了全市首场党的二十大精神"全息直播"活动；二是全面盘活并高效利用本土红色文化资源，巧妙将党员教育基地与重大项目建设现场融合，精心构筑"一带两翼""薪火相传"的党员教育示范带，并依据地方特色，精心规划了30余条主题"行走路线"，涵盖"红色精神探寻""蓝色科技创新"及"绿色生态体验"等旅程；三是通过开展"行走的思政课堂（党课）"等形式不断创新宣传方式、教育方法，使党的路线、方针、政策以群众喜闻乐见的方式方法深入基层一线，确保党的创新理论真正贴近民生、深入人心。

---

[1]　习近平. 在中央党校建校90周年庆祝大会暨2023年春季学期开学典礼上的讲话[J]. 求是，2023（7）：4-13.

二、用好城市文化资源，讲好新时代的深圳故事

"文化是城市的灵魂。城市历史文化遗存是前人智慧的积淀，是城市内涵、品质、特色的重要标志"[1]。由于深圳作为改革开放经济特区的历史定位，以及被传统观念贴上"试验田""排头兵""移民城市"等标签，人们一度认为深圳是"文化沙漠"。在道路自信、制度自信方面，深圳确实展现出了强大的实力和魅力。然而，在众人看来，论及文化自信，深圳似乎总缺少一些现实条件和文化立场作为支撑。谈及文化自信，习近平总书记将其提高到国家、文化、民族长远发展的高度，"坚定文化自信，是事关国运兴衰、事关文化安全、事关民族精神独立性的大问题"[2]。所以同样，一座城市的文化自信事关城市命运、市民精神状况，在中国式现代化发展进程、城市远景目标的实现中作为一种强大的精神力量起着关键推动作用。事实上，深圳一方面早在 2003 年就确立并计划实施"文化立市"战略，就全市文化体制改革与文化产业发展进行宏观指导，旨在为实现城市不同阶层参与文化创造、享受文化成果的文化权利进行顶层设计；另一方面，得益于快速增长的物质财富经济实力，深圳通过构建集"文化艺术、广播电影电视、新闻出版、版权事业"于一体的综合性大文化管理体系，促进现代文化资源尤其是新时代以来的文化资源获得了跨越式积累。

（一）满足深圳市民基本文化权利

文化的中心是人，文化权利同经济权利、政治权利一样同属人的基本权利，以人精神世界的满足为基本内涵。习近平同志曾深刻指出，"我们的文化是社会主义文化，文化建设的根本目的是满足群众文化需求，实现好人民群众文化权利"[3]。改革开放以来，深圳坚持以市民为中心，不断提高公共文化服务

---

[1] 中共中央宣传部，国家发展和改革委员会. 习近平经济思想学习纲要[M]. 北京：人民出版社，2022：102.
[2] 习近平. 习近平著作选读（第一卷）[M]. 北京：人民出版社，2023：536.
[3] 习近平. 干在实处 走在前列——推进浙江新发展的思考与实践[M]. 北京：中共中央党校出版社，2006：330.

的普惠性、可持续性，从文化设施"硬件"和文化活动"软件"两方面不断更新和完善，满足人们追求精神生活的城市基本条件。一是，在城市公共文化设施建设上，深圳历经"四大文化设施""旧八大文体设施""新八大文体设施""新时代十大文化设施"等几个阶段。其中"新时代十大文化设施"的目标定位为"世界级公共文化地标"，分别为深圳改革开放展览馆、国深博物馆、深圳歌剧院、深圳科技馆（新馆）、深圳音乐学院等已建、在建、筹建的各类机构。二是，不断丰富基层特色文化品牌，旨在通过街区旅游的方式沉淀城市的文化气质。当前深圳正改造提升"十大特色文化街区"，优质打造国际一流城市化地标，包括大芬油画村、甘坑古镇、大浪时尚小镇、观澜版画基地、大鹏所城、南头古城等，这些地标集时尚消费、生活美学、科技创新、文旅休闲、城区营销等特色内容于一体，为市民探索美好生活持续开创城市新空间。可以说，深圳市多元化的基层公共文化设施既高端大气又充满地气，已基本实现"市—区—街道—社区"四级公共文化设施全覆盖。此外，手机"i深圳""开放共享、一键预约"平台、场馆设施互联互通的"都市公共文化服务体系"等普惠型公共文体服务供给，构建了方便深圳全体市民的"十分钟文化圈"。

遵循党中央新时代文化建设方向的科学指导，深圳市文化广电旅游体育局自2016年起开展文化质量指标体系的调研和研究工作，包含人均拥有公共图书馆藏量、公共文化设施人均面积、文化活动安全责任事故率、基层公共文化设施覆盖率、市民满意度等9个观测指标，目的是为深圳市市民的利益服务，满足市民日益增长的文化需求，提高市民的文化满意度，获取市民对城市文化发展的认可度。下表选取总指标和其中5个有代表性的观测分指标逐年进行对比以作参照，可知深圳市近年来在满足市民基本文化权利的工作上持续获得稳步提升。具体来看，当前深圳"每万人拥有公共文化设施面积"这一指标还存在较大进步空间，同时在"市民满意度"上也依然大有可为。

表 5-1　深圳市文化质量指标体系（2016—2022 年）

观测指标	2016 年	2017 年	2018 年	2019 年	2020 年	2021 年	2022 年
文化质量指数		78.24	80.29	84.4	86.07	90.14	91.55
人均拥有公共图书馆藏量	81.81	81.55	81.68	83.10	84.39	89.94	92.65
每万人拥有公共文化设施面积	68.61	67.48	67.75	73.15	79.26	81.32	82.02
文化服务数字化实现率	70.80	75.6	77.2	77.2	76.67	98.12	98.98
基层公共文化设施覆盖率	82	63.33	79.2	85.47	91.12	91.12	93.33
市民满意度		76.06	76.06	86.20	87.21	88.84	88.92

资料来源：依据"文旅中国"[1] 相关报道整理。

（二）增强新时代深圳城市历史文化的吸引力

"我们的城市有许多历史记忆，特别是一些历史悠久的老城区，是最宝贵的东西，不能因为浮躁、无知而破坏掉"[2]，这是习近平总书记对城市历史文化传承的殷殷嘱托。深圳市厚植中华优秀传统文化底蕴，深入挖掘深圳市历史文化资源，1981 年在考古普查中发现的咸头岭遗址，证明了早在六七千年前的新石器时代，原始人类就已踏足深圳这片土地，虽然那时还未出现"深圳"一名，但深圳地区已经有了人类活动的遗存。具有典型代表性的还有商时期文化（公元前 16 世纪—公元前 11 世纪）屋背岭墓葬区、春秋时期文化（公元前 770—公元前 476 年）大梅沙遗址、战国时期（公元前 475—公元前 221 年）叠石山晚期文化等。康熙版《新安县志》中记载："康熙七年（1668 年），新安沿边奉设墩台二十一座……深圳墩台，一座……"，这是古籍中第一次出现"深圳"这一名称。此外，南头古城、大鹏所城和大批客家民居古建筑展示了深圳丰富多彩的岭南文化，大鹏所城"沿海所城，大鹏为最"也是深圳"鹏城"别名的由来，是全国重点文物保护单位；客家围楼以龙岗区"城堡式围楼"的建筑形式最为典型，现存较大型围楼 100 多座，以反映丰富中原文化的

---

[1]　2022年深圳市文化质量指数测评结果发布,市民文化获得感和幸福感继续提升[EB/OL].（2023-09-28）[2024-06-10]. https://news.ccmapp.cn/news/detail?id=5c1b0212-8cf0-475e-97b9-6 998777c2477&categoryname=%E6%9C%80%E6%96%B0%E8%B5%84%E8%AE%AF.

[2]　习近平. 加强文化遗产保护传承 弘扬中华优秀传统文化[J]. 求是，2024（8）：4-13.

儒家思想为主，其中罗氏"鹤湖新居"和曾氏"大万世居"可列为赣闽粤客家围之首。以上这些史料、遗迹、古建筑等均是深圳现存城市历史文化资源的重要组成，具有极高的历史、人文、科学和艺术价值。

另外，深圳曾因其独特的地理位置、历史机缘和社会人文，孕育了本土居民信仰多元化的特色，这一特色融合了广府文化、潮汕文化、客家文化的团结奋进，海洋文化的开放包容，以及西方文化的现代气息。其中，以凤凰古庙、长丰古庵等为代表的佛教建筑，祥溪禅院为代表的道教建筑，南山赤湾天后宫为代表的海洋文化建筑，龙岗布吉李朗教堂、传道书院等多座基督教堂、神学院等，便充当了这一多元文化交融的鲜明例证。如今，它们不仅见证着深圳文化的多样性和包容性，为深圳这座常被标签为"欠缺文化底蕴"的国际化、现代化大都市平添了几分浓厚的中华传统文化底蕴，更有助于未来扭转这单一的刻板印象。

（三）讲好新时代深圳故事，向世界展现可信、可爱、可敬的深圳形象

未来城市竞争更多体现在文化影响力上，"感恩改革开放，回报全国人民"是深圳义不容辞的政治责任，新时代的深圳形象既要立足本土，又要面向世界。"可信、可爱、可敬的中国形象"是习近平总书记对国家形象的塑造与传播工作作出的重要指示，党的二十大报告中"讲好中国故事、传播好中国声音，展现可信、可爱、可敬的中国形象"[1]是深圳故事传播和深圳形象塑造的根本指南。深圳是中国特色社会主义先行示范区，更是社会主义现代化强国建设新征程上的城市范例，其城市形象相当程度上代表着世界了解中国国家形象的典型窗口。

可信，是指值得信赖、值得信任，体现深圳在城市交往中的理性和责任，作为改革开放"窗口"的国家责任与担当。例如，配合国家"一带一路"倡议的"深圳行动"。"深圳借助国家'一带一路'倡议，推动成立企业'走出去'联盟，搭建海外投资风险保障服务平台，建设对外合作园区，已在 38 个共建

---

[1] 习近平. 高举中国特色社会主义伟大旗帜 为全面建设社会主义现代化国家而团结奋斗——在中国共产党第二十次全国代表大会上的报告[N]. 人民日报, 2022-10-26(01).

国家布局 137 个项目，涉及金额逾 420 亿美元，与 52 个沿线城市结为国际友城和友好交流城市"[1]。深圳为此策划制作了大型新闻纪录片《共赢海上丝路》，以"走出去"的深圳企业为蓝本，讲述深圳企业在海上丝路沿线 20 多个国家拓展打拼的故事，有抽象的理念，也有具体的叙事，更蕴含着普通人有血有肉的人生历程，努力为"中国式话语体系"建设提供深圳经验。[2] 又如，在本就学术基础薄弱的人文社会科学文化圈积极打造"深圳学派"，实施"深圳学派"学术成果出版计划，加强市社科院、深圳大学等公共智库建设等，让更多新时代的深圳故事、深圳声音被看见、听见。

可爱，是指讨人喜爱、深受热爱，是对内对外交往中感性与亲和力的集中展示，一张有亲和力的城市名片是展示"可爱"深圳形象的标签。深圳是全国志愿服务事业的发源地之一，创下"组建内地首支志愿者队伍""设立内地首个法人志愿者组织——深圳市义工联""在全国第一个系统化提出建设'志愿者之城'"等多项第一，习近平同志指出，"志愿服务是社会文明进步的重要标志"，"志愿者之城"的定位让深圳的名字充满温度；又如，由深圳市纪委、市监察局和深圳广播电台于 2004 年 8 月 31 日联合打造的《民心桥》热线节目已经连续播出一千多期，该节目坚持以"打造阳光政府，构建和谐社会"为宗旨，以"倾听民声、了解民意、纾解民难"为目的，成为政府与市民群众沟通的"连心桥"。可爱、亲和的城市形象既有助于增进中国这座最大移民城市近 1800 万民众的自信心、归属感，又能在深圳市以经济中心为主的"反差萌"定位中显著增强城市的魅力、吸引力。

可敬，是指值得尊重、受到尊敬，表现交往双方的认同感与认可度。因改革开放而生，因敢闯敢试而兴，因先行示范而强，深圳四十年在城市建设各领域的追赶、并跑、超越、引领，浓缩着一部中国特色社会主义的实践史。从文化建设上看，新时代的深圳，"站在新的历史转折点上，面对'示范'的新使命，深圳文化无疑需要'超越'与'引领'的眼光和努力。这既意味着继承，

[1] 田欢，王为理. 喀什与深圳文化产业合作的前景与路径[J]. 新疆社科论坛, 2016 (05)：17-19.
[2] 李小甘."一带一路"同样是话语体系建设[N]. 人民日报, 2016-08-31 (05).

更意味着创新"[1]。从"文化沙漠"到"文化强市"的历史性转变，深圳用创新创业实践诠释了城市创新发展的无限可能。在这一过程中，深圳秉持一如既往知难而上、不畏难不怕难"走在前沿"的态度，推动文化产业高质量发展。例如，一方面从发展成效上看，深圳文化产业二十年间持续增长，年均增速超15%，从2004年的163亿元跃升至2023年的2750亿元，占全市GDP比重也从4%左右提升至8%左右。如今，深圳已拥有超10万家优秀文化企业，从业人员超过100万人；文化产业集聚效应愈发明显，80个市级以上文化产业园区汇聚了超1万家企业，提供近20万个就业岗位，年税收贡献超150亿元。同时，政策体系不断完善，更设立了文化产业发展专项资金，为产业繁荣注入强劲动力。另一方面在策略行动上，深圳持续构建规模化、系列化、多层次的文体活动体系，提升深圳读书月、文博会艺术节、交响音乐季、"一带一路"国际音乐季、中国国际新媒体短片节、深圳动漫节、深圳马拉松、WTA年终总决赛、中国杯帆船赛等文化活动和体育赛事的影响力；打造钢琴之城、图书馆之城、设计之都、全球全民阅读典范城市等文化名片，努力以高质量文化供给增强市民群众的文化获得感、幸福感。

三、开辟新时代深圳文化发展新赛道

（一）面向现代化、面向世界、面向未来的文化领域与合作

党的二十大报告指出，要"增强中华文明传播力影响力""不断提升国家文化软实力和中华文化影响力""推动中华文化更好走向世界"。深圳市落实在执行层面，是推动文化建设进入一个新发展阶段，结合《意见》中"区域文化中心城市""彰显国家文化软实力的现代文明之城"[2]等表述，意味着深圳未来的文化建设在传承既有40多年文化成就的基础上，又要有辐射粤港澳、影响

[1] 毛少莹. 深圳文化四十年回眸[M]//王为理. 深圳文化发展报告（2020）. 北京：社会科学文献出版社，2020：35.

[2] 本书编委会. 中共中央　国务院关于支持深圳建设中国特色社会主义先行示范区的意见[M]. 北京：人民出版社，2019：8.

全中国、走向全世界的使命与担当。在具体的发展定位上，2035 年深圳建成具有全球影响力的创新创业创意之都的阶段性目标，是本市数字文化产业、创新文化产业的大力发展，以及粤港澳数字创意产业的合作。

所以就如何找到"发展面向现代化、面向世界、面向未来的，民族的科学的大众的社会主义文化，激发全民族文化创新创造活力，增强实现中华民族伟大复兴的精神力量"[1]的现实抓手，深圳的回答是，以数字创意产业为核心，大力推进"文化＋科技"融合发展。例如，龙岗数字创意产业走廊是深圳打造的我国文化产业的"国家队"新军，串联全区 9 个街道的 30 多家文化科技类园区；是落实我国文化产业"带状发展""数字化发展"两大国家文化战略的"国字号"品牌，走廊横贯龙岗区东西部，全长 46 公里，面积 32 平方公里，拥有华为、兆驰、康冠等文化企业超 1.2 万家，形成了以数字硬件产业主导，影视动漫、游戏电竞、网络视听、数字设计产业协同发展的"1+4"产业布局；是全国首个数字创意全产业链集聚区、粤港澳大湾区首个文化产业带。2023 年巨量认证数字营销实训实践基地重点项目正式签约落户产业走廊，进一步带动数据驱动、平台支撑、品牌营销、直播电商的特色电商产业升级，助力深圳乃至整个华南地区的企业数字化转型和产业发展。又如，为引导和团结相关企业开展交流、合作，深圳市 2016 年成立了数字创意与多媒体行业协会，协会以"国际视野，创新驱动，合作共赢"为宗旨，致力于整合和完善产业链，为行业提供政策解读、人才培养、标准制定、跨界合作等服务，旨在推动深圳数字创意与多媒体产业链健康发展。

事实上，深圳 95% 的移民人口结构，结合 20 世纪市场经济体制建立、改革进程的影响，深圳人普遍形成了一种自由竞争、敢闯敢试、开放拼搏、开拓创新的观念和意识，加上外向型、开放型、科技型为主的城市经济结构，面向现代化、面向世界、面向未来的合作就必然成为城市文化发展领域映射在文化产品、文化产业上的一种顺其自然的结果。

---

[1] 习近平. 高举中国特色社会主义伟大旗帜 为全面建设社会主义现代化国家而团结奋斗——在中国共产党第二十次全国代表大会上的报告[N]. 人民日报，2022-10-26(01).

（二）中国城市文化发展的深圳样本

进入新时代，深圳在文化发展领域"强弱项""补短板"，构建了公共文化服务和文化市场相互促进、相互影响的互补格局，前者目的在于满足市民群众基本文化生活需求，充分体现市民文化权利获取的公平性、基本性、均等性、便利性和公益性；后者对超出基本公共文化服务范围的文化需求，尤其是给丰富性、多样性的文化品类搭建灵活、开放的交易平台，为激发人们文化创造、文化创新、文化消费的积极性开辟了供给与需求新空间。

1.建立健全基于"治理""善治"理念的公共文化服务关键性制度安排，深化文化体制改革，在文化政策、法规的制定上积极推进社会力量、民间资本参与本市公共文化服务

例如，深圳博物馆的发展事业异军突起，民间博物馆占比达69%，远高于全国30%的平均水平，就源于"藏艺于民"文化观念的创造性实践和文化体制改革成效的共同作用；"博物馆之城"的城市标签下，诞生了深圳望野博物馆、金石艺术博物馆、艺之卉百年时尚博物馆、梵亚艺术博物馆、龙岗邮票专题博物馆、和畅园博物馆等一批代表国内高水平策展、高质量研究的民间博物馆。正如习近平总书记所指，"一个博物馆就是一所大学校""博物馆建设要注重特色"[1]，博物馆事业在深圳文化事业中的率先突围，既得益于经济特区多年所积淀的市场特色、文化特色、人文特色等多元环境的综合作用，又在于深圳适时精准把脉全市人民群众的精神文化生活需求，充分激发与释放细分市场各方力量的积极结果。

2.深圳的文化产业从起步开始就面向世界，紧跟时代，注重学习借鉴国外文化产业的相关经验，对全国乃至世界文化资源进行系统整合

例如20世纪80年代末和90年代初华侨城集团推出的两大主题公园"锦绣中华""中国民俗文化村"就是受到荷兰"小人国"和美国迪士尼乐园的启发。新时代以来文化产业的加速发展，得益于高科技产业发展优势，诞生了以"文化＋科技"为发展模式的典型高科技文化企业，如"腾讯""华强

---

[1] 中共中央文献研究室.习近平关于社会主义文化建设论述摘编[M].北京:中央文献出版社,2017:193.

方特动漫""环球数码""创梦天地"等，但这些企业在进行文化资源的创造性开发时坚持走以内容民族化、形式国际化为特征的文化产业本土化发展道路。又如，方特动漫将弘扬和传播社会主义核心价值观作为首要任务和创作宗旨，创新讲述中国故事，原创出品了 30 余部题材多样、主题鲜明、深入人心的动画精品；作品被译制成英、俄、法、德、意、西、葡等百余种语种，出口超 40 万分钟，发行覆盖 130 多个国家，先后荣获中宣部"五个一工程"奖、中国文化艺术政府奖、国家广电总局优秀国产动画片、中国电影金鸡奖、国家重点动漫产品、国家文化出口重点项目等重磅奖项，备受法国戛纳电视"Kids'Jury"（儿童评审团）大奖、法国昂西电影节水晶奖、亚洲电视节 ATA 最佳 3D 动画奖等众多国际大奖青睐。

第二节　铸造城市精神品格

"一个民族需要有民族精神，一个城市同样需要有城市精神。城市精神彰显着一个城市的特色风貌。要结合自己的历史传承、区域文化、时代要求，打造自己的城市精神，对外树立形象，对内凝聚人心"[1]，可见城市发展不能仅局限于建筑体量、经济总量、产业集聚等肉眼可见的利益，更应该从影响城市长远发展的内在关键着手塑造城市的不可见价值。综合而言，一座城市的精神品格是城市整体素质包括政治、经济、文化、社会等表现在精神领域的集中呈现，彰显城市气质、城市内涵、城市灵魂，也是有别于其他城市的独特标识。深圳这一中国深化改革的前沿城市，对外开放的窗口城市，其城市精神品格是构成民族精神和中国精神的重要内容，是改革开放以来中国共产党带领全国人民在中国特色社会主义现代化城市建设、发展、创新的伟大实践中铸造的。总体来看，"改革之城""创新之城""先锋之城"是对深圳城市精神品格的抽象凝练，展现了深圳市面向未来、面向世界、面向中国式现代化建设时的积极主动性、创新创造力。

---

[1]　习近平. 论坚持全面深化改革[M]. 北京：中央文献出版社，2018：230.

一、深圳的精神品格以特区精神为引领

如果说改革开放精神是中国精神在我国社会主义现代化建设进程中的具体体现，那么特区精神便是改革开放精神的逻辑起点。五个特区自成立以来，大胆创新，勇于扛起历史责任，孕育了"敢闯敢试、敢为人先、埋头苦干"的特区精神，成为中国共产党人精神谱系的重要组成部分。2020年习近平总书记在深圳经济特区建立40周年庆祝大会上指出，要"继续发扬敢闯敢试、敢为人先、埋头苦干的特区精神，激励干部群众勇当新时代的'拓荒牛'"。在党中央的坚强领导下，深圳的精神品格正以特区精神为引领，激励了一批又一批特区建设者拼搏奋斗，大胆创新。

（一）经济特区"两手抓，两手都要硬"的方针

20世纪80年代，党中央和国务院在决定兴办经济特区时，不仅要求特区探索出一条物质文明建设的道路，还要探索出一条有中国特色的社会主义精神文明建设的道路，决不能以削弱甚至牺牲精神文明建设为代价求得经济的一时发展。全面改革和对外开放给人们思想意识和精神状态带来的深刻变化，对精神文明建设提出了更高要求，尤其在经济特区，所以中央强调我国社会主义精神文明建设"三个必须"的基本指导方针，"必须是推动社会主义现代化建设的精神文明建设，必须是促进全面改革和实行对外开放的精神文明建设，必须是坚持四项基本原则的精神文明建设"[1]。为此，深圳市委、市政府早期在这一总方针的指引下，通过兴建文化设施、培养文化队伍、兴办文化企业等为有深圳特色的精神文明持续发展奠定了良好的物质基础和组织基础，并于20世纪80年代改革开放的创新实践中培植、发扬和完善了最初的从"开拓、创新、献身"到"开拓、创新、团结、奉献"的特区精神，而后是随时代需要不断发展的深圳精神。

作为社会主义国家的经济特区，深圳不仅要有高度现代化的物质文明，也

---

[1]　中共中央关于社会主义精神文明建设指导方针的决议[M]. 北京：人民出版社，1986：4.

要有高度现代化的精神文明，更要在弘扬社会主义精神文明建设方面起到全国示范力量的作用，这也是深圳特区精神内涵之特殊性、重要性的典型表现。20世纪80年代深圳在商品经济、港台文化、西方英美文化的冲击下，始终坚持"社会主义"的正确方向，发挥社会主义制度的优越性，发展自己、联合内地、动员群众，用社会主义的文化艺术、道德风尚对内反腐蚀，对外作示范。通过发展社会主义教育事业、壮大科技队伍，大力宣传、学习、贯彻党的十一届三中全会以来的路线方针政策，在党员和干部中进行反对资本主义思想腐蚀的教育，一手抓开放政策的实施，一手抓打击经济领域和其他领域的犯罪活动，始终将党风、民风和社会风气的培育置于和经济建设同等重要的位置。例如，深圳从1985年起先后制定了"八五""九五""十五"等精神文明建设规划，明确特区社会主义精神文明的目标、任务和措施。又如，对于20世纪90年代出现的唯科学主义思潮，"重科技现代化，轻观念现代化""重科学，轻人文"等伴随城市高科技产业逐渐繁荣滋生的不良倾向，深圳尤其注重市场经济伦理和思想观念新体系研究，充分利用高科技手段加强特区移民和移民新生代的思想文化教育，形成符合特区现代化实践特征的新思想、新观念、新道德和新风尚。

党的十八大以来，习近平总书记多次对我国的精神文明建设工作作出重要指示，"要坚持两手抓、两手硬，促进物质文明和精神文明相互协调、相互促进"[1]。关于经济特区的精神文明建设，习近平总书记更寄予殷切期望，他在深圳经济特区建立40周年庆祝大会上强调，深圳要坚持"两手抓、两手都要硬"，交出物质文明建设和精神文明建设上的优异答卷，尤其要继续发扬"敢闯敢试、敢为人先、埋头苦干"的特区精神，激励干部群众勇当新时代的"拓荒牛"。由此可见，深圳特区精神的主要内涵诚然会随着时代的变迁、特区建设的需要而有所改进，但作为深圳城市发展的精神起源，其朴素积极、正面向上的价值理念却影响了一代又一代奔赴于此的人们，是深圳市宝贵的精神财富。

---

[1] 习近平.中国式现代化是强国建设、民族复兴的康庄大道[J].求是，2023（16）：4-8.

（二）深圳"拓荒牛"精神的现实力量

位于深圳市委大院门前的青铜雕塑"拓荒牛"，不仅代表深圳在国家改革开放进程中的开拓、创业形象，也是深圳城市化、现代化进程中无数个来深工作、奋斗的创业者们的精神剪影。拓，意指开辟，开垦；拓荒，即开垦、改造荒原、荒坡等荒芜之地，这也就意味着一切从零开始、从头开始。始于 20 世纪 80 年代初的拓荒牛精神是深圳城市精神的精髓，代表着深圳特区建设初期从全国各地奔赴而至的人们在极端艰苦环境下向困难挑战的意志、决心和能力。例如，从中央军委获批的两万部队转业的基建工程兵，他们转业来深圳后挑战自身原有国防工程基建模式、挑战市场经济自负盈亏企业模式、挑战初期艰苦生活条件、挑战深入各行各业继续发光发热，展示了不畏艰难、挑战不可能、敢于打恶仗硬仗、开拓进取、无私奉献的优秀品质，这些品质构成"拓荒牛精神"的重要组成部分。实际上不仅在改革开放初期，在深圳四十多年的建设历程中，在城市发展各个阶段、各个领域，拓荒牛精神早已内化为特区人向前向上的蓬勃驱动力，是人们将个人奋斗史融入城市发展史，和城市同频共振、并肩成长的精神港湾。例如，"互联网 +"行动的探索者、"改革先锋"称号获得者腾讯公司董事会主席兼首席执行官马化腾 2018 年曾在央视《对话》节目中坦言，"'敢闯敢试、敢为人先、艰苦奋斗'，深圳的拓荒牛精神给了我憧憬与力量，腾讯受益于改革，也助力改革。互联网正在成为中国经济发展的新动能，也成为文化发展的软实力。作为网络强国的建设者，我们积极响应数字中国战略，致力成为各行各业的数字化助手。我们有信心和决心，在信息革命的浪潮中奋勇搏击，在全球竞争中力争前列"。

二、深入挖掘和弘扬湾区人文精神

粤港澳大湾区包括香港、澳门，以及深圳、广州、东莞、惠州、中山、珠海、佛山、肇庆、江门等珠三角内地九市，它的国家定位，是一个充满活力、具有全球影响力的集科技创新、制度创新、"一带一路"建设重要支撑、内地与港澳深度合作、宜居宜业宜游等多功能于一体的世界级一流湾区，尤其是国际文化交往中心的文化定位，不仅为大湾区各市促进多元文化交流融合提供了方向指引，还给"一国两制"背景下不同文化间对话、碰撞、融合提供了极佳的试验场。近代以来，粤港澳大湾区涌现出一大批影响深远的人文与科技巨擘，书写了中国近现代史上无数个"第一"，如戊戌维新运动思想领袖康有为、梁启超，中国铁路之父詹天佑，中国飞机制造之父冯如，中国电影之父郑正秋，功夫巨星李小龙等。这无数个"第一"，有如照亮后人前行的灯塔，在今天湾区的现代化实践中不断指引、形塑着湾区人共同的精神世界。在这一城市群协同发展的空间体系布局中，深圳要发挥全国性经济中心城市、国家创新型城市的核心引领作用，地缘优势的桥梁作用，在中国式现代化实践中深入挖掘并刻画大湾区的精神联系，为塑造未来湾区人文精神的价值内涵贡献深圳力量。

（一）共建人文湾区，根植于共同的文化价值认同

共建，意指将粤港澳三地的居民视为湾区共同的建设主体，在文化实践中共同塑造和丰富湾区人文精神内涵。粤港澳地域相近、山水相连、文化同源、南音皆通、文脉相亲，有以粤剧、龙舟、武术、醒狮等为代表的彰显独特非遗文化魅力的岭南文化。深圳毗邻香港背靠内陆，是中西方多元文化交流的桥梁和走廊，历史上也必然存在三地居民共同的文化记忆，是新时代共同文化价值认同的重要基础。例如，位于深圳龙华区的观澜古墟的兴衰展现了明清鼎革之际客家举族迁入广州"一口通商"，清末民初国门初开之时华侨返乡经商等中国近现代开放历程，被称为"深圳近代民俗文化第一街"。在广东省 2021 年粤港澳大湾区文化遗产游径的评选活动中，深圳观澜古墟商埠游径成功入选且是全市唯一上榜的，这一典型岭南商业墟市的代表，承载着深圳和大湾区不可替代的近现代历史人文价值，同时也为大湾区潜在历史文化旅游资源的发现、保护、开发和利用，提供了生动的深圳实例。为助力粤港澳大湾区"共建人文湾区"的新使命，联合开展跨界重大文化遗产保护，深圳市 2021 年整合原文物考古鉴定所和原非遗保护中心，成立了文化遗产保护中心，推动考古、地上文物的保护利用、文物鉴定、非遗保护传承等融合发展，不断提升深圳市文化遗产保护的影响力和辐射力。

（二）品牌人文交流活动，促进民心相通

粤港澳大湾区文化交融荟萃，以岭南文化为底色，渗透南越文化、广府文化、中原文化，同时融合西方文化、红色文化等，呈现出多元一体的文化格局。深圳为人文湾区建设探索新路，对这些传统文化进行创造性活化利用、创新性开发运用，让文化产业发展向"心"而行、向"新"而行。例如，打造文艺精品舞剧《咏春》，该舞剧连接传统与现代，以两项国家级非物质文化遗产"咏春拳""香云纱"为题材与展现形式，将满满的深圳元素融入新创舞台剧中，推动这两个非遗项目的创造性转化、创新性发展，"鲁迅先生说，要改造国人的精神世界，首推文艺。举精神之旗、立精神支柱、建精神家园，都离不开文艺"[1]。作为"深圳出品"文艺大 IP 的精品原创，《咏春》以"扶弱小以武辅仁"的尚武崇德精神凝聚人心，塑造了以广东武学宗师为代表的"中国英雄"的形象，以武融舞的舞台艺术表现形式极力展现了岭南文化艺术的中式传统美学；[2]同时，紧扣新时代主旋律，将内地与香港一衣带水的同袍情深"老故事新表达"，用以致敬大湾区人在为美好生活打拼中所呈现的一以贯之的创造精神、奋斗精神、团结精神和梦想精神。作为以艺术为纽带升展的一项人文交流品牌活动，自 2022 年首场演出以来，深圳舞剧《咏春》现已先后在国内外上百座城市上演近 200 场，其中包括国家大剧院、龙年春晚等国家级剧场，首度出海新加坡实现票房口碑双丰收；更在 2024 年深圳第 20 届文博会上吸引了俄罗斯美术家协会、英国爱丁堡商会、西班牙贸易协会等多国代表团驻足观赏、交流，也开启了 2024 年俄罗斯、英国、法国、西班牙等欧洲国家的巡演旅程。品牌文艺精品出圈的背后，是深圳对 2019 年以来每一次粤港澳大湾区文化艺术平台重要机会的科学把握，并注重发挥"文化＋科技"的本土优势，大力弘扬深圳具有科技特色的文化传承与创新发展。事实上，在更深一层次的实现生产力转化的效用机制上，深圳初步探索出了一条具有示范意义的舞台艺术精品创作生产路子，即舞台艺术精品项目扶持与孵化机制与基于市场的现代舞台艺术创作生产机制，可概括为"政府推动＋市场运作（剧院运营＋剧团＋外脑）"模式。

---

[1] 习近平. 在文艺工作座谈会上的讲话[M]. 北京：人民出版社，2015：6.

[2] 南方日报评论员. 以精品力作展现广东文艺新气象[N]. 南方日报，2023-08-22（A04）.

（三）共享人文湾区发展新机遇，促进人员全方位沟通交流

粤港澳大湾区是我国城镇化率最高的地区，整体上已超过85%，湾区内多数城市的城镇化率已超过90%，在基础设施的"硬联通"上，湾区内跨江跨海通道、地铁、城际铁路、高铁和高速公路等交通网络使得城市之间的地理界限正逐渐消失。与此同时，珠三角九市产业发展各有优势，在粤港澳各项合作中能实现优势互补、各展所长，为大湾区人才、金融等"软联通"政策的实施落地筑牢了物质基础和社会条件。

新时代的人文湾区是数字湾区、机遇湾区，香港、澳门与珠三角九市文化同源、人缘相亲、民俗相近、优势互补，合作基础良好，三地居民在共同参与湾区建设、共享发展机遇中为塑造和弘扬湾区人文精神创造现实基础和条件。据此，深圳市结合自身既有优势在政策设计上多管齐下，同时部署了以"项目"为标的和以"人"为标的的政策集成措施，推动同香港、澳门之间的人员合作往来。例如推动实施为进一步支持深圳市高校、科研机构、企业与香港、澳门的高校和科研机构开展科技合作，促进科研资金便利流动的《深港澳科技计划项目》《河套深港科技创新合作区深圳园区科研及创新创业若干支持措施》，切实拓展港澳青年就业创业空间的《加强港澳青年创新创业基地建设工作方案》，又如《〈关于支持港澳青年在前海发展的若干措施〉实施细则》《关于进一步便利港澳居民在深发展的若干措施》等。这些措施从住房、口岸便利、子女教育、医疗、社会保险等生活保障，到完善港澳青年发展平台、创新创业资金支持、港澳青年发展服务体系等全方面、全领域、全方位覆盖，旨在进一步便利港澳居民特别是港澳青年在深圳学习、就业、创业、生活的政策措施，目的是瞄准交流与合作背后的"人"这一关键要素，加强同港澳各层次人才的密切交往、沟通与合作，全面提升港澳青年的国家认同感、文化归属感、生活幸福感。

三、深圳精神的新时代践行

改革开放以来，"深圳精神"的主要内容历经多次提炼和概括，从1987年"开拓、创新、献身"，1990年"开拓、创新、团结、奉献"，到2002年"开

拓创新、诚信守法、务实高效、团结奉献"，再到 2020 年"敢闯敢试、开放包容、务实尚法、追求卓越"，始终如一立足时代、映射时代、引领时代，并随着时代进步而协同发展，构建了深圳人共同的精神家园，是深圳坚持创新发展的精神力量，也是深圳践行城市外交理念、展示城市形象的精神依据。

（一）敢闯敢试，融合了"杀出一条血路""敢于第一个吃螃蟹""敢为天下先""敢于啃硬骨头、敢于涉险滩""摸着石头过河"等一系列在经济特区的创新实践进程中铸就的最重要的优秀精神品质

"敢想敢试"既是对深圳过去四十多年作为中国特色社会主义道路探路先锋的精准概括，又是深圳未来在开拓创新、示范引领中建设中国式现代化城市样本的坚韧追求。关于新时代的"敢闯敢试"，习近平同志强调，"我们要学习邓小平同志敢于开拓创新的政治勇气……把开拓创新作为一种常态，不断用发展着的马克思主义指导新的实践，又从实践中作出新的理论概括，敢破敢立、敢闯敢试，义无反顾把改革开放不断向前推进"[1]，这是我们践行新时代"敢闯敢试"的力量源泉。例如，由习近平总书记亲自决策、亲手缔造的深圳"前海深港现代服务业合作区"重大合作平台就是新时代深圳敢闯敢试的优异答卷，其全面深化改革创新试验平台、建设高水平对外开放门户枢纽两大战略定位，推动前海实现了跨越式发展；作为改革创新"试验区"、深港合作的"桥头堡"，前海目前累计推出制度创新成果 765 项，其中 76 项在全国复制推广。除此之外，深圳光明科学城、深港科技创新合作区、西丽湖国际科教城等国家级重大平台是深圳市科学把脉自身发展短板、勇闯科技创新"无人区"的先行先试和重大决策，诠释了新时代深圳"敢闯""善闯"的价值新内涵。当然，敢闯敢试的精神内核，始终在深圳各行业的创新实践中生动演绎。无数深圳人和社会组织以"闯"为桨、以"试"为帆，在创新创业的浪潮中愈战愈勇，正是他们用汗水与智慧谱写出鲜活的时代篇章，共同绘就了闪耀"敢闯敢试"精神光芒的壮丽奋斗长卷。

---

[1] 习近平. 在纪念邓小平同志诞辰110周年座谈会上的讲话[M]. 北京: 人民出版社, 2014: 17.

（二）开放包容，是指城市拥有海纳百川、兼容并蓄的胸襟和心态，是改革开放伊始就已深深植入城市基因的特定精神底色

作为深圳精神的特定内容，"开放"具体彰显在经济、政治、文化、社会等城市建设的各个方面，例如外向型经济发展模式、常态化体制机制创新、中西方多元融合的文化等；"包容"则体现为一座年轻移民城市对全国乃至全世界创业者、劳动者、建设者的慷慨接纳，对不走寻常路、颠覆传统、打破常规的理解与支持，例如"来了就是深圳人""鼓励创新，宽容失败"等深圳市民耳熟能详的城市观念。从面向世界的文化视角来看，"开放包容"并非简单的多元文化共存，而是各种文化相互学习、相互交流乃至相互吸收、相互交融的过程。[1] 这样一种城市精神底色，既继承了中华民族优秀传统文化"百花齐放、百家争鸣"的意境，又增添了当前全球化浪潮中深圳与世界高水平城市、区域、项目等零距离衔接的强大信心。例如，为全面提升深圳城市国际化、对外开放水平，深圳市于 2019 年就率先提出建设和打造"国际化社区""国际化街区"的路径探索，并于 2023 年启动第二批国际化街区以及"国际交流合作示范点"项目，其中南山区招商街道获评"国际化特色示范街区"，粤海街道在国际人才储备、国际人才队伍建设方面形成了打造国际化街区的"粤海版本"。2021 年，"国际化街区建设"被国家发改委纳入"深圳 47 条创新举措和经验做法"清单，并在全国范围内进行大力推广，此举正是通过创新基层涉外服务模式、在各项中外文化交流活动中塑造深圳"国际化大家庭"形象，用生动实践以点带面形成辐射，最大限度凝聚起中外深圳市民开放包容的精神共识。

（三）务实尚法，是注重实践和崇尚法治的有机结合，不争论不空谈，将"空谈误国，实干兴邦""实践检验真理""依法治市、依法办事"等内化为城市最为显著的精神气质

一方面历史地看，深圳是在务实的埋头苦干中开始了社会主义市场经济

---

[1] 王京生. 我们需要什么样的文化繁荣[N]. 人民日报海外版，2015-03-11（07）.

体制的探索，又是在尚法的法治精神下更好地发展了社会主义市场经济；另一方面从二者相互关系上看，务实是尚法的基础和前提，尚法是务实的动力和保障。基于特区建设务实的立法需求，深圳市在分别获取 1992 年"特区立法权"、2000 年"较大市立法权"后，创造性吸收国外市场经济立法成功经验大胆进行先行先试，率先制定了我国第一批公司条例、政府采购条例、律师条例、物业管理条例、改革创新促进条例、国家自主创新示范区条例、质量条例、知识产权保护条例等多个"无人区"领域的立法举措及相关配套条例，始终遵循"真抓实干"、摒弃"照搬照抄"、根据深圳实际出发不断修正立法的方向和内容。所以，从"有法可依"到"良法可依"再到"善法可为"，深圳在不断提高城市法治化水平进程中同时提升其国际化水平和城市自主创新能力，是党中央赋予其"法治先行示范城市""新时代中国特色社会主义法治城市典范"国家级新期待的现实依据。"深圳有着良好的法治化、市场化环境，为华为的成长提供了良好的支撑。"华为创始人任正非的一席话道出了多数深圳企业家的共同心声。可见，务实尚法不仅仅是深圳人内在的精神力量，还可转化为外在强大的制度力量和物质力量。

（四）追求卓越，是一种思维和行为惯性，表达着深圳对标国际一流城市的高度自觉，对自身发展道路、发展方向、发展理念的高度自信，用"深圳经验""深圳智慧"高高举起新时代中国特色社会主义城市发展的精神旗帜

在《意见》中，处处可见深圳市在未来城市建设各方面的全面"卓越"之心、"率先"之行，其中"先行示范""全球标杆"等作为中国城市优等生的自然表述，既是深圳市一如往昔输出强烈学习意愿和强大学习能力的新时代表现，又是拓荒牛精神在城市新发展阶段的时代性反映和创新性表达。事实上，深圳发展模式的屡次转型就是这种"追求卓越"超前思维的历史体现，在从"政策型""功能型"到"创新型""示范型"一再转变的发展历程中，深圳每次都能做到立足本土、放眼世界，主动对标世界最高标准、最高水平，在调整战略策略、缩小差异差距中将深圳制造、深圳速度、深圳产品转变为深圳创造、深圳质量、深圳品牌。例如，瞄准被习近平总书记喻为"阿喀琉斯之踵"

的我国创新能力不强的关键问题，深圳精准发力"源头创新"，以"追求卓越"的精神担负起为国探路的重任，一是明确七大战略性新兴产业中的重点产业集群与关键核心技术，集中创新资源开展技术攻关；二是对八大未来产业进行细分和超前部署，分级分类开展关键核心技术、前沿引领技术与颠覆性技术研究或基础研究与应用基础研究。深圳市委原书记王伟中曾指出，"深圳不能只当单项冠军、必须多领域全方位先行示范，不能满足于某一阶段领先，而要全过程领跑"，这一表述实际上是深圳科学把握城市创新规律、补齐自身原始创新短板，在新时代走在前列、勇当尖兵"追求卓越"城市精神的创造性表达。

第三节　缔造城市文明典范

"城市文明典范"是深圳建设中国特色社会主义先行示范区的五大战略定位之一，在《意见》中是这样设定的：践行社会主义核心价值观，构建高水平的公共文化服务体系和现代文化产业体系，成为新时代举旗帜、聚民心、育新人、兴文化、展形象的引领者；同时，第一阶段的实施方案《深圳市建设中国特色社会主义先行示范区的行动方案（2019—2025 年）》为这一阶段如何开展具体工作制定了全面系统共 127 项具体明细的"任务书"，其中有 14 条专门从文化不同层面构建了深圳市塑造现代城市文明的"施工图"。二者虚实结合，旨在将一张张蓝图愿景转化为一桩桩生动实例，二者均着重强调深圳的现代城市文明是以展现社会主义文化繁荣兴盛为标识的，可见一方面将社会主义核心价值观作为城市文明的底色本就是题中应有之义，而深圳要以社会主义文化繁荣兴盛为价值尺度为现代城市文明建设谋定方向、谋篇布局；另一方面深圳要积极打造展示中华民族现代文明的重要窗口，用新时代的新文化实践摆脱一直以来中国改革开放窗口、科技窗口、高新技术产业窗口等单一、僵化的城市形象。

文明同文化、精神之间的关系密不可分：精神同文化之间相互影响、相互促进，二者共同推动文明的形成和发展。拿深圳来说，一方面，培育和发扬深圳精神有赖于深圳文化事业的发展和深圳市民文化素质的提高；另一方面，深圳精神的培育和发扬，必然会大大促进深圳文化事业的健康发展和市民文化素质的更大提升，二者在辩证的、历史的矛盾运动中积淀城市文明、发展和传播城市文明。深入推进中国式现代化，必然要有现代文明、现代文化作为其精神支撑。鉴于文明与精神、文化间的辩证关系，本节所涉部分内容在本章第一、第二节均有详细阐释，重复之处本节不再赘述。

一、以社会主义核心价值观为城市现代文明铸魂

社会主义核心价值观是社会主义先进文化的精髓，"核心价值观，承载着一个民族、一个国家的精神追求，体现着一个社会评判是非曲直的价值标准"[1]。习近平总书记这样阐释我国文化发展的逻辑进路，"要坚持马克思主义在意识形态领域的指导地位，坚守中华文化立场，坚持以社会主义核心价值观引领文化建设，紧紧围绕举旗帜、聚民心、育新人、兴文化、展形象的使命任务，加强社会主义精神文明建设，繁荣发展文化事业和文化产业，不断提高国家文化软实力，增强中华文化影响力，发挥文化引领风尚、教育人民、服务社会、推动发展的作用"[2]。党的十八大以来，在党中央关于社会主义核心价值观建设的科学逻辑和重大举措的战略引领下，深圳举全市之力推进特区社会主义核心价值观建设，为整座城市的文化建设、精神文明建设凝魂聚气、强基固本。

（一）加强宣传教育，凝聚城市核心价值观共识

鉴于宣传工作和教育引导兼具普及性与基础性，深圳市在推进实施进程中采用多措并举、突出重点的方式方法，将社会主义核心价值观的主要内容以润物无声的形式在全市开展广泛宣传和重点教育。例如，2017 年龙岗区全面部署"社会主义核心价值观十大行动"，创新探索"互联网＋社会主义核心价值

---

[1] 习近平. 青年要自觉践行社会主义核心价值观——在北京大学师生座谈会上的讲话[M]. 北京: 人民出版社, 2014: 4.
[2] 习近平. 在教育文化卫生体育领域专家代表座谈会上的讲话[N]. 人民日报, 2020-09-23（02）.

观""社团＋社会主义核心价值观"的宣传传播新模式，开展社会主义核心价值观主题实践活动、文明美德宣传活动，以扩大宣传教育覆盖面，做到各级联动、齐抓共管、全民参与；同时重点加强主题公园、示范街道和示范社区等社会主义核心价值观示范点建设，打造"一街道一特色，一社区一品牌"核心价值观宣传精品，其中南湾街道于全国首创的"社会主义核心价值观服务日"活动，将社会主义核心价值观理念植入广大群众心里，使其深刻理解核心价值观的丰富内涵，真正内化于心，外化于行。又如，深圳市在城市铸魂工作中紧抓学校意识形态重点阵地的作用，一是由领导干部率先垂范成为践行社会主义核心价值观的先行者，以身示范青少年社会主义核心价值观的培养工作，引导广大青少年系好人生第一粒扣子；二是加强学校思想政治工作，深入推进家庭、学校、政府、社会"四位一体"协同育人机制的高标准高质量建设，确保思想政治工作全面融入教育教学各环节，促进大中小学思想政治教育体系的有机衔接，为培养一代又一代社会主义建设者和接班人奠定坚实基础。再如，新时代深圳积极弘扬伟大建党精神，加大红色文化的挖掘、宣传、研究及传播力度，充分利用全市 35 个"四史"学习教育实践基地，持续开展党史、新中国史、改革开放史、社会主义发展史的全民教育活动，引导市民深入了解党的历史、增强爱党爱国情感，不断巩固和深化对中国特色社会主义共同理想的崇高信念。在新时代新征程上，深圳正勇立潮头，汇聚起强大的精神动力和坚定的实际行动，为中国式现代化建设走在前列、勇当尖兵贡献先锋力量。

（二）秉持实践养成，奠定市民文明素养提升的法治前提

思想引领，实干为要，习近平总书记对群众性精神文明实践活动作出如下重要指示，要"不断提升人民文明素养和社会文明程度"[1]"要加强诚信建设，倡导遵纪守法、诚实守信的社会风尚"[2]，可见社会主义核心价值观的生命力和引领力在于实践，在于每一位国民的孜孜体认和不懈躬行。深圳市统筹规划、

---

[1] 习近平. 在深圳经济特区建立40周年庆祝大会上的讲话[M]. 北京：人民出版社，2020：14.
[2] 解放思想 开拓创新 团结奋斗 攻坚克难 加快建设具有世界影响力的中国特色自由贸易港[N]. 人民日报，2022-04-14（01）.

重点部署，以法治助推文明实践，例如，我国国内首部文明行为促进条例《深圳经济特区文明行为促进条例》在党的十八大之后第一时间表决通过，于 2013 年 3 月 1 日起正式实施，除过去我国文明城市创建工作依赖单一行政和政策手段之外，又开创了一种全新的法治手段，《条例》中不仅有对各类不文明违法行为进行处罚的规定，更包含对各类文明行为的保护、鼓励和促进方面系统明确的规定，从而使见义勇为、扶弱济困等传统美德和风尚受到保护、鼓励和弘扬，将政府各单位、全社会成员一体纳入的 16 项制度设计填补了我国国内立法的空白。又如，深圳市文明委制定实施《深圳市加强新时代公民道德建设实施方案》，推进社会公德、职业道德、家庭美德、个人品德建设；出台《深圳市民文明素养提升行动纲要（2021—2025 年）》，深化修心、养德、守法、尚智、崇文、健体六大行动。此外，在科学把握知识经济时代、学习型社会典型特征的基础上，深圳市发布并实施《深圳经济特区全民阅读促进条例》，以保障全体市民的阅读权利，提高市民文明素养；其中，后者的立法宗旨和目的将作为文化权利范围之一的阅读权利写入法律条文给予充分保障，既是贯彻落实中央全面依法治国决定的具体体现，同时也表明经济特区的先行先试的示范探索。当前深圳正逐步构建一个从法律保障、规划引领到具体实施的全链条阅读推广体系，主要在阅读设施、阅读资源、阅读推广、阅读项目、数字阅读、阅读保障等重要内容上进行精细规划，打造促进全民阅读的良好阅读文化生态。

（三）创新体制机制指引，深入推进新时代城市精神文明建设

习近平总书记强调，要"把精神文明建设贯穿改革开放和现代化全过程、渗透社会生活各方面，紧密结合培育和践行社会主义核心价值观，大力倡导共产党人的世界观、人生观、价值观，坚守共产党人的精神家园"[1]。总体而言，深圳市各区现均已形成以"区级实践中心—街道实践所—社区实践站—文明实践点"为基本架构的新时代文明实践阵地，以延伸文明实践"神经末梢"的方式打通城市文明实践的"最后一公里"。具体来说，各区又根据自身建设

---

[1] 习近平. 论党的宣传思想工作[M]. 北京: 中央文献出版社, 2020: 133.

实际，创新体制机制来指引各地方、部门的精神文明实践。例如，福田区发布实施《在更高水平上推动物质文明与精神文明协调发展率先塑造中国特色社会主义文明典范城区方案（2022—2025）》，以福田新时代文明实践中心为核心，扎实推进"1+1+10+92+N"的文明实践体系建设；作为深圳创建全国文明城市的重点区域和主战场，该方案明确了"文明典范城区"建设的六大发展目标和"九大行动"，是以社会主义核心价值观"立心铸魂行动"为引领的包括新闻舆论传播、公共文化服务体系、文体设施建设、文艺精品生产、文化交流、文化产业、文化人才、文化体制机制改革的全方位升级行动。又如，深圳劳模工匠讲师团入选中央宣传部 2023 年全国基层理论宣讲先进集体，这同其"市＋区＋产业"的劳模工匠讲师团建设体系是分不开的，尤其在宣讲机制上，讲师团通过一系列制度化措施，有效提升了宣讲工作的规范化水平：一是制定了一系列实施方案，包括《深圳市总工会劳模工匠讲师团管理办法（试行）》与《2023 年深圳劳模工匠宣讲活动方案》等，这些方案在工作任务、年度重点、组织管理、考核标准及经费保障等多个维度均提出了具体而明确的要求；二是优化了讲师团成员的进退机制，为确保讲师团的灵活性与专业性，讲师团成员制度设定为以年度选拔为基础的适时调整与增补；三是完善了讲师团成员晋升培训机制，即通过邀请专业导师与行业专家为讲师团成员定期培训与授课，同时在现有成员中挖掘并重点培养宣讲能力强、效果显著的劳模工匠讲师，发挥其"骨干"龙头力量以促进讲师团整体素质的持续提升。

二、积极打造展示中华民族现代文明的重要窗口

习近平文化思想是建设中华民族现代文明最根本的理论遵循，总书记在文化传承发展座谈会上强调，"在新的起点上继续推动文化繁荣、建设文化强国、建设中华民族现代文明，是我们在新时代新的文化使命。要坚定文化自信、担当使命、奋发有为，共同努力创造属于我们这个时代的新文化，建设中华民族现代文明"[1]。可见，中华民族现代文明是我国从文化大国走向文化强国的必要

---

[1] 担负起新的文化使命 努力建设中华民族现代文明[N].人民日报，2023－06－03（01）.

一环，深圳在多年的改革开放历程中积累和生成了建设中华民族现代文明的思想心态、精神力量、物质基础、政治保障及文化条件，同时中华民族现代文明的窗口功能聚焦和提升着未来深圳现代化国际化进程中的世界影响力、竞争力、创新力，是持续谱写中国式现代化深圳实践新篇章的文明标识。

（一）争创首届全国文明典范城市和第七届全国文明城市

全国文明典范城市和全国文明城市是表彰我国城市文明建设的最高荣誉，从二者关系上看，前者是较后者更高水平更高质量的文明城市，也可认为文明典范城市是文明城市的 2.0 版，旨在突出城市文明建设中的引领性、示范性。总体而言，深圳市已连续六年荣膺全国文明城市榜单，是统筹社会主义物质文明、政治文明、精神文明、社会文明、生态文明协同发展的明星城市，显然具有迈向新的文明高度的显著优势。这主要表现在：一是法治护航，推动城市文明从道德"软约束"变成法律"硬约束"。深圳市在既有《深圳经济特区文明行为条例》的基础上，出台实施《深圳城市文明建设规划（2021—2035 年）》《深圳市创建全国文明典范城市行动纲要》《深圳市公共文明提升三年行动计划（2021—2023 年）》等更具针对性、长效性的法治措施，同时广泛吸纳各级各类群众意见，形成年度文明行为规范实施主题和不文明行为重点治理清单，并协同各职能部门制定相应工作方案，有针对性地对不文明行为进行集中治理。二是科技赋能，在城市治理体系和治理能力现代化进程中助力文明城市建设。在《深圳市人民政府关于加快智慧城市和数字政府建设的若干意见》中，2025 年的深圳市被锚定为一座"具有深度学习能力的鹏城智能体"，意在向着全球新型智慧城市标杆和"数字中国"城市典范的目标进军，足见信息时代的文明典范城市必然含有相当比例的科技权重。深圳科技立市的传统和发达的科技产业是科技赋能文明城市建设的现实条件，例如，龙华区用"智脑""数字战术"代替"人脑""人海战术"，发挥 AI 智能运算、视频共享平台等科技手段，打造全流程闭环的数字化文明创建工作新模式；盐田区借助大数据和"互联网 +"思维，将市民的文明行为进行量化，首推全市"文明盐值分"，还首创电子版文明创建"工具包"，推动文明创建更加精细化、便捷化、高效化。三是全民参与，形成文明创建共建共治共享工作格局。"人民城市人民建，人民城市为人民"，习近平总书记的人民城市观是深圳市在争创全国文明典范城市进程中形成文明城市建设强大合力的根本遵循。对此，深圳构建党委统一领导、党政群齐抓共管、全社会积极参与的创城格局，专门成立了文明城市创建工作领导小组。在市委主要领导担任组长的战略总动员下，各区各部门通力协作、密切配合，广大党员干部以身作则、奋战在一线，并引导市民群众广泛参与、积极作为，力争以优异成绩摘得首届全国文明典范市的桂冠、取得全国文明城市"七连冠"。

（二）深耕国家级文化展会平台的深圳窗口

1. 中国（深圳）国际文化产业博览交易会（简称"文博会"）

文博会是党中央正确领导下在深圳成功孵化并壮大的有关文明交流、文明互鉴、文明共存的国家级大平台，是展示中华文明的国家级窗口。习近平总书记对文明多样性的阐释蕴含深刻的唯物辩证哲思，强调我们要"以文明交流超越文明隔阂，以文明互鉴超越文明冲突，以文明共存超越文明优越，弘扬中华文明蕴含的全人类共同价值"[1]。文博会的成长与发展，蕴含着一个国家的文化新梦想、文明新期待，自2004年首届在深圳成功举办以来业已连续举办二十届，现成长为我国文化产业领域中规格最高、规模最大、兼具实力效力和影响力的综合性展会，不断满足着人民群众日益增长的精神文化需求。整体上看，二十年来深圳文博会遵循开放、发展、交融的原则，逐一提升市场化、国际化、专业化、数字化水平，依托深圳市国际窗口功能的巨大优势，不断扩大展会规模、优化展会结构，在交易功能、服务质量等会展职能上持续拓展与深耕，是中华文化走出国门、扩大文化对外开放的重要窗口。例如，2023、2024年我国两届文化强国建设高峰论坛均选择在深圳文博会主会场同步举办，2023年6月7日，习近平总书记致信祝贺首届文化强国建设高峰论坛开幕，强调要更好担负起新的文化使命，为强国建设民族复兴注入强大精神力量；2024年3

---

[1] 把中国文明历史研究引向深入 推动增强历史自觉坚定文化自信[N]. 人民日报，2022-05-29（01）.

月，深圳国际文化产业博览交易会有限公司被列为文化和旅游部新一批国家文化产业示范基地，这充分肯定了深圳市各运营单位在打造国际文化产业头部展和最具影响力的文化产品贸易平台上的努力与效能。又如，在 2024 年第二十届文博会上，主办部委、承办单位、各省区市代表团及参展商举办文化产业相关会议、论坛、洽谈、签约、创意大赛等活动，发布权威信息，尽显国家级高端展会的文化魅力；聚焦"首展""首秀""首发"，展期内举办 100 多场创新项目及新品发布会、文博会文化产业招商大会等，引领中国文化产业发展新潮流；广泛开展国际合作并首次设立国际文化贸易展，60 个国家和地区、302 家海外参展商线上线下布展参展，108 个国家和地区、3 万余名海外专业观众线上线下积极参会。可以说，进入新发展阶段以来，深圳文博会深入践行习近平文化思想，全面贯彻落实全国宣传思想文化工作会议精神，勇担新的文化使命，"以文会友、以商带展，以展促商"，为推动文化繁荣、我国文化产业高质量发展、建设中华民族现代文明作出了新贡献。

2. 中国国际高新技术成果交易会（简称"高交会"）

科技与文化不仅是两个紧密联系的概念，在现实领域中二者也逐渐相互渗透、交互融合发展。习近平总书记指出，"探索文化和科技融合的有效机制，加快发展新型文化业态，形成更多新的文化产业增长点"[1]。一方面，科技是促进文化发展的重要引擎；科学技术给人类社会生产、生活方式带来重大变革，深刻影响人的思维方式和生活方式，宏观上促进人类社会文明形态从狩猎文明、农耕文明到工业文明、科技文明的历史性更替，微观上呈现出信息时代科技创新引领下，网络视频、数字传媒、动漫娱乐、数字创意、智能设计、网络原创等文化产业的迅速发展，更催生以电子竞技、虚拟社交、在线教育、自媒体等为代表的新兴文化业态。另一方面，文化是推动科技更高水平发展的重要因素；科技创新的全过程包括创新思想产生、创新活动实现、创新成果产业化市场化等均离不开适应性文化对创新群体的影响。历史地看，深圳市科技产业的发展壮大必然离不开改革开放以来中国特色社会主义先进文化、移民文化等包容性文化对科技创新的天然培育，反过来深圳强大的科技产业也正不断促进

---

[1] 坚持改革创新求真务实　奋力谱写中国式现代化湖南篇章[N]. 人民日报，2024-03-22（01）.

文化产业成为深圳市支柱性产业，使之逐渐具备数字化、国际化、专业化的全球竞争优势。

自 1999 年深圳市成功举办第一届高交会以来，经多年探索，高交会现已成长为中国科技第一展，如果说将文博会上的科技要素仅作为一种手段与方式，发挥科技带动作用深度参与文化创新、强化与拓展"文化 +"产业、深入占领国内外细分文化市场，那么高交会所呈现的"科技 + 文化"的倒序组合则正好互补。正因为深圳多年科技创新的开放政策制度、创新创业环境，培育壮大了一批又一批科技创新企业、专精特新企业、独角兽企业，也吸引了世界上越来越多的跨国企业，以及各国各行各业高精尖人才，并由此构建起以各企业文化、创新文化、国际多元文化等为代表的深圳新的文化圈层，对此则更要重视科技创新对我国传统文化产业的"反向力"与解构、文化侵蚀问题[1]，甚至是智能时代文化科技伦理失范等文化安全问题[2]。显然，充分行使并引导高交会科技窗口的文化职能，尤其面临站在新的文化起点上如何去完成建设文化强国的新使命，如何将科技优势转化为文化生产、文化传播、文化繁荣新势能，促进科技和文化正向融合发展，是深圳作为先行示范区必然要考量和把握的重要内容。

三、发展具有国际竞争力的文体旅游产业

（一）加强统一指导，以问题为导向精准把脉本市文体旅游各体系的发展格局、现状与任务

一方面，深圳市在原有《深圳市文化产业促进条例》2019 年修订版基础上，出台《关于加快文化产业创新发展的实施意见》《深圳市文化产业发展专项资金资助办法》《深圳市文化和体育产业专项资金管理办法》等部门规章，

---

[1] 解学芳. 论科技创新主导的文化产业演化规律[J]. 上海交通大学学报（哲学社会科学版），2007（04）：58–65.

[2] 解学芳，高嘉琪. "智能+"时代 AI 文化科技伦理反思：创新边界与伦理准则[J]. 自然辩证法研究，2022，38（07）：74–81.

为市、区文化管理部门制定文化产业发展规划、文化产业政策提供宏观性、方向性指导，总体而言旨在激活深圳市文化产业各市场主体的创造性，降低文化创新、生产、交易、消费全周期成本，提升社会各界投资文化产业的积极性，营造有利于维护文化产业主体合法权益的营商环境，促进文化产业市场供给和消费的协同升级，拓展海外市场以扩大我国文化产业影响力、竞争力等，进而推动深圳市文化产业高质量发展，不断提升城市文化软实力。另一方面，《深圳市文体旅游发展"十四五"规划》中明确指出深圳市文体旅游基础设施网络还不健全、代表现代化国际化创新型城市形象的标志性文体旅游设施数量偏少，文体旅游公共服务质量不高，在国内外有较大影响力和辐射力的文艺作品、文体旅游活动品牌和高端赛事数量不多，文体旅游产业核心竞争力不够强、结构不太合理，以及高端文体旅游人才比较缺乏、人才引进和发展环境尚待优化等显著问题，并据此明确设定了 2025 年待完成的以基础建设、公共服务、产业发展与人才建设等 17 项主要可量化指标，以及由公共文化服务体系、全民健身公共服务体系、文化遗产保护传承利用体系、文体旅游产业体系、文体旅游品牌体系、文体旅游消费体系、广播电视和网络视听发展体系、文化合作交流体系、文体旅游市场体系、社会力量支持体系组成的十大体系主要任务。

（二）深化文体旅游体制机制改革，推进文体旅游深度融合发展

党的十九届五中全会作出"推动文化和旅游融合"的战略部署，党的二十大进一步明确"坚持以文塑旅、以旅彰文，推进文化和旅游深度融合发展"。深圳结合其国家体育消费城市试点的优势，积极探索一体化推进文体旅游深度融合发展，以期实现融合发展的乘数效益、增值效益。相关改革举措如下：一是以落实综合改革试点实施方案为契机争取国家层面的支持，力求在深化文艺院团改革、省级电视剧审查管理权限的下放，以及建立符合国际通行规则的文化艺术品（非文物）拍卖中心等方面率先试点。如 2023 年 2 月 13 日深圳首个综合性艺术品全产业链服务与交易场所"深圳国际艺术品拍卖中心"揭牌成立，深圳市当代艺术馆作为运营方为进一步繁荣活跃交易市场，采取市场化方

式运营管理，并设立全国首个位于保税区外、市中心的艺术品保税仓和保税展厅。二是努力在健全人民文化权益保障制度、建立健全文化创作生产体制机制方面积极探索。创新一批制度机制，推出一批政策举措，着力构建具有示范引领意义的文化发展制度体系。例如，设定文艺精品创作生产资金保障全面覆盖，如宣传文化事业发展专项基金、文化创意产业发展专项资金等，且不论体制内外、投资主体、投资规模如何，在资金、政策上都一视同仁。三是进一步探索文体旅游发展的多元化投资机制，优化财政投入方式、鼓励并引导社会力量积极参与文体旅游的建设；加强制度设计，加快在公共服务、设施建设运营、产业发展、文化遗产保护等方面推出系列创新举措，提高文体旅游管理的科学化和规范化水平。例如，福田区扶持各类社会力量承办文化活动，相继设立国内首家区级文化议事会、成立福田区文化艺术专家委员会，帮扶辖区1000多个文化艺术类社团，重点孵化多个优秀民间文艺社团，建设了全国首家青年主题文化场馆——福田文体中心·梦工场、率先创办专属青年人的"莲花山青年文化节"等，其中福田文体中心"以'五新'举措推进青年公共文化服务供给侧结构性改革"案例，荣获2022年度广东省公共文化服务优秀案例。四是按照"宜融则融，能融尽融"的原则推进实施"文化＋体育＋旅游＋科技"的融合策略，培育一批复合型、特色化的融合发展新业态、新模式、新机制。例如，大鹏所城文化旅游区入选第三批"广东省文化和旅游融合发展示范区"，集文化旅游、休闲旅游、滨海旅游、度假旅游等功能于一体，是深圳市乃至整个广东省旅游资源最多元化的片区之一。依托旅游产业特色资源，大鹏新区印发《深圳市大鹏新区关于支持体育产业发展的若干措施》，推进"旅游＋海洋""旅游＋体育"创新融合发展，持续提升品牌赛事活动规模和水平，加快打造"国际户外运动天堂"，推动文体旅产业高质量发展。

第六章　形成共建共治共享共同富裕的民生发展格局

党的二十大报告提出："健全共建共治共享的社会治理制度，提升社会治理效能；增进民生福祉，提高人民生活品质。"[1]深圳坚持以人民为中心的发展思想，注重打造高质量且均衡的公共服务网络。在经济社会全面发展的进程中，深圳始终把实现人民的福祉视为首要目标，通过精心策划和实施一系列精准政策和务实举措，力求达到"幼有善育、学有优教、劳有厚得、病有良医、老有颐养、住有宜居、弱有众扶"[2]的民生发展新局面。这一新局面旨在构建一种全民参与、共同治理、共享成果的社会治理新模式，进而推动市民共同迈向富裕，确保发展红利更广泛、更公平地覆盖到每一位市民。

第一节　统筹优质教育资源，满足市民多元教育需求

习近平总书记在对办好人民满意的教育论述中指出："建设教育强国，是全面建成社会主义现代化强国的战略先导，是实现高水平科技自立自强的重要支撑，是促进全体人民共同富裕的有效途径，是以中国式现代化全面推进中华民族伟大复兴的基础工程。"[3]深圳作为一座充满活力和创新精神的城市，在教育领域也展现出坚定的决心和行动。深圳坚决贯彻党的教育政策导向，将教育放在优先发展的战略位置，坚持立德树人作为教育的根本任务。

---

[1] 习近平. 高举中国特色社会主义伟大旗帜 为全面建设社会主义现代化国家而团结奋斗——在中国共产党第二十次全国代表大会上的报告[N]. 人民日报，2022-10-26（01）.

[2] 邓辉林. "民生七优"要有硬杠杠[N]. 深圳特区报，2024-4-25（A05）.

[3] 习近平. 扎实推动教育强国建设[J]. 当代党员，2023（19）：1-4.

改革开放以来，深圳经济的高速发展是有目共睹的，但深圳教育水平的相对滞后也是饱受市民诟病的。一直以来，深圳教育面临的问题复杂多样。教育资源分布不均，导致部分地区和学校面临压力，优质资源相对集中。财政和人力困境随着学生人口下滑而凸显，给学校运营带来挑战。教育政策和管理上的不足，如政策执行不力、管理漏洞等，影响了教育质量。教育公平问题亦不容忽视，部分学校的招生政策可能加剧不公平。教育质量和科研能力有待提升，未能很好地满足学生和社会的需求。体育和健康教育的重要性日益凸显，但实施情况参差不齐。教育国际化趋势带来的挑战也需重视，部分学生和家长重视出国留学，忽视国内教育。面对挑战，深圳攻坚克难，为加快推进深圳教育先行示范，办好人民满意的教育，根据《中国教育现代化2035》《中共中央、国务院关于支持深圳建设中国特色社会主义先行示范区的意见》和《深圳市国民经济和社会发展第十四个五年规划和二〇三五年远景目标纲要》，制定了《深圳市教育发展"十四五"规划》。积极推进思想政治教育工作创新发展，想方设法确保基础教育学位供给充足，推进民办教育适度发展弥补公办教育不足。此外，深圳市正深化高等教育制度与机制的革新进程，积极促进部省合作模式下的职业教育发展，并致力于打造成为国家级基础教育综合改革的先行示范区，以期引领教育行业步入一个全新的发展阶段。

一、引领高等教育向深层次、优质化、内涵化方向迈进

完善高等教育结构。调研高校规模数量、学科分布、层次级别和地域布局等体系性问题，强化高校办学特色并进行分层分类发展，优化高等教育结构体系，突出国际视野、开放性、包容性与创新性的特点。加速筹建深圳音乐学院、深圳理工大学、深圳海洋大学、香港大学深圳校区等高校，同步探索当代高等教育建设新模式。启动新时代卓越高等教育发展规划。继南方科技大学进入国家"双一流"高校名单之后，继续鼓励并协助深圳大学等其他高校进入这一国家高校高质量发展名单。继续资助以下深圳高校快速发展，包括：北京大学深圳研究生院、哈尔滨工业大学（深圳）、清华大学深圳国际研究生院、香港中文大学（深圳）、深圳北理莫斯科大学、深圳理工大学等，助力这些院校

早日进入广东省高水平大学建设规划。

多措并举提升高等教育水平。高校党建工作是建设高水平高等教育的重中之重，高校应该始终坚持党的领导，加强党的组织建设、思想建设、作风建设和制度建设。从实施思政课教师能力提升计划入手，强化高校思想政治工作的引领作用。要特别重视中青年骨干教师的培养，将博士后师资作为战略性资源加以储备，为高等教育的持续发展注入新鲜血液。在创新人才培养体系方面，学习借鉴其他国内外高校"本硕博"贯通式培养模式，快速推进人才梯队建设。改造传统学分制体系，实现区域内高校间的学分整合系统，促进各校学生跨校学习与交流。此外，应根据学生特点定制因材施教的个性化教育方案，推动新一代信息技术与传统教学方法如启发式、探究式、讨论式和体验式等的有效整合，实现泛在学习方式在深圳高校的广泛应用。为了保障这些措施的有效实施，还需构建适应国际化水平高等教育绩效评估体系，将每年评估结果与政府财政投入匹配，实现政府资金投入与高校成果产出的良性互动。

推动高等教育改革向纵深发展。深圳正致力于打造高等教育综合改革的标杆模式。在这一过程中，深圳积极探索公办高校建设的新路径，通过深化办学体制的创新，为高等教育注入新的活力。为了保障教育经费的充足与高效利用，深圳完善了"生均经费＋专项经费"的双重经费投入体系，并鼓励社会资本通过投资与捐赠的方式参与教育事业，共同推动高等教育的繁荣发展。在治理结构与管理机制方面，深圳进一步扩大高校的办学自主权，构建了以"党委领导、校长负责、教授治学、民主管理、社会参与"为核心的新型管理体系。这一体系不仅强化了党的领导，还充分发挥了校长、教授、师生以及社会各界的积极作用，共同推动高校治理结构的优化与升级。在人员管理方面，深圳实施了高校人员总量管理和薪酬制度的创新改革，旨在通过更加灵活、科学的管理方式，激发教师的工作热情和创新活力。同时，深圳还完善了教师评聘体系，建立了符合时代需求、科学严谨的教育评价机制，为教师的职业发展提供了更加公平、透明的环境。在招生制度改革方面，深圳积极推广基于高考的综合评价录取模式，通过更加全面、客观的评估方式，选拔出具有潜力和能力的学生进入高校深造。深圳还积极引进境外优质教育资源，开展高水平的中外合作办学项目，为师生提供了更加广阔的国际视野和交流平台，树立了高等教育对外开放合作的新标杆。

深圳的高等教育发展历程始于 1983 年深圳大学的建立。在接下来的近 20 年中，深圳的高等教育机构数量相对较少，最多时仅有 4 所，包括：深圳大学、深圳师范专科学校（后并入深圳大学）、暨南大学中旅学院（现更名为暨南大学深圳校区）、深圳高等职业技术学院（现已转型为深圳职业技术大学）。此外，还有一所以非学历教育为主的深圳广播电视大学（现已更名为深圳开放大学）。

进入 21 世纪后，深圳意识到大学数量的不足已成为制约人才培养的重要因素。为了加快高等教育的发展，深圳开始探索短时期内扩大高等教育规模与提升高等教育质量的有效路径。为了规避自建全日制大学的烦琐程序和漫长历程，深圳采取了"借鸡下蛋"的高等教育快速成长模式，直接引进内地一流大学开设深圳研究生院。这一举措不仅迅速提升了本地高等教育水平，也为深圳进一步自主创办高校积累了经验。2000 年，深圳市政府先后与清华大学、北京大学、哈尔滨工业大学等高校建立合作协议，成立合作办学的深圳研究生院。紧接着就在南山区自然环境和基础设施都相对较好的西丽区域规划并迅速建成了一座大学城，作为以上三所高校深圳研究生院的共同办学校址。2001 年，清华大学深圳研究生院和北京大学深圳研究生院相继得到教育部的批复文件。2002 年，哈尔滨工业大学深圳研究生院获准成立。

这三所国内知名的高校南下深圳办学，不仅有效扩大了各自办学规模和社会影响力，更为重要的是开启了深圳高等教育的第二次起飞。2014 年，深圳市政府、清华大学与美国加州伯克利大学联合成立清华—伯克利深圳学院（TBSI），这可以看作是对清华大学南下办学成绩的认可与体量的升级。2016 年开始，哈尔滨工业大学（深圳）创建本科生学院，创院伊始就吸引来了大量的优质生源，其录取分数线多年稳居深圳第一位。北京大学深圳研究生院汇丰商学院开到了深圳大学城，成为培养深圳商界精英的摇篮。

随着香港中文大学（深圳）在龙岗核心区的落地生根，深圳以这所大学引进为标志的境外合作办学模式逐渐形成。2024 年迎来了其建校 10 周年，这时这所高校已经拥有 9000 多名在校生和近千名教职工，良好的发展态势吸引了诺贝尔奖、菲尔兹奖和图灵奖获得者和多国多名院士的诚挚加盟。由于其良好的教学质量和广泛的就业路径，受到了国内外莘莘学子的追捧，各类高考生源的录取分数线连年提高。尽管内地大学跨区域办学曾受到政策限制，但深圳在引进港澳名校方面并未受限。除香港中文大学（深圳）外，多所港澳名校还将继续被引入深圳办学，共叙深圳与境外高校合作办学的佳话。

与此同时，深圳自主创办高等教育学校的脚步也没有停止。2007 年，深圳市政府决定筹建南方科技大学。在强大的经济实力和高新技术产业支持之下南科大迅速崛起，仅用了短短几年时间就获批为博士学位授予单位，并在多项排名中取得优异成绩。南方科技大学紧紧抓住粤港澳大湾区与深圳先行示范区"双区"叠加的难得机遇，扎根中国大地面向世界办学。秉持"敢闯敢试、求真务实、改革创新、追求卓越"的建校理念，凸显"创知、创新、创业"的教育特色，坚守"明德求是、日新自强"的校训精神。致力于服务创新型国家及深圳国际化现代化创新型城市建设，快速迈向汇聚顶尖师资、培育杰出人才、产出世界级科研成果并推动科技转化新型研究型大学行列，为早日实现世界一流研究型大学的宏伟目标奠定坚实基石。截至 2022 年，深圳普通高等学校数量已经达到14所[1]，并还在逐年增加之中。为了进一步提升高等教育水平，深圳市政府于 2016 年发布了《关于加快高等教育发展的若干意见》，旨在到2025 年显著提升深圳市的高等教育水平。根据该意见，深圳市将致力于增加高校数量，目标达到约 20 所，全日制在校生规模达到约 20 万人。该政策鼓励并支持多所高校在全国乃至全球范围内提升竞争力。在此目标指引下，深圳成功引进了第二所 985 高校 —— 中山大学（深圳），为深圳高等教育的发展注入了新的活力。

二、优化学前教育、义务教育、特殊教育和民办教育结构

推进普惠型幼儿园建设。为推动学前教育的全面发展，确保优质性与普惠性，需深度改革财政投入机制，构建一个多元化的学前教育服务体系。该体系以公办幼儿园和普惠性幼儿园为核心，同时引入优质且富有特色的民办幼儿

---

[1] 深圳市统计局, 国家统计局深圳调查队. 2023深圳统计年鉴[M]. 北京: 中国统计出版社, 2023: 338.

园。在此基础上，超出国家一般标准制定实施学前教育质量深圳新标准，建设突出深圳先行示范区特色的学前教育课程体系。突出民办幼儿园办学方式灵活、创新能力强的特点，引导学前教育机构的多样化与灵活性发展。积极鼓励、支持并规范社会力量参与建设高标准的服务与质量规范，合力打造一批水平高、效果好的民办幼儿园。计划到2025年，深圳将新增幼儿园学位12.5万个，公办及普惠性民办幼儿园的幼儿占比上升超过85%。这将有助于实现学前教育的普惠与优质并行发展，为婴幼儿提供更加优质、公平的学前教育环境。

构建优质均衡的义务教育体系。在推动义务教育向更高层次的均衡发展目标下，将财务等资源的优先配置作为确保义务教育经费充裕的关键举措，并加强整体义务教育学校规划建设的科学性、合理性。推出适应经济社会发展的学位配置新标准，全面建设特区义务教育学校质量提升工程。针对城市适龄人口高密度区域遇到的学位紧张问题，增加教育用地面积的同时，探索中小学建筑设计集约化标准的优化路径，增加教育用地的单位使用效率。在入学政策方面，完善与人口政策相衔接的学位积分体系，确保入学制度在公平性、合理性和多元化方面取得更大进展。继续完善以大学区制为代表的新型招生模式，组建集团化办学的区域划分模块，科学调配区内教育资源，优化师生配比、人口学位比等数据。迎接新一代信息技术革新带来的教育机遇与挑战，开展创新教育、未来教育及智慧教育等领域的教育探索。高标准建设云端学校和"未来学校"，引领教育现代化的潮流。要求中小学阶段"每日开设一节体育课"，强化学生的体育素质培养，并加强音体美劳和心理健康教育，实现德智体美劳全面发展。预计到2025年，公办义务教育学位数量新增67.3万个，为更多的适龄儿童和青少年提供更加优质的教育资源。

实现特色高中教育多元化发展。为了激发特色高中教育的多元化发展潜力，协调普通高中与职业高中比例关系的同时，引入境外和民办高中实体，确保高中阶段教育资源满足人口增长与社会经济发展需要。担负起普通高中新课程新教材实施示范职责，为教育改革注入新活力新动力。发挥多元化办学的优势，鼓励各类高级中学研发标本课程、创设校园文化和产出特色项目，培育在科技、人文、体育、艺术等各个领域有所突出的办学特色高中，满足当代青少年个性化发展需求。致力于促进普通高中与中职学校的深度融合发展，构建课程互选、学分互认、学籍互转的灵活机制，为学生提供更加多元化的教育选择和成长路径。还将精心打造 10 所国内领先的特色高中和 10 所民办品牌高中，为学生提供更加广阔的教育选择和更加优质的教育资源，助力学生实现全面发展。预计到 2025 年，将新增 11 万个公办普通高中学位，以满足更多学生的教育需求。

夯实基础教育高质量发展的支撑架构。科学配比基础教育经费投入，发挥政府财政的"兜底性"作用，对非义务教育成本进行各来源分摊，发挥"三次分配"的作用，疏通社会力量投资教育渠道，形成教育投入体系多元化性质。优化教师成长环境，启动卓越校长与教师培育计划，构建具备专业素养和创新精神的校长、教师团队。强化教学研究能力，全方位提升教学研究质量，确保各学段、各学科教研力量充实且专业。健全基础教育质量评估与监测机制，突出义务教育质量监测，引领政府教育职责、教育教学、教师及学生综合素养评价体系的创新，确保教育质量的持续提升。

作为社会进步的基石和民生福祉的最基本保障，基础教育学位建设尤为关键。深圳作为先行示范区，始终坚持学位建设的优先发展。近年来，深圳大规模推进学校建设，到 2025 年，基础教育学位将新增超百万个，公办普高和义务教育学位均实现显著增长。2023 年，深圳继续深化"学校建设热潮"，新建、改建、扩建了 182 所中小学校及幼儿园，新增学位高达 20 万个，位居全国之首。[1] 同时，公办与普惠幼儿园的覆盖比例分别达到 58.6% 和 89.8%，为孩子们提供更多优质教育选择。

学位建设只是起点，深圳更注重新建学校的品质与特色。育才实验学校毗邻自然艺术公园，设计独具匠心；深圳技术大学附属学校则融合岭南建筑精髓，打造现代书院式校园。深圳充分发挥专家咨询委员会的作用，为校园建设提供专业指导，同时完善建设标准，推动校园品质升级。

深圳不仅追求学位数量的增长，更致力于教育质量的提升。通过实施集团化办学策略，深圳确保每一所新建学校都能成为优质教育的新标杆。2024 年新增了 25 个优质公办中小学教育集团，总数达到 71 个。众多新校如南实集团白

---

[1] 姚卓文. 深圳努力推进教育高质量发展，让市民群众教育获得感幸福感成色更足[EB/OL].（2023-12-02）. https://baijiahao.baidu.com/s?id=1785938841057105179&wfr=spider&for=pc.

石洲学校、育才实验学校等，均依托名校资源，实现全市行政区的均衡覆盖，推动基础教育向更高质量发展。在教育部的新闻发布会上，深圳分享了其基础教育扩优提质的经验，彰显了其在集团化办学模式下，为市民打造家门口好学校的决心与成效。

提升特殊教育与民办教育品质。贯彻"普及无遗漏，接纳无门槛"的准则，采取多种途径，如在加强特殊教育普及深度的过程中，采取了多种模式，包括普通学校融合教育、专业特教学校就读、福利机构特教班级以及个性化的上门教学服务。进行差异化的民办学校管理体制改革与政策扶持体系建设，支持各级各类民办学校特色化演进。为了推动多元融合学校的建设，启动了国际教育典范项目，并依据实际需求增设外籍人员子女学校，以提供更加国际化的教育环境。还制定了长远的规划，计划在2025年之前落成3至5所尖端的民办教育集群，这些集群将汇聚一系列具有国际化特色的优质学府，为学生提供更加多元化、高质量的教育选择。

三、打造世界一流职业教育高地

推动中国特色世界领先职业院校集群建设。建设具有中国特色且领先世界的职业院校集群，加速中央部委与特区共建的职业教育标杆职业院校进程。在此过程中，完善院校与企业联合的"双元"育人模式，构建一个涵盖中等职业院校、高等职业院校、应用型本科院校及更高层次的现代化职业教育完整系统。发掘传统工匠培养模式形成现代技能型人才培养载体和路径，以培育更多创新实践型和应用技能型人才。给予深圳职业技术大学、深圳信息职业技术学院等知名职业教育院校对标"双一流"高校的支持力度，拓展本科以上层级的职业教育，力争建成世界顶尖职业院校。实施中职教育规模与质量提升计划，推动高职与中职学校携手创建职业教育联盟，实现资源共享和优势互补。为了进一步提升职业教育整体水平，逐步扩大深圳技术大学招生规模，招生比例向中职及高职院校毕业生倾斜，推动深圳技师职业学院与深圳鹏城技师学院成为特色鲜明、水平卓越的高级技工行业标杆。预计到2025年，力争完成6至8所优质中职学校集群及10至15个优质专业集合，并形成2至3所具备全球顶尖水平的职业院校，为中国职业教育的发展贡献力量。

加速国家产教融合示范城市的构建。为积极响应市场需求的变化，贴合市场需求办职教，深化"企业融合职业教育"改革，并强化校企之间的"互助"育人机制，开展适应企业实际需要的定制化人才培养。积极引入国际广泛认可的职业资格证书体系，着力打造一流的教育培训基地，并构建国际标准的职业教育认证与考试服务平台。鼓励行业领军企业积极参与职业教育，共同构建产教融合共同体，实现教师与企业专家的双向交流与互派授课。此外，致力于推动新时期产业工人队伍的创新与变革，激发技术工人的职业热情与创新潜能，培育一支技艺精湛、素质全面的专业化劳动大军。在 2025 年前，培养并扶持超过 100 家具有鲜明产教融合特色的示范企业，以引领和推动职业教育与产业发展的深度融合与协同发展。

职业教育作为深圳经济社会发展的重要支撑，直接关联着就业与民生，其地位与普通教育同样举足轻重。2024 年深圳职业教育建设取得了显著进展。4 月，深信院携手深圳开鸿数字产业发展有限公司，开设了职业教育领域首个开源鸿蒙高等工程师学院，并成功举办了特色"开源鸿蒙班"，此举意味着在"开源共创、生态共建、资源共享、人才共育"的旗帜下，深圳在职业教育及数字化特色人才培养方面迈出了实质性的步伐。2023 年，深圳职业技术学院升格为深圳职业技术大学，这是以教育部《本科层次职业学校设置标准（试行）》设立的职业本科高校的首次亮相，也开创了我国公办高职院校升本的新模式。

2017 年，深圳市人民政府发布《关于加快建设现代职业教育体系的意见》为职业教育的发展提供坚实的政策保障。8 所中职学校通过省级高水平建设验收，深圳产教联合体荣获国家级殊荣。在全国、全省的技能大赛中，深圳职业学校屡获殊荣，一等奖数量名列前茅。深圳始终秉持"产业现代化与职业教育现代化并进"的理念，结合国家、湾区及深圳的发展需求，全力培养智能时代所需的技术技能人才，形成了独具中国特色的"双元"育人模式。

表6-1 深圳各级各类学校数

单位：所

年份 Year	普通高等学校 Institutions of Higher Education	中等职业学校 Vocational Secondary Schools	普通中学 Regular Secondary Schools	小学 Primary Schools	幼儿园 Kindergardens
1979			24	226	90
1980			24	238	52
1981			26	244	32
1982			28	246	50
1983	1		30	248	69
1984	2		35	260	87
1985	2		38	258	79
1986	2		40	257	273
1987	2		43	255	187
1988	2		47	257	195
1989	2		47	264	207
1990	2		49	263	228
1991	2		51	260	257
1992	2		53	261	282
1993	3		51	267	281
1994	3		56	269	333
1995	2		62	274	349
1996	2		71	274	380
1997	2		73	275	446
1998	2		78	286	488
1999	2		83	325	560
2000	2		94	353	562
2001	3		107	377	588
2002	9		132	395	634
2003	9	25	179	376	656
2004	9	16	216	378	699
2005	9	16	245	358	744
2006	9	13	260	357	758
2007	8	13	273	347	819
2008	8	13	277	342	865
2009	8	13	285	346	974
2010	8	13	295	340	1040
2011	9	13	299	334	1093
2012	10	15	302	333	1186
2013	10	15	314	335	1313
2014	10	16	325	331	1402
2015	12	15	335	334	1489
2016	12	15	352	337	1579
2017	12	15	368	342	1683
2018	13	15	390	344	1771
2019	13	15	417	340	1836
2020	14	15	435	347	1881
2021	14	15	475	343	1896
2022	14	16	521	353	1935

注：根据教育部的统一要求及深圳实际，将普通中专、成人中专和职业高中合并统称为中等职业教育。该指标由于深圳市布局调整的原因产生了波动。

数据来源：《2023深圳统计年鉴》，中国统计出版社2023年12月第1版，第338页。

四、提升终身教育服务能力

致力于推动学历、继续教育与职业培训之间的无缝融合与衔接。积极构建国家层面的学分管理系统，旨在实现普通教育、职业教育与继续教育之间学习成果的相互认可、学分的累积以及灵活的转换机制。这一举措将极大地促进教育的连贯性和个人学习路径的多样性。不断完善终身职业技能培训体系，鼓励并倡导具备专业资质的企事业单位内部培训师、社会工作者等群体积极参与到培训师资队伍中来，成为这一领域的中坚力量。通过这些努力构建一个更加开放、包容且充满活力的职业教育与培训体系。

注重家庭教育变革。重视家庭教育的变革与发展，积极推动家庭教育领域的创新步伐。加速推进家庭教育相关法规的起草工作，以期确立一套科学、系统的家庭教育指导纲领与标准，为家庭教育的规范化发展奠定坚实基础。在此基础上，策划并打造了一系列具有影响力的家庭教育活动品牌，旨在通过这些活动提升家长的教育意识和能力。实施家长教育课程认证制度及学习积分激励机制，以鼓励家长积极参与家庭教育课程学习，不断提升自身的教育素养。构建一支专业的家庭教育指导团队，并将家庭教育指导服务深度融入社区教育服务体系之中，使之成为社区工作不可或缺的一部分。为社区居民提供更加全面、专业的家庭教育指导服务，共同推动家庭教育的繁荣发展。

强化终身教育平台构建。深圳开放大学走出融合发展的新途径，适应老龄化社会的发展，建设深圳老年大学与长青老龄大学，并加速推进深圳粤菜学院的筹建工作。在这一过程中，注重推广"互联网＋教育培训"的创新模式，旨在促进终身教育教学资源的互联互通与共享，从而丰富社区教育服务的供给。营造一个全民泛在学习环境，让每个人都能在任何时间、任何地点获取到所需的学习资源，不断充实自我，提升自我。这样的环境不仅能够满足人们日益增长的学习需求，更能够激发每个人的学习热情，让他们在人生的舞台上尽情绽放光彩。

第二节 实施健康中国战略，构建全民健康格局

党的十八大以来，习近平总书记始终把人民健康放在首位，不断推进健康中国建设。党中央把维护人民健康摆在更加突出的位置，召开全国卫生与健康大会，确立新时代卫生与健康工作方针，印发《"健康中国2030"规划纲要》，发出建设健康中国的号召，明确了建设健康中国的大政方针和行动纲领。[1]民众健康是深圳城市现代化发展的重要体现，为此政府确立"健康深圳"建设规划。以深化医药卫生体制机制创新为起点，建立卫生健康事业的创新高地，建立深圳医学科学院等机构，加速医学科技取得重大突破，力争为市民提供全生命周期的健康保障。

多年来，深圳在医疗资源分配、人才培养、科研创新、居民健康以及公共卫生服务等方面均面临诸多发展中的问题。医疗资源分配不均衡问题显著，与北京、上海、广州等医疗资源丰富的城市相比，深圳医疗资源积累相对较少。大型公立医院常常人满为患，而基层医疗机构则因资源不足和服务能力有限而面临困境。尽管深圳近年来增加了对医疗事业的投入，但优质医疗资源的分配仍然不均。医疗人才培养和引进机制不完善，深圳虽能吸引国内外医疗人才，但缺乏完善的培养机制和激励机制，导致人才难以长期扎根。本地高校在医学教育方面的实力相对较弱，难以培养出足够数量的高素质医学人才，这使得深圳在医疗人才方面缺乏自主培养能力，难以形成稳定的人才梯队。医疗科研和创新不足，与北京、上海等城市相比，深圳在医疗科研领域的投入和成果相对较少，这限制了深圳在医疗技术和治疗方法方面的创新和发展。居民健康状况也面临挑战，受到快节奏、高压力生活方式的影响，部分居民存在"亚健康"问题，且高血脂、高血压、糖尿病等慢性疾病的发病率持续升高。公共卫生服务体系也需加强，深圳在应对传染病等公共卫生事件时，应急能力和防控能力有待进一步提升，特别是在新冠病毒感染疫情期间，深圳面临着传统传染病与新发传染病交织、传染病与慢性病叠加的复杂形势。

为应对这些问题，深圳需要持续加大公共卫生投入，优化医疗资源配置，

---

[1] 本书编写组. 习近平的小康情怀[M]. 北京：人民出版社，2022：323.

加强健康教育和预防保健工作，提高医疗服务质量和效率，完善医疗保障体系，最大限度保障市民的健康福祉。2020 年 5 月，深圳市政府发布《关于打造健康中国"深圳样板"的实施意见》，确立了"到 2030 年，建成全国重要的医疗中心城市、全球影响力卓著的健康城市，实现'病有良医'。绿色安全的健康环境基本形成，市民健康水平大幅提升，健康产业繁荣发展"[1]的建设目标。

一、整合优质医疗资源

多方筹措建立优质医疗资源。加强"医疗卫生三名工程（名院、名医、名药）"培育计划，"十四五"期间三甲医院数量翻一番，加速高端医院建设步伐，构筑完善的医学重点学科网络。建设健康中国示范城市，在心血管、糖尿病、肿瘤等常见病和疑难病领域建立国内顶尖国际前沿的专病治疗中心；在补齐儿科、骨科、神经外科、口腔、眼科和精神科等医疗短板的基础上，建设沟通内地与辐射粤港澳大湾区的区域医疗通道。根据城市人口增量新建或扩建一批优质医院，包括深圳市第二人民医院、吉华医院、新华医院、大鹏人民医院、第二儿童医院等。根据"大病上医院，小病去社康"的原则，推进基层医疗机构进社区，家庭医生签约服务也要逐步展开。对于特殊医疗需求群体，开展个性化的家庭病床服务。2023 年末，全市有卫生医疗机构 5431 个，比上年增加 230 个，其中医院 159 个；卫生机构拥有床位 69877 张，增长 6.3%，其中医院病床 64825 张，增长 6.9%；卫生技术人员 125993 人，增长 6.5%。全年各级各类医疗机构完成诊疗量 12884.28 万人次，增长 24.3%；入院人次 225.93 万人次，病床使用率 81.0%。[2]力争到 2025 年，三甲医院数量达到 30 家，新增或达到国家标准的临床重点专科超过 5 个，每千人口拥有的病床数达到 4.5 张。[3]

---

[1]　深圳市人民政府关于打造健康中国"深圳样板"的实施意见[EB/OL].（2020-05-13）. https:// www. sz.gov.cn/gkmlpt/content/7/7786/mpost_7786856.html#20044.

[2]　深圳市 2023 年国民经济和社会发展统计公报[R/OL].（2024-05-27）. https://www. sz.gov.cn/ zfgb/2024/gb1333/content/post_11317653.html.

[3]　深圳市国民经济和社会发展第十四个五年规划和二〇三五年远景目标纲要[EB/OL].（2021-06-09）. https://www.sz.gov.cn/cn/xxgk/zfxxgj/ghjh/content/post_8854038.html.

完善医疗服务运行体系。优化各种医疗服务机构的协调运行，统一市域医疗中心与基层医疗集团的配速联动，迎接业务指导与双向转诊的健康医疗发展新趋势，构建紧密的治疗、教学、科研、预防、管理机构联合体。强化广东区域乃至全国优质医疗机构对基层医疗集团及社区健康服务机构的技术支撑，协同开展公共卫生、临床诊治、健康管理、康复护理及临终关怀等工作。重组基层医疗集团的组织机构与运行方式，实现临床治疗和科学预防的融合发展，全科与专科的协同分级诊疗也应该逐步完善。

发掘多方资源共建多元医疗主体。借助深圳民间资本丰富的优势，鼓励外资和民间资本等投资高水平综合医院、特色专科诊所和社区健康医疗中心。支持各类资本涉足健康行业产业，创办医学检验、医学影像、健康管理、生育保健等服务配套支撑机构。疏通专业医师多点执业渠道，确保诊疗效果的基础上实现医疗人力资源的最大化利用。促进各类资本支撑高端医疗机构建设，引入国际医院管理方案强化医院整体管理。应对网络时代的快速发展，推动互联网医疗技术创新，面向未来科技构建新型医疗卫生工作体系。

二、实现全民健康管理目标

促进居民健康全生命周期管理。面向全体市民建立健康评估标准，深化"健康深圳"的构建。完善市民健康评估管理体系，包括健康评估、身体检查和健康档案建立等流程，实现健康管理的网络化、集约化和智能化。健全社会心理服务体系，探索基层社会治理与心理疏导、危机干预的整合模式。

深圳社会心理服务体系建设已初具规模，新冠病毒感染疫情期间凸显其社会治理的积极作用。展望未来，应继续优化社会心理服务平台，加强服务队伍的专业化建设，完善心理服务网格布局，并推动相关立法工作，共同构建具有深圳特色的社会心理服务体系标杆，进而为市域社会治理的现代化提供坚实支撑。

深圳致力于全民心理健康的守护。如今，深圳 74 个街道办全部设立心理服务站，665 个社区心理服务室设置率达 99%，139 家一类社康全部设立心理咨询室，890所中小学心理辅导室覆盖率达100%。[1]各级党群服务中心更是设立了"心灵港湾"，为市民提供心灵的慰藉。特别是针对医护人员、患者及其家属等特殊群体，深圳开展了细致的心理疏导工作，为他们筑起坚实的心理防线。

深圳社会心理服务体系在预防身心疾病、优化医疗资源方面发挥了重要作用。通过全面覆盖和精准服务，有效减少了心理问题导致的身心疾病，减轻了医疗系统的负担。特别是在新冠病毒感染疫情期间，许多原本需要依赖医疗资源的心理问题在心理服务体系下得以妥善解决，实现了医疗资源的优化配置。

深圳社会心理服务体系还积极培育健康的社会心态。在"网格化"工作模式的支撑下，这一体系能够迅速捕捉到民心民意的变化，并及时进行干预和疏导。这不仅改善了各类社会关系，还引导民众理性看待社会热点问题，促进了社会的和谐稳定。

深圳社会心理服务体系还是政府决策的智囊团。在新冠病毒感染疫情期间，社会心理服务体系工作者们积极调研、收集信息，将心理疏导和干预工作中的有效信息进行分析汇总，为政府机构制定相关政策提供了科学准确的依据。

深圳在高质量完成试点任务的基础上，正在打造独具特色的社会心理服务体系"深圳样板"，科学规划"十四五"期间精神卫生与心理健康工作的蓝图，确保各项措施得以切实实施，为实现"城市文明典范"与"民生幸福标杆"的目标贡献新力量。

构建全面覆盖的社会心理服务网络。凭借已经基本建成的社会治理体系，正在构建全市统一的社会心理服务平台，将企事业单位、社区、街道、工会、共青团、妇联、红十字会等多元组织纳入其中，形成"政府主导、多方参与、互助联动、统筹兼顾"的工作格局。同时，设立统一的心理服务热线与网络平台，实现心理服务的便捷化、高效化。

打造专业与兼职相结合的心理服务团队。面对民众日益涌现的大量心理服务需求，亟须建立一支专业与兼职相结合的心理服务队伍。专业团队由心理

---

[1] 马俊军，王贞贞. 打造社会心理服务体系"深圳样板"[N]. 深圳特区报，2022-08-08（B04）.

学、精神卫生学领域的专家组成，负责提供全面深入的专业服务；兼职团队则由具备一定心理学知识的准专业人员组成，负责在紧急情况下提供基本的心理援助。两支团队将进行有针对性的培训，以确保服务的专业性和有效性。

强化社会心理服务的网格化管理。深圳已建立起由市级到社区级的社会治理网格化平台，为社会心理服务的网格化管理提供了有力支撑。需进一步将社会心理服务的"小网络"有效融入社会治理的"大网格"中，强化市、区两级社会心理服务体系建设领导小组的领导职能，明确各类心理健康服务、重点人群心理健康服务等工作的网格归属。同时，在各级卫生健康委员会内部设立专门机构，负责社会心理服务体系建设的统筹协调与推进工作。此外，还需加强宣传、综治、教育、发展改革等部门的协同合作，共同推动社会心理服务体系建设的深入发展。

加速社会心理服务立法进程。法治化是社会心理服务体系建设的必然选择。深圳作为经济特区，拥有先行先试的立法权。在推进社会心理服务体系建设的过程中，需从两方面着手加强立法工作。一方面，要完善现有法律法规中关于社会心理服务的内容，确保其与《中华人民共和国精神卫生法》《中华人民共和国突发事件应对法》等相关法律法规的衔接与协调；另一方面，要加快制定具有综合性的社会心理服务体系专门法，明确社会心理服务体系建设的总体要求、基本原则、服务种类、服务网络、人才队伍、保障机制等方面的内容，为社会心理服务体系的建设和运行提供有力的法律保障。

加强社会心理服务的宣传与推广。为了提高公众对社会心理服务的认知度和接受度，需要加强宣传与推广工作。通过各类媒体渠道，普及心理健康知识，提高公众对心理健康问题的重视程度；同时，积极推广社会心理服务的成功案例和先进经验，激发社会各界参与社会心理服务体系建设的热情。此外，还通过开展心理健康讲座、现场心理咨询活动等方式，为公众提供直接的心理服务支持，帮助他们解决心理困扰，提高生活质量。

深圳社会心理服务体系工作重心下沉到基层。依托综治中心、党群服务中心等平台设立的心理服务机构，不仅能普及心理健康知识、提供心理咨询和疏导服务，还能协助管理治疗严重精神障碍患者。这些工作不仅提升了基层治理的科学化、合理化水平，还在一线与人民群众共同应对各种心理挑战，有效避免了社会不稳定因素的产生。

加强社会心理服务体系建设是深圳在推进社会治理现代化过程中的重要举措。通过构建全面覆盖的社会心理服务网络、打造专业与兼职相结合的心理服务团队、强化社会心理服务的网格化管理、加速社会心理服务立法进程以及加强社会心理服务的宣传与推广等措施的实施，将为深圳乃至全国的社会治理贡献更多的智慧和力量。

深化爱国卫生运动。实现爱国卫生运动由单纯环境治理走向全面健康管理的新形态。持续推进爱国卫生运动向深层次展开，连续举办"全民卫生月""健康嘉年华"等群众喜闻乐见的健康教育活动。加强对病媒生物防制服务机构的全程监管，确保以环境卫生改善为核心，全面清除蚊蝇鼠蟑等病媒生物的滋生地。倡导戒烟少酒、少吃槟榔、远离毒品的同时，普及多锻炼、勤运动的健康生活方式，树立均衡饮食新风尚，共同营造健康的生活环境。

强化特殊人群健康关怀。优化"老少关怀"服务模式，推动学生健康检查融入社区服务，强化对视力、牙齿、骨骼、体重等常见青少年健康问题的监管。增强婚前、孕前、孕期、生产、产后和哺乳期的母子健康保健，大力宣传推广妇女接种 HPV 等新型疫苗，持续开展适龄妇女宫颈癌、乳腺癌免费筛查等助民工程。加强市域精神卫生事业建设，确保精神类疾病患者能接受持续治疗，病愈后顺利回归社会。认真总结新冠病毒感染疫情防控的经验与教训，注重使用新技术新理念构建公共卫生体系。关注高血压、心脏病、癌症、慢性阻塞性肺疾病、糖尿病等慢性病的预防治疗，在"十四五"期间，争取将高血压、2 型糖尿病等慢性病患者的规范治疗率提升至 65%。

三、健全公共卫生应急管理体系

构建"平急两用"的公共卫生应急管理体系，确保重大公共突发事件（如疫情、地震、洪灾、火灾等）时，公共卫生应急管理体系有效发挥作用。以公共卫生学院建设和专业人才培养为出发点，致力于打造世界领先、国内顶尖的疾病预防管控中心。借助 AI 等新型互联网技术改进公共卫生监测网络，提升传染病流行趋势风险评估与快速预警的准确度。构建快捷高效的重大疫情响应系统，坚持"四早"原则——早发现、早诊断、早隔离、早治疗。推进以"传染病市域救治中心 + 传染病备选医院 + 网络医院"为核心的公共卫生应急网络，并新建具备"平急两用"功能的传染病后备医院。发挥中西医联合救治中的各自优势，加大中医在公共卫生应急领域中应用的研发力度。

强化重大疫情防控机制。优化公共卫生风险预警、分析、决策和实施的协作程序，确保市域各区风险防控、信息传导和源头处置能够快速实施，组建互联网 + 实体网络结合的疫情防控信息中枢。在社区层面，构建社区工作者、医疗健康人员与警务人员紧密协作的"三位一体"联防联控网络，并优化突发公共卫生事件信息披露制度。强化应急演练和预案管理，构建一套高效的及时发现、迅速应对、精准控制、有效救治的机制。发挥深圳和香港、澳门各自公共卫生管理方面的优势并展开合作，共同构建大湾区突发公共卫生联防联控新机制，共同守护岭南地区公共卫生安全。

构建完善的公共卫生应急保障体系。比照新冠病毒感染疫情期间各种物资的使用情况，编制突发公共卫生事件应急物资使用和储备名目，并规划各区域合理分布的物资储备库房，不具备储备库房建设条件的区域，可以部署大型公共建筑紧急转换储备。增加对突发公共卫生事件响应和公共卫生治理的科研投入，强化公共卫生科技创新能力，高标准打造国家感染性疾病临床医学研究基地、高致病性病原微生物研究基地、疫苗临床试验中心等关键平台。同时，完善重大疫情医疗救治费用保障策略，探索建立针对特殊群体和特定疾病的医药费用豁免制度，确保在紧急情况下能够为公众提供及时有效的保障。

四、深化医药卫生体制机制改革

打造接轨国际的医疗健康生态体系。以组建医学科学院等前沿医学科学研究实体机构为抓手，将基础医学研究与临床医疗诊治有机结合，筑造医学科技研究创新的新高地。引入国际先进标准的医学人才培养和医疗机构评估体系，推介中医药进入世界医药研发前沿领域。在市域范围内加速引进国际尖端医疗企业与技术，搭建中外医疗合作研发通道。建设多家具有国际一流水准的医疗服务机构，引入国际化医院、健康管理中心和社区健康服务中心。对标后界定境外医师职业等级与内地职称的标准，同时建立特种医疗行业规范，鼓励境外医疗专家来深执业。实施医疗保险跨境互认方案，建立国家公共卫生应急互助网络，逐步建成国际医学研究与国际医疗实践先行示范区。

完善居民医疗保险体系。进一步实施医疗保险综合改革，实现公平、公正、全面的人民健康多层次医疗保障架构。推进医保支付方式和渠道创新，推广以病种、病组为模块的支付方式。实现医保支付方式渠道改革与基层医疗重组、家庭医生签约服务、分级诊疗、慢病关照等协同进行。逆周期调整医疗服务价格波动，实现药品和医用耗材的集中采购的供给侧结构性改革，建设公开、全息、易用的医用耗材交易平台。

作为中医药综合改革试验区的先锋城市，同时肩负起广东省中医药综合改革示范区的试验任务。在追求中医药现代化道路上，深圳通过一系列创新措施取得了显著成果，为中医药的发展树立了新的标杆。深圳市委、市政府紧握"双区驱动"与中医药综合改革创新的双重契机，全面促进中医药产业的跨越式发展。十年来，中医医疗机构如雨后春笋般涌现，从 359 家增加至 1259 家；公立三甲中医院数量也大幅增长，从 1 家扩展到 7 家；中医执业医师队伍日益壮大，由 2770 人增至 6864 人。深圳市中医院更是在 2021 年全国"国考"中荣登第五位，彰显了深圳中医药事业的巨大进步。

在中医药产业的发展道路上，深圳采取了一系列有力的措施来推动其高质量发展。首先，紧扣"20+8"新兴产业布局，精心打造光明国际中医药港。其不仅涵盖了中药饮片智能化煎配中心、粤港医疗中药特制中心，还包括中药材跨境智慧物流及海关创新监管区，以及国际尖端试制车间。集结了中药全剂型生产线 10 条，旨在持续增强现代中药产业的集群效应，推动中医药产业的快速发展。其次，注重创新平台的搭建，以引领中医药科研前沿。通过深化产学研一体化，设立了国家中医湿证重点实验室深圳基地、大湾区中医药临床创新研究中心，并加速推进多家中医药重点实验室的构建，如国家舌诊原理与应用研究中心。这些平台的建设为中医药科研提供了强大的支撑，推动中医药科技不断创新和进步。再次，坚持开放合作，推动中医药国际接轨。主导制定国际中药材标准，将 116 种中药配方颗粒纳入省级标准体系，《中药编码规范》等 ISO 国际标准荣获"2020 年中国标准创新贡献奖"一等奖。促进区域中药制剂调剂与药事服务全程可追溯，加强粤港中药标准的融合与区域交流，推动中医药产业的国际化发展。最后，坚持先行示范，激发中医药综合改革活力。积极探索中医药现代化的新路径，实施中药饮片智能化煎配全程追溯服务，并与广西、贵州、云南等十省联手打造中药道地追溯饮片全产业链协作平台。此外，还创新药品跨境委托监管模式，与日本、中国香港等地传统医药组织和企业建立战略合作，共同研究传统医药国际化发展，推动标准互认互联互通。

第三节　扩展多层次社会保障网络，完善现代化社会治理体系

党的二十大报告中强调："健全覆盖全民、统筹城乡、公平统一、安全规范、可持续的多层次社会保障体系。健全共建共治共享的社会治理制度，提升社会治理效能。"[1] 近些年，深圳积极推进普惠民生工程，夯实基础民生设施，确保民生兜底无忧。针对近些年"就业难"现象，加快建设就业促进体系，特别针对大中专院校毕业生开设绿色就业通道。优化公共住房布局，实现住房保障全覆盖。构建可持续的社会保障体系，让市民生活更安心。创新社会治理模式，营造和谐美好的城市未来，让市民幸福感倍增。

多年来，尽管深圳在社会保障和治理体系改革上已取得长足的进步，但仍需面对不少严峻挑战。在社会保障体系建设方面，首要问题是人口老龄化的加剧，这无疑给养老保险基金带来了沉重的负担。此外，社会保障的覆盖面仍需拓宽，尤其是对于那些灵活就业者和农民工，他们的参保率仍有待提高。再者，社会保障待遇的水平尚未能完全匹配深圳市高速发展的经济社会水平，这无疑是亟待解决的问题。最后，社会保障管理服务的水平也亟待提升，其中信息化建设滞后成了一个不容忽视的短板。在社会治理体系建设方面，多元主体参与社会治理动力不足，共建共治共享推进力度不足；社会治理方式手段创新滞后，法治治理有待加强；人口激增和土地资源紧张带来的公共服务供给压

---

[1] 习近平. 高举中国特色社会主义伟大旗帜 为全面建设社会主义现代化国家而团结奋斗——在中国共产党第二十次全国代表大会上的报告[N]. 人民日报, 2022-10-26 (01).

力；社会治安良好态势需要巩固，犯罪问题时有发生；社会矛盾化解任务艰巨，矛盾纠纷难以有效化解。

自 2019 年以来，深圳以《中共中央　国务院关于支持深圳建设中国特色社会主义先行示范区的意见》为指向，以《深圳建设中国特色社会主义先行示范区综合改革试点实施方案（2020—2025 年）》为标准，从总体要求、工作原则、主要目标等多方面统筹深圳社会保障和治理体系建设，为深圳在更高起点、更高层次、更高目标上推进社会保障和治理体系创新提供了具体的指导和支持。

一、提高就业质量和收入水平

深化实施就业优先战略，全面激发就业潜力。发挥深圳产业门类齐全、经济基础较好的优势，形成产业经济与就业良性循环，发掘产业就业新渠道。在保证《中华人民共和国劳动法》全面实施的基础之上，进一步保护好劳动者权益，稳步提升最低工资标准。加大创业就业培训与扶持力度，增强灵活就业人员的劳动技能与水平。兴建一批产业孵化园区，畅通新企业招收员工各类通道。借助人工智能等新一代互联网技术，实现就业需求调研与失业预警的精确化，聚焦大中专院校毕业生、再就业人员、退伍军人，以及农民工等群体的整体就业问题，加大对困难群体的就业政策倾斜。发掘一批岭南地区特有的就业项目，例如"粤菜师傅""广东技工""南粤家政"等优质项目要持续开展和更新。到 2025 年要实现新增就业 60 万人以上的阶段性目标。

推进收入分配制度改革。逐步实施以共同富裕为导向的收入分配制度改革，注重初次、二次、三次分配中的合理比例关系，加大二次和三次分配在整体收入分配中的比重。科学计算用人单位长远发展与当下收入分配的财务比例，最大限度增加劳动薪酬在初次分配中的权重，匹配市域经济发展状况，确保劳动者薪酬相应增加。统筹区内外宏观经济发展状况调整最低工资标准，多项举措促进低收入群体增收，保证中等收入群体数量稳步增长。面对知识经济时代的来临，制定基于知识价值的薪酬分配政策，突出科学、技术、知识、管理和数据等生产要素对经济发展的贡献。倡导指向共同富裕的税收和社会保障体系改革。

二、完善住房供应和保障体系

推动住房制度改革深化。打造多元化供给机制，结合租赁与购买，构建全面住房供应系统。完善公共住房管理机制，实行严格的分配、流转及定价规范，同时强化后续监管措施。提升居住用地的配置比例，特别为公共住房用地设立专项计划，确保供应充足。

推动房地产市场稳健前行。坚守住房的居住属性，遏制投机炒作之风。强化商品住房的开发与交易监管，促进二手房市场交易程序公开透明。形成各类住房用地储备机制，提升市场供应数量和质量。规范长租房和廉租房市场发展，在基础教育适龄青少年入学等方面保障租购同权。优化土地供应结构，重点支持租赁住房建设，设立专项用地计划，并探索利用集体土地和企事业单位闲置资源，推动租赁住房建设。加强租赁市场整治，规范市场行为，对租金水平实施科学调控，营造稳定有序的租赁市场环境。

强化住房民生保障属性。按公共住房的民生导向目标稳步推进公共住房建设，严格执行商品房配建公共住房的比例政策。发挥社会各方面建设资源优势，改变落后的公共住房建设运营模式，实现共建共享目标。保障好公共住房使用土地储备，平衡区域间公共住房使用土地配比。打造跨地区的大型安居共同体，探索城际住房合作机制。展望至 2025 年，为民众提供更加坚实的住房保障，目标建设或筹集公共住房共计达到 54 万套（间）。

升级市民居住品质。逐步开展"第四代"住宅建设标准的制定和推广，同步推进物业服务行业升级迭代。以城中村模块化租赁为重点，推进城市出租房屋模式创新，实行分区分级分类管理，改善城中村等出租房屋周边环境，增加各项便民服务设施，逐步实现与城市能级对等的现代化居住氛围标准。完善各类社区内外的配套设施，打造集休闲、娱乐、运动、社交等多功能于一体的社区活动中心。

在 2023 年 6 月 7 日，深圳市正式颁布了《深圳市公共租赁住房管理办法》《深圳市保障性租赁住房管理办法》《深圳市共有产权住房管理办法》《深圳市保障性住房规划建设管理办法》（以下简称"四项规章"），标志着深圳住房保障体系与国家层面的全面对接，旨在确保各类住房困难群体都能得到妥善安置。"四项规章"于 2023 年 8 月 1 日全面生效，预示着深圳市在解决住房问题上又迈出了坚实的一步。"四项规章"详细界定了保障性租赁住房、公共租赁住房、共有产权住房的居住对标人群、价格制定、分配条件、申请类别、土地属性、建设标准以及施工主体等。对于住房的建设和筹备需要多渠道并进互通。从土地供应与整备、城市规划与更新，均纳入建设筹集范围。此外，存量房屋也将被充分利用，通过改建等手段，实现资源的最优化配置。

品质提升成为新亮点。保障性住房的设计充分考虑居住需求，追求精致与实用。装配式建筑技术广泛应用，智能建造、绿色建材等成为标配，旨在打造"绿色、健康、智能"的现代化住宅。同时，文化、体育、养老、托幼等设施将作为新建保障性住房项目的标配，周边配套设施也将一并列入规划和建设方案，保证居民享受公平的城市资源与福利。

"四项规章"的出台，是贯彻落实党中央、国务院住房工作部署的具体体现，旨在有效解决新市民、青年人等群体的住房问题，逐步实现"居者有其屋"的目标。接下来，深圳市将加快配套政策的制定与实施，确保新政落地生根，造福广大市民。

三、增强社会福利保障

优化高质量全覆盖多层次社会保险体系。强化养老保险机制，建立以基本养老保险为核心，辅以企业（职业）年金，并结合个人储蓄型养老保险与商业保险，形成完整养老保险架构。截至 2023 年末，全市有 1439.76 万人参加了城镇职工基本养老保险，1269.40 万人参加了失业保险。[1] 同时，试探性放宽外籍高级人才养老保险的延缴与迟缴规定。按照国家统一部署，逐步实施延迟退休政策。鼓励企事业单位通过"职业年金"等商业保险方式补充职工社会保险份额。针对老龄化社会来临等问题，推广长期护理险等适配保险的购买与使用。注重社会保险公共服务质量的整体提升，建设完善社会保障公共服务市域平台，通过"一卡通"整合各项社会保障便捷服务。

---

[1] 深圳市2023年国民经济和社会发展统计公报[R/OL].（2024-05-27）. https://www.sz.gov.cn/zfgb/2024/gb1333/content/post_11317653.html.

表 6-2　2023 年末全市参加各类保险人数

指标	参保人数（万人）	比上年末增长（%）
城镇职工基本养老保险参保人数	1439.76	4.3
城乡居民基本养老保险参保人数	1.34	7.2
城镇职工基本医疗保险参保人数	1440.32	7.7
城乡居民基本医疗保险参保人数	297.95	−10.7
失业保险参保人数	1269.40	2.8
生育保险参保人数	1286.50	−2.7
工伤保险参保人数	1325.84	3.9

数据来源：《深圳市 2023 年国民经济和社会发展统计公报》，深圳政府在线，2024 年 5 月 27 日，https://www.sz.gov.cn/zfgb/2024/gb1333/content/post_11317653.html.

　　构建老年宜居城市。完善养老服务体系，实现居家社区与机构养老的有效融合，医养与康养的无缝对接。打造从兜底到基本再到高品质养老服务，形成政府、家庭、社区多元化养老服务供给体系，建设"15 分钟内"养老服务圈。养老服务机构和设施便利化建设，在先行拟定居家社区养老服务设施建设指标基础上，辅助老龄社区和适龄家庭适老化改造。借助市场力量增加养老服务供给种类和数量，培育专业化长期照护服务工作人员与企业，扶持具有影响力的养老服务品牌产生。鼓励智能电子产品适老化更新，帮助老年人适应智慧城市的到来。进一步紧跟养老服务设施建设的迅猛发展步伐，编纂《长者服务中心（站、点）建设规范》，填补深圳市社区养老服务设施设计规范空白，构建一个标准化的建设设计体系，确保设施建设的统一性和高效性。预计到 2025 年，90% 的市区街道将建有长者服务中心。

　　打造全方位民生兜底网络。总体上实现民生救助由"基本保障"向"发展支持"转型的目标。构建涵盖基本生活、专项救助、紧急援助、长期辅助等多层次民生救助体系，辅助以公益性组织的资源与力量，努力实现对特定人群的广泛覆盖、有序衔接、精准对接、科学引导。形成由救助、就业、保险、慈善等多部门多领域协调联动的体制机制。依法保障退伍军人权益，全方位提升为退役军人服务的水平。

老幼与弱困群体，是新冠病毒感染的高危人群，其安危牵动着党和政府的心弦，要做到"特殊照顾、深情呵护、细致关怀"。深圳市民政局近期采取了"非常举措"组合策略，通过构建紧急指挥机制、拓宽援助范畴、简化申请流程、强化临时援助措施、多方协同作战、完善救助网络，为困难群众编织了一张坚实的安全保障网。仅在 2020 年 1 月至 3 月，就向低保家庭、分散居住的孤儿、面临困境的儿童以及残疾人等发放了总额达 2988.09 万元的社会救助资金和残疾人两项补贴，同时分发了 5.86 万只口罩等防疫用品，以及一批粮食和生活必需品，确保他们感受到社会的温暖和力量。

四、保障妇女、未成年人和残疾人基本权益

推动男女平等与妇女工作全面进步。全面优化妇女在经济社会发展中的生态状况，确保妇女事业与市域经济社会发展齐头并进。制定政策拓宽女性就业途径，大力宣传消除职场性别偏见，营造良好舆论氛围助力女性成长与成功。针对近些年低生育率情况的发生，更多关注孕产妇等特需群体，加大对女性不孕问题的研究力度，在民生保障方面向困难妇女群体倾斜。依法依规严厉惩处侵犯妇女权益的违法犯罪行为。发挥深圳特区立法权优势，先行探索家庭发展政策法律法规体系，借助岭南文化特色资源打造家风家教实践平台，实现以家庭文明构建促进城市文明建设。

构建少年儿童友好城市新蓝图。推进少年儿童优先发展策略，以强化少年儿童安全保障为基础，依照最新标准建造或改造少年儿童友好型医院、图书馆、幼儿园、展览馆、博物馆、公园及母婴室等公共文化娱乐休闲运动空间。关注婴幼儿照护服务问题，借助市场机制探索 2 岁以下与 2—3 岁婴幼儿的分层日间照护模式，增加照护服务组织机构的来源渠道，逐步形成来源可靠、多元参与、布局科学、服务达标的婴幼儿照护服务系统。

全力打造青年活力之都。青年是建设深圳、发展深圳的中坚力量。务必贯彻实施深圳青年发展长远规划，形成"党委领导、政府担纲、群团合作、社会共治"的青年发展生态系统，建立科学的青年发展型城市评估体系。启动以深港澳为核心的粤港澳大湾区青年人才联合培养计划，搭建大湾区青年交流合作

平台，培育出一大批国际化、高素质、创新型、成长型的青年建设者。打造一系列青年文化创新空间，拓展青年喜闻乐见的社会主义文化新形式，切实推动关心下一代工作的持续高效进行，培育践行社会主义核心价值观的青年代表。解决好青年等深圳新市民急难愁盼问题，构建婚恋社交、青年就业、成长成才实体与虚拟平台，制定青少年身心健康与心理危机的干预预案，依法依规切实保障青少年各项权益。

书写无障碍城市新篇章。确立并优化无障碍城市建设标准与规范体系，启动残疾人服务设施升级计划。深圳对于无障碍城市建设的重视，早已有之。早在 2009 年，这座城市便先行一步，出台了《深圳市无障碍环境建设条例》，以立法形式引领了全国的无障碍环境建设风潮。2021 年 9 月 1 日，全国首部关于无障碍城市建设的法律文件《深圳经济特区无障碍城市建设条例》正式实施，标志着深圳在推动无障碍城市建设上迈出了实质性的步伐，成为该领域的领头羊。

《深圳市无障碍环境建设条例》的创新之处在于，它不仅将"环境建设"升级为全面的"城市建设"，而且将受益者范围扩大至儿童、孕妇、老年人及更多需求者。通过整合制度、行动、理念和建设等多元维度，无障碍理念被巧妙地融入城市发展的每个角落和环节，旨在打造一个全民参与、共同受益、全社会共同建设、管理和享受的无障碍发展新模式。在 2022 年一年里，深圳共完成了 197 项无障碍建筑的竣工验收，它们覆盖了办公场所、城市绿洲般的公园、热闹的广场、重要的市政道路、便捷的人行天桥，以及交通、公共、医疗、教育、居住、商业、文化体育等多元化建筑领域。不仅如此，深圳还迈出了数字化无障碍的一大步，推出了无障碍电子地图。这款地图的智能化功能让轮椅使用者和视障人士能够轻松规划个性化的无障碍出行路线，并享受室内无障碍导航的便利。

五、深化社会治理创新实践

构建现代化社会治理体系。不断完善党委引领、政府执行、民主协商、多方融入、全民参与、依法依规、科技助力的社会治理整体架构，共同营造权责明晰、全员参与、共享成果的社会治理生态网络。以基层社会服务网络建设为中心，推广"多网融合"的网格化服务模式，构建基于"大数据"等智能技术支撑的市域社会治理平台。进一步完善基层群众自治制度，激发群众智慧与力量，发挥各级各类民间组织的基层工作辅助作用。

构建社会矛盾纠纷多元化预防与化解新机制。各级社会治理机构全面学习新时代的"枫桥经验"，进一步推广完善深圳光明区特有的"光明模式"，加强社会矛盾纠纷的排查预警与多元化调处机制，建立社会矛盾纠纷"一公里处置圈"。增强劳动仲裁等机构的非诉讼纠纷解决能力，构建多元化纠纷解决网络。确保群众诉求表达充分、利益协调周全、权益保障全面。推动人民调解、行政调解、司法调解整合化发展；在商事调解等方面，促进行业性、专业性、社会性调解组织的蓬勃发展。适应深圳经济发展速度，推进快速裁决法庭建设，形成集成化诉讼服务机制。拓展信访工作改革思路，引入多方主体开展信访监督，注意从源头化解信访矛盾。

党的二十大报告着重强调了在社会基层坚持和发展新时代的"枫桥经验"的重要性，意在将矛盾纠纷及时化解在基层、消除在萌芽状态。"光明模式"是新时代深圳对"枫桥经验"的继承和发展，是中国特色先行示范区基层社会治理的创新实践。光明区历经时代变迁，从昔日的国营农场蜕变为现今的科学新城，已从"特区边缘"跃升至"核心舞台"，成为粤港澳大湾区和广深港澳科技创新走廊上不可或缺的枢纽，承载着构建综合性国家科学中心和争创世界一流科学城的伟大使命。光明区下辖6个街道和31个社区，占地约156平方公里，实际居住人口达140万。当前，光明区正值蓬勃发展之际，大规模的开发和建设如火如荼，基层社会治理也面临着诸多新的挑战与机遇，正不断推动着区域的持续进步和升级。

为深化基层治理效能，切实缩短服务群众的距离，光明区委区政府创新构建"1+6+31+N"四级群众诉求服务体系，设立了197个服务大厅（站点），并组建了一支由1.5万人组成的平安服务团队。通过构建"500米群众诉求服务圈""500米公共法律服务圈"以及"500米社会心理服务圈"，积极回应社会多元化需求，开辟了一条基层社会治理新途径，实现了"就地解决纠纷、源头化解矛盾、身边提供诉求服务"的目标。[1]

在中国特色社会主义先行示范区的建设过程中,社会工作者队伍作为社会治理的助推器与民生福祉的守护者,一直备受关注,近年来深圳社会工作者队伍建设成效显著,始终引领行业前沿。

深圳在社会工作领域的探索和实践上始终走在前列,获得民政部授予的"全国社会工作发展与社会工作人才队伍建设典范"。早在 2007 年,深圳就发布了《社会工作人才队伍建设与社会工作发展强化策略》,随后逐步构建起完善的社会工作政策体系。目前,深圳拥有近 1 万名社会工作从业人员,持证人员更是高达 2.1 万余人,服务领域已覆盖至 16 个不同方面[2],彰显了其在社会工作领域的卓越成就与广泛影响力。

2020 年,深圳市政府就发布了市民政局制定的《深圳市关于提升社会工作服务水平的若干措施》,旨在从更高层次推动社会工作走向专业化、规范化、品牌化,以人民为中心的发展理念为指引,加速社会治理现代化进程,树立民生幸福的典范。此举不仅有助于中国特色社会主义先行示范区的建设,更为"十四五"期间全面建设社会主义现代化国家、迈向第二个百年奋斗目标注入了强大的社会工作动力,进一步彰显行业标杆作用。

近年来,深圳市社会工作领域硕果累累。先后组建了灾害社会工作志愿服务队等社会工作者队伍,圆满举办了亚太地区第 24 届社会工作区域联合会议,并建立了社会工作行业标准化指导机构。该机构制定了《深圳市社会工作服务质量管理规范》以及七大细分领域的专业准则,为行业设立了新的标杆。此外,援疆社工项目和"牵手计划"等品牌项目,在脱贫攻坚与对口支援中扮演了重要角色,受到了服务对象的广泛好评,成为业界学习的典范。

深圳基于国家需求、问题导向、机制瓶颈以及深圳的优势,将社会工作实践凝练为制度化成果,不仅对"党委领导、政府引领、民间参与"的发展路径、"职业化、专业化"的发展策略及政府购买服务的模式进行了深度优化;

---

[1] "家门口"解决群众急难愁盼!深圳"光明模式"探索基层治理新路径[EB/OL].(2023-04-10). http://gdwsxf.gd.cn/gkmlpt/content/4/4150/post_4150951.html#2854.

[2] 常俊卓.深圳全力打造社会工作创新发展高地[EB/OL].(2020-11-11).https:// www.mca.gov.cn/ n152/n166/c44625/content.html.

同时，也针对社会工作发展系统性欠缺、服务供给模式不完善、社工职业薪酬机制不健全、从业人员动态管理缺失等核心问题，进行了全面改革。在构建社会工作制度创新的策源地与高地之际，致力于为我国社会工作的顶层设计提供更多有力支撑，以期在推动社会治理体系和治理能力现代化的道路上，贡献更多源自深圳的宝贵经验和智慧。

第四节　持续开展区域帮扶协作，书写共同富裕"深圳答卷"

共同富裕是新时代新征程中国共产党的使命任务之一，是中国式现代化的重要特征。党的二十大报告指出："我们坚持把实现人民对美好生活的向往作为现代化建设的出发点和落脚点，着力维护和促进社会公平正义，着力促进全体人民共同富裕，坚决防止两极分化。"[1] 深圳作为中国首批经济特区中的佼佼者，不仅是改革开放的排头兵，更是实现区域经济先富带动后富的典范。自1990 年至今，深圳肩负起先行者的使命，通过结对帮扶等创新模式，有效缩小了地区发展差距。这座城市的实践不仅在理论上为共同富裕提供了深刻阐释，而且在实践中为全国推进共同富裕、实现第二个百年奋斗目标贡献了宝贵经验。深圳的成功探索，展现了其在促进区域均衡发展、实现社会全面进步方面的重要责任和巨大潜力。

区域经济发展不平衡是一个长期存在的问题，也是我国全面走向共同富裕的主要障碍之一。区域经济发展不平衡一方面表现为：东部沿海地区与中西部地区之间的发展差异。东部地区凭借地理优势、开放政策和较早的工业化，经济快速发展，形成了一批经济特区和发达城市。这些地区拥有较高的人均收入、先进的基础设施和产业集群。相比之下，中西部地区由于自然条件不适宜、基础设施不足和工业基础薄弱等因素，发展速度相对滞后。这些地区面临着资源开发与环境保护的双重压力，且在教育、医疗等公共服务方面也存在较

---

[1] 习近平. 高举中国特色社会主义伟大旗帜 为全面建设社会主义现代化国家而团结奋斗——在中国共产党第二十次全国代表大会上的报告[N]. 人民日报, 2022-10-26（01）.

大差距。区域经济发展不平衡另一方面表现为：一定区域内部不同片区的经济发展不平衡。广东省内部区域经济发展就呈现出明显的不平衡态势。珠江三角洲中的广州、深圳等城市，凭借先进的产业结构和强大的经济吸引力，成为资本和人才的汇聚地，GDP 及人均 GDP 均领跑全省；然而，粤东、粤西及粤北地区的发展相对缓慢，经济实力和人均收入水平均有所不足。其次，从产业结构来看，差异同样显著。珠三角地区以高新技术和现代服务业为主导，而粤东西北地区则更多地依赖于传统农业和劳动密集型产业，产业结构相对固化，竞争力不足。

针对以上区域经济发展不平衡的问题，深圳一方面基于国家发展战略意图，如全面脱贫、民族团结、振兴东北等，先后与广东、西藏、新疆、贵州、广西等 17 个省（自治区、直辖市）35 个地级市（自治州）及所辖 109 个县（区）建立结对帮扶关系[1]，力图在一定程度上消除东部沿海地区与中西部地区之间的发展差异；另一方面，深圳瞄准省域发展不均衡问题，推动粤东西北振兴发展，2013 年，在广东省政府的统一部署下，对口帮扶河源市和汕尾市。2018 年 12 月 16 日，深汕特别合作区党工委、管委会正式揭牌，这标志着合作区进入了"深圳全面主导"的时代。这一合作区的成立旨在促进区域经济一体化，实现资源共享和优势互补，推动广东省东部地区的经济发展。为此，广东省、深圳市发布了《深圳市关于推动乡村振兴的实施方案》《深圳市乡村振兴和协作交流局关于开展 2024 年深圳市帮扶合作地区展会组团组织项目承办申报的通知》《深圳市对口帮扶汕头、河源和汕尾市驻镇帮镇扶村行动方案》《广东省深汕特别合作区条例》等系列文件，用于指导开展区域帮扶协作工作。

一、发挥先行优势，坚持对口援建

自 1990 年起，深圳即肩负起在全国范围内进行帮扶的使命，涉及省、市、县多层级，遍及全国大江南北。其帮扶工作起步迅速、历时长久、范围辽阔、贡献卓越，始终引领全国对口援建走向。在此过程中，深圳不仅积累了丰富的

---

[1] 中共深圳市委党校，深圳市建设中国特色社会主义先行示范区研究中心. 深圳帮扶30年[M]. 深圳: 海天出版社，2021: 3.

经验做法，更形成了一套完整且系统的帮扶策略。比如，市级领导亲自挂帅，将支援与经济协作深度融合；以项目为抓手，实现系统性帮扶；利用产业、地域、亲情等多重优势，打造区域内外联动的帮扶体系；同时，强化农村基层组织建设，以党建引领脱贫攻坚。这些策略构建了一个全方位的"策略库""路线图"和"操作指南"，为推进共同富裕提供了宝贵的参考和借鉴。

自 2010 年对口援疆方案实施以来，深圳作为这一重大计划中的唯一单列市，肩负起对口援助喀什市及塔什库尔干塔吉克自治县（简称塔县）的艰巨任务。在近十五年的援疆实践中，一批批深圳干部群众怀揣着奉献、开拓、奋斗、创新的巨大热忱，奔赴援疆的征程，为这片土地带来了希望与活力。十载春秋，深圳依托其卓越的经济实力、贸易网络、技术引领、创新驱动、人才荟萃和开放姿态，精准对接喀什发展需求，倾力输送援疆干部人才共计 1629 人次，投入资金高达 126.56 亿元，精心实施 894 个援疆项目，成功引领企业投资超过 310 亿元[1]，使受援地区经济跨越式发展，社会面貌焕然一新，昆仑山脉下的"丝路明珠"更加光彩夺目。

民众之所期盼，便是政策导向之所在。地处海拔 4000 米以上帕米尔高原之巅的塔县，历来有着"生命禁区"的称谓。深圳倾其所有为塔县带来了最新的医疗技术与理念，倾力援建塔县人民医院，助力其升格为二级甲等医院，为当地居民的健康保驾护航，在遥远的新疆赢得了"深圳医院"的美誉。目前，该院的基础设施还在不断地迭代升级。针对塔吉克族学生上学难题，深圳慷慨援助，在塔县建立了一所集初中、高中于一体的完全中学——深塔中学，为民族的未来播撒希望的种子。自对口援疆行动启动，深圳援疆团队持续将优质资源输送至塔县，演绎着助学与助医的温情篇章，让民众真切感受到来自远方的真挚关怀与实惠。

当前进入将巩固脱贫攻坚的辉煌成果与乡村振兴紧密结合新阶段，并稳步迈向共同富裕的伟大征程。脱贫攻坚战是共同富裕的基石，二者在理论逻辑、体系机制、行动策略等方面具有深刻的内在联系。与此同时，相较于脱贫攻坚，共同富裕与乡村振兴的推进展现出了新的特征与挑战：需从解决绝对贫

---

[1] 罗雅丽. 以"深圳所能"服务"喀什所需"　深圳援疆:跨越山海的握手! [N]. 深圳特区报,2023-07-12（A01）.

困的焦点，转向相对贫困的治理；从消除收入贫困的单一目标，扩展至多维贫困的全面治理；从精准扶贫的点状突破，转变为城乡融合发展的全面推进。深圳作为我国经济的高地，特别是在高新技术产业的蓬勃发展下，其高质量发展为共同富裕的实现提供了先行经验。深圳在帮扶过程中，已对适应这些新要求进行了深入探索。如今，深圳又迎来了构建新发展格局、推进新型城镇化、建设中国特色社会主义先行示范区等多重历史机遇。凭借三十年的帮扶经验和一贯的创新精神，深圳必将引领共同富裕的新篇章，成为这一伟大征程的领跑者。

马海村，作为深圳市南山区与广西桂林市龙胜县共同精心打造的"共富乡村"典范，其在推动乡村全面振兴的道路上取得了令人瞩目的成果。[1] 在构建共富生态方面，马海村通过引入先进的农业技术和管理模式，实现了农业生产的现代化和规模化，有效提升了农产品的品质和产量。同时，结合乡村旅游、文化创意等新兴产业，形成了多元化的共富业态，为村民提供了更多的就业机会和收入来源。在构建乡村共富架构方面，注重发挥村民的主体作用，建立了以农民为主体的经济联动模式。通过成立农民专业合作社、引导村民参与乡村旅游开发等方式，将村民紧密地联结在一起，形成了利益共享、风险共担的共同体。这不仅增强了村民的凝聚力和向心力，也为乡村的可持续发展奠定了坚实的基础。在优化生活环境方面，加大基础设施建设力度，改善了村民的居住条件和生活环境。通过修建道路、建设供水供电设施、整治环境卫生等措施，使乡村面貌焕然一新。同时，注重乡村文化的传承和保护，保留了乡村的传统风貌和人文特色，为村民营造了一个宜居宜业的美好家园。在培育乡村精英方面，着重培养乡村经营性新型人才——乡村 CEO。这些乡村 CEO 成为推动乡村发展的中坚力量，为乡村的繁荣稳定注入了新的活力。最后，在建立数字化工具方面，充分利用现代信息技术手段，建立了以连接城乡供需为核心的数字信息平台。通过这一平台，村民可以及时了解市场动态和需求信息，更好地调整自己的生产和经营策略。同时，也为城乡之间的交流和合作提供了便利条件，促进了城乡一体化的发展。

---

[1] 深圳南山牵手桂林龙胜打造"马海模式"迈出乡村治理新路[EB/OL]（2023-08-22）. http://mzw.gxzf. gov.cn/gzyw/sxxx/t17007505.shtml.

二、体现示范效应，持续省内帮扶

2018 年 10 月，习近平总书记在广东视察时指出，城乡区域发展不平衡是广东高质量发展的最大短板，寄望广东努力把"短板"变成"长处"，将这一不足转化为未来发展的巨大潜力，积极发挥粤东西北地区的生态优势，不断拓展新的发展空间，为持续发展注入强劲动力。2023 年 4 月，习近平总书记再次视察广东，重申了解决区域发展失衡问题的紧迫性，强调加快交通等基础设施区域互联互通的必要性，以此推动粤东、粤西、粤北地区更好地承接珠三角地区产业的有序转移。广东始终面临着如何有效应对区域发展不均衡这一重大挑战，这也是推动广东持续繁荣发展的必答题。

早在 2008 年 10 月，东莞大朗（海丰）产业转移工业园更名为深圳（汕尾）产业转移工业园，由深圳市政府和汕尾市政府共建。2011 年 2 月，广东省委、省政府发文：批准设立深汕特别合作区，赋予地级市经济社会管理权限，委托深圳、汕尾共管。这就产生了"深汕特别合作区"的 1.0 版本。2019 年 7 月，中共中央、国务院发布《关于支持深圳建设中国特色社会主义先行示范区的意见》，明确要求"创新完善、探索推广深汕特别合作区管理体制机制"。"深汕特别合作区"的 2.0 版本就此启动。

深汕特别合作区，位于粤东与珠三角的交会要地，曾是一片位于汕尾市的边缘地带，产业基础薄弱。自从作为深圳的第"10+1"区启动运作以来，该区域的建设与发展便由深圳全面掌舵，突破了传统行政区划和属地管理的束缚，化身为跨越地理界限的"特区"，实现了真正的"飞跃式发展"。当前，深汕特别合作区正通过新型城镇化和乡村振兴的"双引擎"战略，全力打造一座现代化的滨海新区、产业高地和田园风光之城。

深汕特别合作区秉持产城融合的发展理念，同步推进产业与城市的建设。依托"总部＋基地"的产业发展架构，借助深圳科技产业雄厚实力，聚焦引进战略性新兴产业、未来产业以及科技创新项目，与深圳构建了一个产业布局合理、层次分明、分工明确、产业链互补的经济新生态。随着产业园区的成熟和轨道交通的贯通，深汕特别合作区的公共服务体系日趋完善，形成了独具特色且竞争力强大的产业体系。这座新城正迅速从产业承接低地向产业创新高地蜕变，一座现代化的智能制造之城正崭露头角。深汕特别合作区不仅为汕尾乃至粤东地区注入了强劲的发展动力，还为深圳的东进战略提供了重要支撑，成为广东区域协调平衡发展的先锋"试验场"。

2022 年 12 月 8 日，广东省委十三届二次全会审议通过《中共广东省委关于实施"百县千镇万村高质量发展工程"促进城乡区域协调发展的决定》，全面实施"百县千镇万村高质量发展工程"（简称"百千万工程"）。"百千万工程"是广东省内破除区域发展不平衡，实现高质量发展的"头号工程"。在广东省 122 个县（市、区）、1609 个乡镇（街道）、2.65 万个行政村（社区）中全面展开，以推动高质量发展为主题，以乡村振兴战略、区域协调发展战略、主体功能区战略、新型城镇化战略为牵引，以城乡融合发展为主要途径，以构建城乡区域协调发展新格局为目标，壮大县域综合实力，全面推进乡村振兴。[1]

深圳作为广东探索区域协调发展新模式的先锋，承担了"一市帮三市"的"百千万工程"横向帮扶协作，即深圳市—河源市、深圳市—汕尾市、深圳市—汕头市，一座先行城市帮扶三座发展相对滞后城市。自"百千万工程"启动后，深圳坚定地以"三年初见成效"为方向，肩负起重要使命，担当起关键角色，成为引领者。在区域协调发展的道路上，深圳迈出了更加坚定和高质量的步伐，开局之年便以卓越的表现交出了一份令人满意的答卷。

深圳市坪山区—汕尾市陆河县联合构建的高新技术开发区引擎轰鸣，深圳市盐田区—潮州市饶平县产业合作园协作步伐加快；深圳市福田区为惠州市博罗县吸引意向投资高达 100 亿元，预计企业投产后年产值可达 200 亿元；深圳市宝安区为汕头市澄海区产业协同发展基地吸引十余家企业入驻，包括玩具创新、新材料研发、电子信息前沿、大健康等多个产业领域……"百千万工程"加速推进，"双向飞地"成为深圳促进省内新型对口帮扶协作的强劲力量，促进产业同频共振、要素流动融合、服务无缝衔接。

2024 年 6 月，"百千万工程"的年度考核与推进会在省委农村工作会议上圆满落幕。2023 年度考核结果显示，深圳表现卓越，荣获优秀等次。同时，深圳各区也展现出均衡发展、共同进步的繁荣景象：福田区在创新方面取得显著

---

[1] 什么是"百千万工程"？如何实施？一起来看→[EB/OL]（2023—12—11）. https://www.meizhou.gov.cn/zfxxgkml/mzszrzyjwz/gzdt/content/mpost_2575767.html.

成就，荣获创先类优秀评价；南山、宝安、龙岗、龙华、罗湖各区紧随其后，获得良好评价；而光明、坪山两区在进步幅度上尤为突出，荣获进位类优秀；盐田区也取得了良好的发展成果。这一系列的考核结果，不仅彰显了深圳全市上下对"百千万工程"的坚定推进和卓越成效，更展现了深圳为深化实施该工程所付出的辛勤努力和贡献。

第七章　争当可持续发展的先锋

2019 年 8 月，《中共中央　国务院关于支持深圳建设中国特色社会主义先行示范区的意见》(简称《意见》) 发布，《意见》明确深圳"可持续发展先锋"的战略定位，并提出"率先打造人与自然和谐共生的美丽中国典范"。五年来，深圳利用建设先行示范区的契机，坚持"人与自然和谐共生"的根本原则及"绿水青山就是金山银山"的理念，实施绿色发展战略，加速生态文明体制改革，成效显著。在全国绿色发展评估中占据领先地位，"深圳蓝"已成为城市标识，水环境质量实现了显著好转，"无废城市"建设成果频现，能耗、水耗、碳排放强度均低于全国平均水平，荣获国家可持续发展示范项目、首批低碳城市试点、首批气候投融资示范区等称号。[1]

第一节　确定"生态文明建设先行示范"的战略定位

深圳的生态文明建设应当肩负起先行示范区建设新的历史使命，以习近平生态文明思想为指导，坚持"人与自然和谐共生"的原则，践行"绿水青山就是金山银山"的理念，贯彻"良好的生态环境是最普惠的民生福祉"原则，打造安全高效的生产空间、宜居宜业的生活空间、清丽秀美的自然空间，奋力成为人与自然和谐相处的美丽中国典范，为落实联合国 2030 年可持续发展议程提供中国经验。

---

[1] 窦延文. 深圳先行示范打造可持续发展先锋[N]. 深圳特区报，2023-08-24（A05）.

一、坚持"人与自然和谐共生"的原则

党的二十大报告中指出："中国式现代化是人与自然和谐共生的现代化。""尊重自然、顺应自然、保护自然，是全面建设社会主义现代化国家的内在要求。必须牢固树立和践行绿水青山就是金山银山的理念，站在人与自然和谐共生的高度谋划发展。"习近平生态文明思想着重探讨了人与自然和谐共生的关系，该思想的核心内容是对人与自然关系的深层次理解及新颖诠释。习近平总书记指出，"人与自然是一种共生关系，对自然的伤害最终会伤及人类自身"[1]，"你善待环境，环境是友好的；你污染环境，环境总有一天会翻脸，会毫不留情地报复你"[2]。人和自然是共生关系，人类的存在是因为自然界的发展。人与自然共处同一"生命有机体"内，这就意味着人和自然是唇亡齿寒、息息相关的内在关系。人类社会是一个有机的统一体，自然界是人类赖以生存以及繁衍的基础，向人类社会提供必要生存的原始材料，是人类组织生产生活建设的来源。马克思曾经明确指出，自然界是人的无机的身体。在自然界的演化进程中，随着生产力的提高和技术的进步，人类利用劳动力作为改变自然的媒介，自然被纳入人类社会的系统中，人与自然的问题就成为人类社会的基本课题。这就要求在生态文明的建设过程中，要充分认识到人与自然是和谐共生的关系，要运用尊重自然、顺应自然、保护自然的基本规律，这是进行生态文明建设的重要遵循理念。

人类与自然的和谐共生源自自然的演化历程，人类的出现得益于自然界的不断发展。人类与自然界共处一个"生命有机体"内，彰显出人与自然两者命运相依、紧密相连的内在关系。社会结构作为一个统一体，其中自然界是其存在及延续的根本，为人类提供基本生存资源及建设基础。马克思曾经明确指出，自然界是人的无机的身体。在自然变迁中，随着生产力和技术的巨大进步，人类将劳动力作为手段来改造自然，促使自然成为社会系统的一部分，人与自然的关系问题因此成为社会的焦点话题。故而，在生态文明建设中，我们应透彻认识人类与自然的共生关系，遵循尊重、顺应、保护自然的原则，此系

[1] 中共中央文献研究室. 习近平关于社会主义生态文明建设论述摘编[M]. 北京: 中央文献出版社, 2017: 11.
[2] 习近平. 之江新语[M]. 杭州: 浙江人民出版社, 2007: 141.

生态文明建设之根本准则。

近年来，深圳始终坚持将生态文明建设融入经济建设、政治建设、文化建设、社会建设等各方面，把"在生态文明建设上先行示范"作为全市十大发展战略路径之一。积极构建碳达峰碳中和"1+N"政策体系，组织编制碳达峰实施方案及重点领域行动计划，明确战略目标及实施路径。制定《深圳市循环经济与节能"十四五"规划》《深圳率先打造美丽中国典范规划纲要（2020—2035年）及行动方案（2020—2025年）》《深圳市生态环境保护"十四五"规划》《深圳市应对气候变化"十四五"规划》等系列规划文件，率先打造人与自然和谐共生的美丽中国典范。

表 7-1　深圳率先打造美丽中国典范目标指标

领域	序号	指标		2019年	2025年	2035年	责任单位
优美生态	1*	自然保护地面积占陆域国土面积比例（%）		24	以上级部门批复为准	以上级部门批复为准	市规划和自然资源局
	2	大陆自然岸线保有率（%）		38.5	≥38.5	≥40	市规划和自然资源局
	3*	生物物种资源保护	重点生物物种种数保护率（%）	－	98	100	市规划和自然资源局市城管和综合执法局
			外来物种入侵	－	不明显	不明显	
清新环境	4*	PM$_{2.5}$年均浓度（微克／立方米）		24	≤20	≤15	市生态环境局
	5*	空气质量优良天数比率（%）		91	≥95	≥97	市生态环境局
	6*	主要河流优良（达到或好于Ⅲ类）水体断面占比（%）		25	达到考核要求	达到考核要求	市生态环境局市水务局
	7	河湖生态岸线比例（%）		－	65	不降低	市水务局
	8	海水水质符合分级控制要求比例（%）		76.2	≥95	100	市生态环境局
	9	声环境功能区总体达标率（%）		80	≥80	≥90	市生态环境局
健康安全	10*	污染地块安全利用率（%）		－	≥97	100	市生态环境局
	11*	受污染耕地安全利用率（%）		89.6	≥97	100	市市场监管局
	12*	集中式饮用水水源地水质达标率（%）		100	100	100	市生态环境局
绿色发展	13	万元GDP二氧化碳排放下降（%）		7.09	完成国家和省下达任务	完成国家和省下达任务	市生态环境局
	14	万元GDP能耗下降（%）		4.18	完成国家和省下达任务	完成国家和省下达任务	市发展改革委
	15	万元GDP水耗（立方米）		7.67	≤6	≤4	市水务局
	16	高星级绿色建筑比例（%）		38	≥45	≥55	市住房建设局
	17	建筑废弃物综合利用能力（万立方米／年）		1000	1500	2500	市住房建设局

续表

领域	序号	指标	2019 年	2025 年	2035 年	责任单位
宜居生活	18*	城市公园绿地、广场步行 5 分钟覆盖率（%）	–	75	85	市规划和自然资源局
	19	绿色交通出行分担率（%）	78	80	≥85	市交通运输局
	20*	城市生活污水集中收集率（%）	82.5	92	95	市水务局
	21	生活垃圾回收利用率（%）	33	≥50	不降低	市城管和综合执法局
	22	公众对生态文明建设的参与度（%）	88.67	90	95	市生态环境局

注：带 * 指标源于美丽中国建设评估指标体系。"–"表示暂无统计值。

数据来源：深圳市生态环境局《深圳率先打造美丽中国典范规划纲要（2020—2035 年）》。

2021 年 12 月，深圳市发布了《深圳市生态环境保护"十四五"规划》（以下简称《规划》），这一《规划》是深圳建设美丽中国典范城市的首个五年规划，也是深圳市的核心专项规划之一。根据《规划》设定，至 2035 年，深圳将成为可持续发展的领军者，打造人与自然和谐相处的美丽中国范例，生态环境质量达到国际领先水平，绿色生活与生产模式逐步成熟，低碳循环体系显著提升，碳排放峰值后将趋于平稳下降。$PM_{2.5}$ 年均浓度将严格控制在 15 微克／立方米以内，城市中将布满生态良好的河流湖泊，生态系统服务功能得到显著提升，环境治理机制迈向现代化。《规划》着重于绿色转型促进、温室气体管理、大气质量提升、水环境改善、土壤污染预防等维度，致力于打造一个人与自然和谐共生的美丽深圳形象。

构建一个人与自然和谐共生的现代化体系，关键在于提升城市生态环境保护的重要措施，对城市的生产、居住及自然区域进行妥善规划，以实现发展与保护的平衡，并不断优化空间布局的管理，从而确保城市与自然的和谐共生。深圳，作为中国众多超大型城市中面积较小的城市之一，一直在不断完善其空间管理策略，通过科学的方式划分生产、居住及自然生态空间，以促进城市的可持续发展。自建立之初，深圳就依据自然地理特征，设计了"带状多中心组团结构"城市布局，为打造高效、绿色、宜居城市奠定了基础，确保城市与自然的和谐共生。随着快速发展，2005 年，深圳率先明确了生态保护红线，近一半的市域面积被纳入生态控制范围，实施了空间布局规划"山海相连计划"，构建了生态空间结构"一脊一带十八廊"，有效保护了生态系统的完整性。

深圳致力于通过精细化的管理策略，不断优化城市生态环境，全力推进"公园城市"的打造进程。目前，深圳已拥有 1260 座公园，以及长达 3119 公里的绿道，这些设施覆盖了城市九成以上的区域，为市民提供了山海城相连的独特自然休闲空间。在自然基础设施建设方面，深圳同样不遗余力，已有 353平方公里的区域达到了海绵城市的建设标准，占到了建成区总面积的 37%。此外，深圳还不断完善防洪排涝体系，地质灾害防治工作也取得了显著的成效，为城市的可持续发展奠定了坚实的基础。[1]

生物多样性构成了地球健康、人类福祉与经济蓬勃发展的基础，为地球生命体系提供了不可或缺的支撑。深圳在生态安全建设方面不断努力，致力于提升生态系统的多样性、稳定性及可持续性水平。深圳积极推动生物多样性保护工作，使其成为社会发展的主流趋势，并构建起了完善的城市生态安全体系，以保护特色物种和关键生态要素。在此过程中，深圳进行了多项探索实践：实施了城市生态评估项目，建设了省内首条促进野生动物迁徙的生态廊道，成立了全国首个生态监测站点，公开发布了《深圳市生物多样性白皮书》，并且建立了全球首个"国际红树林中心"以及全国首个国际暗夜社区。这些努力使深圳荣获了国际"生物多样性魅力城市"的荣誉称号，并成功加入了国际"自然城市行动平台"。在全省率先推出《深圳市生物多样性保护行动计划（2022—2025 年）》，构建生物多样性信息库，为评估与管理提供支撑。深圳现在已记录植物种类达 2086 种，动物种类合计 839 种，其中国家重点保护物种 109 种（见图 7-1）。深圳鸟类种类占全国总数的四分之一，而其地域面积仅占全国总面积的近五千分之一。

---

[1] 窦延文. 深圳加快建设人与自然和谐共生的现代化——写在六五环境日来临之际[N]. 深圳特区报，2023-06-05（A06）.

图 7-1　深圳市物种多样性

数据来源：《深圳市生物多样性白皮书》。

2024 年是深圳推进《深圳率先打造美丽中国典范规划纲要（2020—2035年）》的重要阶段，深圳计划进一步调整生物多样性保护空间结构，实施山海相连绿化项目，推动国际红树林保护与发展中心建设，增强气候适应能力和生物多样性保护力度，致力于构建一个生态环境良好、人与自然和谐相处的具有独特魅力的现代化国际都市。

二、践行"绿水青山就是金山银山"的理念

党的二十大报告中指出："必须牢固树立和践行绿水青山就是金山银山的理念，站在人与自然和谐共生的高度谋划发展。"推进绿色发展模式的转型，是党中央在实现全面建成小康社会目标的基础上，开启实现第二个百年奋斗目标，以中国式现代化全面推进中华民族伟大复兴的必然要求，这一国家战略将对中国的发展产生深远影响。"绿水青山就是金山银山"的核心理念，根植于经济发展同环境保护相结合的实践活动，从根本上说，"绿水青山"同"金山银山"涉及生态系统和经济发展的相互作用领域，具有重要的实践意义。

确保生态环境保护与经济发展的和谐共存，是持续推进可持续发展的核心要素，也是现代化建设中不可或缺的基本原则。自党的十八大以来，习近平

213

总书记多次深入诠释"绿水青山就是金山银山"的重要思想，为经济发展与环境保护同步推进提供了重要的战略导向，将指引国家走向更加绿色繁荣的未来。"绿水青山"与"金山银山"，分别象征着生态环保与经济发展，它们之间并非相互排斥，而是相互依存、辩证统一的。习近平总书记强调："我们既要绿水青山，也要金山银山。宁要绿水青山，不要金山银山，而且绿水青山就是金山银山。"将绿水青山视为金山银山的思想，强调了维护生态环境等同于稳固生产力根基，生态环境的优化就是促进生产力的发展。马克思主义指出，"人靠自然界生活"，自然既为人类提供生活必需品，也是生产资料的主要源泉。习近平总书记"绿水青山就是金山银山"的重要思想深化了对马克思论述的人、自然、生产及生态相互关系的理解。生态环境的保护，促使发展模式向绿色转变，能激发更大创新力和更广泛市场机会，提高可持续发展的生产力，推动科技进步和绿色消费。"绿水青山就是金山银山"，明确了保护生态环境即保护自然价值，增加自然资本。树木繁茂，是国家强盛的标志。优质生态环境蕴含巨大经济价值，可持续创造多元综合效益，为经济社会稳定发展提供支持。习近平总书记指出，生态本身就是价值。这里面不仅有林木本身的价值，还有绿肺效应，同时它还驱动着旅游业和林下经济等多种产业的繁荣。"绿水青山就是金山银山"的理念，揭示了其价值的持续增长态势。"绿水青山就是金山银山"强调了生态环境保护等同于改善人民生产生活条件。"环境就是民生，青山就是美丽，蓝天也是幸福。"习近平总书记指出，绿水青山可带来金山银山，但金山银山却买不到绿水青山。山林色彩多样，平原蓝绿交织，城市和乡村处处洋溢着鸟语花香，这些自然景色为人们提供了愉悦的生活体验，其生态上的优越性无可比拟。绿水青山是人民健康的根本所在，也是所有人共同拥有的珍贵资源，应当保障人民能在优质生态环境中享受生命之美、自然之美和生活之美。[1]

2021年10月，习近平总书记在深圳经济特区建立40周年庆祝大会上的讲话中指出："40年来，深圳坚持发展社会主义民主政治，尊重人民主体地位，加强社会主义精神文明建设，积极培育和践行社会主义核心价值观，实现了由

---

[1] 俞海,宁晓巍.树牢绿水青山就是金山银山理念[N].经济日报,2023-01-17(10).

经济开发到统筹社会主义物质文明、政治文明、精神文明、社会文明、生态文明发展的历史性跨越"，并将"必须践行绿水青山就是金山银山的理念，实现经济社会和生态环境全面协调可持续发展"列为特区十大宝贵经验之一。深圳秉承使命、砥砺奋进，深刻确立"绿水青山就是金山银山"的核心理念，推行了多项生态文明建设改革创新的行动，促使经济社会全面绿色低碳转型取得了显著成效，生态环境保护也实现了跨越式的发展。

一是不断优化产业结构，着重发展 20 个以先进制造业为核心的战略性新兴产业集群，以及 8 个具有前瞻性的未来产业。2022 年，七大战略性新兴产业（共涵盖 20 个集群）的增加值超过 1.3 万亿元，占 GDP 的比重首次超过 40%，绿色低碳产业的增加值更是达到了 1730.62 亿元，同比增长 16.1%，其中智能（网联）汽车和新能源两大集群的增长尤为突出，绿色低碳产业的发展水平在持续提升中。与此同时，绿色低碳服务领域也呈现出蓬勃发展的态势，2022年深圳碳市场的交易额达到了 2.30 亿元，同比大幅增长 188.4%，年末的收盘价定格在 53.50 元，累计交易额已经突破了 20 亿元大关；碳市场的流动率为 21.25%，连续多年在全国处于领先地位。另外，产业绿色化的步伐也在加快，工业绿色制造体系的建设取得了显著的成果，截至 2022 年底，深圳已成功创建了 79 家国家级绿色工厂，并推出了 92 种绿色产品。

二是积极推进能源结构优化。强化清洁能源作为能源增量核心的地位，使得全市核电、气电等清洁能源的装机容量占比跃升至 78.3% 的新高度。在可再生能源领域，一系列政策出台，旨在促进分布式光伏项目的广泛应用与有序发展，推动光伏发电总装机容量攀升至 37 万千瓦。与此同时，东部环保电厂与妈湾城市能源生态园等项目相继竣工投产，生活垃圾焚烧发电总装机容量也顺利达到了 590 兆瓦的里程碑。在新型电力体系的构建上，国内首个虚拟电厂管理中心正式成立，并配套建设了运营平台，实现了接入容量超过 150 万千瓦的壮举，同时具备了 30 万千瓦的最大调节能力。此外，国内首屈一指的电力充储放一体化网络也已全面建成，该网络广泛覆盖了全市范围内的 17 万个充电桩、5100 个 5G 储能站点以及 6000 个电动车充换电柜等资源，成功实现了分布式资源的全面可视化、精确量化与高效调控，为实施精准的动态管理奠定了坚实基础。

三是打造绿色低碳交通格局。公交车、出租车及网约车已全面实现电动化，公共领域汽车清洁化进程持续推进，纯电动物流车已推广近10万辆。私人新能源车市场增长迅速，2022年新增23.9万辆，渗透率61.8%，保有量增至86万辆。充电设施建设加快，2022年公共充电桩新增1.2万个，总数达12万个，规模居国内前列。综合能源站规划出台，已建成V2G示范站5座及综合能源站6座。国际船舶保税LNG加注中心建设提速，成功完成首船加注作业。

四是全面推广绿色建筑。《深圳经济特区绿色建筑条例》已正式施行，其涵盖建筑从规划至拆除的全生命周期，包括设计、施工、运营、翻新及拆除等环节，进一步健全了管理体系。2022年，深圳被选定为国家智能建造示范城市，新开工装配式建筑总面积达到1845万平方米，新增绿色建筑总面积为1816万平方米。至2022年底，深圳绿色建筑认证项目总面积达到1.47亿平方米，位居全国前列。

五是倡导绿色低碳生产生活方式。《深圳碳普惠体系建设工作方案》已发布，旨在开发碳普惠应用程序，包括"低碳星球"等，以挖掘生活消费中的节能减排潜力。同时，创新性地开展碳足迹认证工作，并与香港携手在大湾区率先试点碳足迹认证。此外，第十届低碳城论坛成功举办，旨在传播绿色发展理念，交流经验，并推动相关合作。[1]

三、贯彻"良好的生态环境是最普惠的民生福祉"原则

党的十八大报告中指出，"建设生态文明，是关系人民福祉、关乎民族未来的长远大计"，生态文明和人民幸福和民族未来紧密联系在一起。"小康全面不全面，生态环境质量是关键"，"环境治理是一个系统工程，必须作为重大民生实事紧紧抓在手上"，因为"良好生态环境是最公平的公共产品，是最普惠的民生福祉"。此论述不仅解析了生态环境作为公共产品的公正性质，还着重指出其作为普遍增进民众福祉的关键作用，既阐明了生态环境与民众福祉之间的固有联系，又深化了民生理念中生态环境的内容。由于生态环境是最为

---

[1] 生态文明督查激励地市典型经验做法介绍（四）——广东省深圳市[EB/OL].（2023-09-22）. https://www.ndrc.gov.cn/fggz/hjyzy/stwmjs/202309/t20230922_1360792.html.

公正的公共产品，其特性为非独占性，全体人民共同拥有并享受其益处，而非专属于任何个人或组织。民众日常生活的基础在于良好的生态环境，它既是民众生活不可或缺的条件，也是广泛造福于民众的重要因素。故而，应将生态惠民作为起始点，全力满足民众对优质生态环境的期望；把生态利民作为实践方式，在经济发展与环境保护中寻找生态和谐的进步道路。将生态为民设为终极目的，既要保护民众的生态环境权利，也要保障民众能够共享发展所带来的益处。环境议题不仅是民众关切的核心，也是政治层面不可忽视的重要议题。中国经济的迅猛增长，伴随着生态环境污染问题的凸显，该问题现已成为公众广泛关注并深感忧虑的热点话题。目前，民众对于拥有一个美好生态环境的向往愈发急切，保护环境、寻求可持续发展已成为广泛共识。民众意愿的指向，正是政治努力的方向，它构成了中国共产党执政稳固性的重要支撑。民众的支持与否，直接关联到党的执政稳固性。为了巩固党的执政根基，响应民众的强烈愿望，首要任务是解决民生领域中突出的环境问题，力求满足民众对优良生态环境的热切期盼。生态环境不仅直接关系到民众的生活质量，一旦其问题升级成为重大政治议题，还将对社会发展的进程产生深远影响，甚至关乎文明的兴衰更替。因此，我们必须充分认识到，生态文明建设在增进民生福祉、保障国家长远发展中扮演着举足轻重的角色。优质的生态环境，是确保人类生存发展的基石，也是为民众带来最直接、最广泛福祉的源泉。

深圳将良好生态环境视为增进民生福祉的首要任务，这是构建人与自然和谐共生的美丽中国典范的关键所在。因此，深圳正积极推进污染防控工作，着重关注重点领域和核心环节，以期实现环境质量的实质性提升。深圳推行"深圳蓝"项目，专注于大气质量改善，着重控制臭氧污染，同步管理 $PM_{2.5}$，强化区域协同防控，深度整治 VOCs 排放重点企业与加油站，加速锅炉低氮技术升级，提前落实非道路移动机械国四排放标准，倡导新能源设备应用，规范燃油加注流程。经过多年的坚持，深圳的空气质量显著转好。2022 年 $PM_{2.5}$ 浓度减至 16 微克/立方米，2023 年第一季度空气质量指数 AQI 维持在 22 至 145 区间，空气质量优的天数达到 46 天，优良天数累计 89 天，占总天数的 98.9%。[1]

---

[1] 窦延文. 深圳加快建设人与自然和谐共生的现代化——写在六五环境日来临之际[N]. 深圳特区报，2023-06-05（A06）.

深圳在水环境治理领域不断推进，采取"六水共治"方针，完善河湖管理责任制，致力于提高污水收集效率及BOD指标，加速老旧管网修复进程，构建更为精细的雨污分流与污水分类处理系统，全面加强对各类污水的综合治理，以期实现水环境的全面提升。在水资源保障方面，深圳构建了"一网互联、两江并举、三纵四横"的保障水资源框架，水库的总蓄水量已达到9.71亿立方米。此外，深圳还启动了公明水库与清林径水库的连通工程，实现了水资源的灵活调度与优化配置。在水污染治理方面，深圳积极探索大型城市河流治理的新路径，水环境质量得到了显著提升，2022年所有国考省考断面均达到了水质标准，优良水体占比高达95.2%。同时，深圳还成功入选国家首批再生水利用配置试点城市，2022年的再生水利用率超过了74%，万元GDP用水量已降至6.71立方米，展现出良好的节水效果。[1]

据有关部门统计，2022年深圳310条河流中优良水体占比达到了67.6%，相比之前增长了17.6个百分点。进入2023年一季度，达到Ⅲ类及以上标准的河流数量为191条，Ⅳ类河流55条。[2]水环境质量整体呈现出了向好趋势。深圳在全市范围内率先消除了黑臭水体，国考省考断面水质优良率从2018年的28.6%提升至2023年的100%，在全省排名中位列第4。此外，东部海域一类水质保持稳定，茅洲河与大鹏湾还成功入选了全国美丽河湖与海湾的案例。[3]

第二节　美丽宜居生态城市建设

深圳在生态文明建设上持续发力，将生态文明理念深深植根于城市发展之中。深圳的城市形象以"深圳蓝"和"深圳绿"为代表。通过推进美丽宜居城市建设，深圳的经济正加速向绿色低碳方向转型，环境保护工作取得了跨越式

[1] 深圳市生态环境局. 深圳市应对气候变化白皮书[R/OL].（2023-12-29）. https://www.sz.gov.cn/attachment/1/1399/1399777/11077982.pdf.

[2] 窦延文. 深圳加快建设人与自然和谐共生的现代化——写在六五环境日来临之际[N]. 深圳特区报，2023-06-05（A06）.

[3] 窦延文. 深圳先行示范打造可持续发展先锋[N]. 深圳特区报，2023-08-24（A05）.

的进步，民众对生态环境的满意度不断提升，深圳正在探索一条人与自然和谐共生的可持续发展国际化大都市路径。

一、高质量发展的绿色底色成色愈加鲜明

在城市发展的道路上，深圳始终坚守质量引领、创新驱动和绿色低碳的发展理念，将经济、产业、能源和生态环境的治理紧密结合。2022 年，深圳的地区 GDP 达到了 3.24 万亿元，同比增长 3.3%，规模以上工业增加值也实现了4.8% 的增长。同时，深圳的工业总产值高达 4.5 万亿元，增加值达到了 1.04 万亿元，这两项指标均位居国内首位。深圳的产业竞争力日益增强，实体经济持续壮大。通过一系列政策的推动，深圳的产业结构实现了由劳动密集型向高新技术产业为主导的转变，形成了 "20+8" 的万亿级产业集群。同时，深圳还布局了约 300 平方公里的制造园区，构建了覆盖全产业链的现代产业发展支撑体系。在 2022 年，深圳的七大新兴产业增加值超过了 1.3 万亿元，占 GDP 的比重超过了 40%。此外，深圳的 PCT 国际专利申请量已经连续 19 年位居全国首位，这充分展示了深圳在科技创新方面的实力。同时，深圳的能源结构也在不断优化，为城市的可持续发展奠定了坚实的基础。深圳的民用与工商业燃煤已被淘汰，清洁电源装机占比高达 78.3%，已构建多元化且具备韧性的能源结构。2023 年国际数字能源展上，虚拟电厂管理平台发布，电力充储放网络正在打造中。绿色制造领域取得进展，国家级绿色工厂增至 79 家，绿色产品种类达 92种。绿色建筑标准已全面执行，总面积超过 1.47 亿平方米，装配式建筑技术领先。绿色低碳交通快速发展，新能源汽车保有量达 86 万辆，充电桩数量达 19万个，公交出租车均已实现电动化，公交站点实现全覆盖，轨道交通密度全国领先，绿色出行占比高达 74%。[1]

---

[1] 深入践行"两山"理念 深圳以先行示范标准扎实推进生态文明建设取得丰硕成果[EB/OL].（2023-08-15）. https://fgw.sz.gov.cn/gkmlpt/content/10/10785/mpost_10785621.html#2659.

二、"蓝天绿地碧水"的城市名片愈加亮丽

深圳致力于生态环境质量的提升，将蓝天碧水净土保卫战及生物多样性保护作为核心任务，为绿色发展奠定坚实基础。在绿色低碳方面，深圳取得显著成果，万元 GDP 的能耗、水耗以及碳排放强度均有大幅下降，二氧化硫与氮氧化物的排放量更是位居全国最低水平，因此荣获了多项环保领域的殊荣。大气环境质量方面，深圳积极创新治理模式，$PM_{2.5}$ 浓度已降至 16 微克／立方米，在超大城市中处于领先地位，"深圳蓝"已成为城市的闪亮名片。与此同时，深圳的水环境质量也在持续不断地得到改善。生活污水治理取得双项提升，每日处理能力高达 760 万立方米，污水集中收集效率提升至 85%。深圳成功入选国家再生水利用配置试点，茅洲河与大鹏湾亦成为全国首批美丽河湖与海湾的典型案例。在生态空间建设领域，"山海连城"计划正在稳步向前推进，其中首条山海通廊已经顺利贯通，为市民提供了更多亲近自然的机会。2022 年，深圳在生态空间建设方面取得了显著成果，新建径道总长达 290 公里，公园数量增至 1250 个，为市民提供了更多休闲娱乐的好去处。同时，深圳还成功入选了国家智能建造试点城市，绿色建筑新增面积达到了 1600 万平方米，展现了深圳在绿色建筑领域的领先地位。在无废城市建设方面，深圳也取得了显著成果，2022 年固废处理能力新增 2.9 万吨／日，成功实现了原生生活垃圾的全量焚烧处理，无害化处置率达到了百分之百，为城市可持续发展作出了积极贡献。[1]

三、高密度超大城市魅力生态公共空间治理愈加精细

深圳在城市空间与自然生态的融合上展现出极高的重视度，精心规划生产、生态及生活三大核心区域，持续加大生态空间保护与修复力度，力求构建一个蓝绿交融、品质出众的城市空间新典范。这一典范中，蓝绿元素成为基底，空间分布既疏朗又紧凑，山海景观交相辉映，四季花朵绚烂绽放，共同塑造出别具一格的城市风貌。深圳，这座市域面积相对较小的超大型城市，在建

---

[1] 深入践行"两山"理念 深圳以先行示范标准扎实推进生态文明建设取得丰硕成果[EB/OL].（2023-08-15）. https://fgw.sz.gov.cn/gkmlpt/content/10/10785/mpost_10785621.html#2659.

市初期便充分依托其丰富的山水林田湖草资源，创造性地设计出"带状多中心组团式"的城市发展新模式。该规划模式不仅为深圳构建了紧凑高效、灵活多变的城市发展空间，还有力地保障了城市发展与自然环境之间的和谐共生关系，为城市的可持续发展奠定了坚实基础。随着城市化进程的加速，深圳将近半数的市域面积纳入基本生态控制线范围，此举不仅有效巩固了城市生态安全格局，还维护了生态系统的完整性与稳定性，进一步推动了山海相依、绿意满城的深圳新形象的塑造，展现了人与自然和谐共生的美好愿景。深圳的公园建设成果丰硕，总数超过1250个，步道总长度跃升至3300公里以上，特色花景道路增至80条，花漾街区数量达到270处，共同编织了一个山海相连、趣味盎然的生态休闲体系，"开窗见绿、开门入园"的生活图景日益临近。在绿色基础设施建设领域，深圳持续推动与自然环境的深度融合，覆盖面积已扩大至460平方公里，海绵城市建设达标区域占建成区总面积的48%。同时，东部海堤的升级改造、防洪排涝体系的优化以及老旧水库的加固工程均在稳步推进中，地质灾害防治工作取得了显著成效。生物多样性保护工作持续加强，生态系统多样性、稳定性及持久性得到显著提升，荣获全球首届"生物多样性魅力城市"奖项，发布国内首部城市生物多样性白皮书，在全国率先开展生物多样性常态监测评估工作，并设立国家生态环境系统内首个野外科学观测研究站，同时，全国首个国际暗夜社区也在此落户。[1]

第三节　可持续发展国际先进城市建设

在生态环境方面，深圳坚持发扬"敢闯敢试、敢为人先、埋头苦干"的特区精神，通过创新驱动变革经济发展动力推动绿色发展。通过科技创新引领能源绿色转型，先行先试探索近零碳发展新路径。大力推动绿色金融改革，为绿色低碳转型的企业提供更多的资金支持。出台一系列规章制度激励市民参与生

---

[1] 深入践行"两山"理念 深圳以先行示范标准扎实推进生态文明建设取得丰硕成果[EB/OL].（2023-08-15）. https://fgw.sz.gov.cn/gkmlpt/content/10/10785/mpost_10785621.html#2659.

态环境保护，践行绿色低碳生产生活方式，积极参与到城市的可持续发展建设中。以国际化大都市创新低碳城市为建设目标，勇当可持续发展的国际创新低碳城市的领跑者，奋力打造人与自然和谐共生的美丽中国典范，为落实联合国2023年可持续发展议程贡献深圳经验。

一、先行先试探索近零碳发展新路径

2021年11月，《深圳市近零碳排放区试点建设实施方案》（以下简称《方案》）正式发布。该《方案》中，深圳选择一部分减排潜力较大或具备良好低碳基础的区域、单位、社区及企业，分阶段开展具有针对性的近零碳排放区的试点建设工作。截至2022年底，深圳市共有56个近零碳排放区的试点项目已进行了两轮建设。华为数字能源安托山总部园区（全球最大的"光储直柔"近零碳排放园区）、净零能耗与直流建筑示范的建科院未来大厦、大梅沙近零碳排放社区等项目进入首批试点建设中。中国建筑绿色产业园A区及华润三九观澜基地等具有先进示范作用的近零碳项目进入全球首个稳定运行的"光储直柔"示范工程，也在第二批试点建设项目中成功建立。根据相关统计，两个试点项目的投资总额已超过18亿元，项目竣工后，预计将减少约43%的二氧化碳排放。进一步推动龙岗区与前海合作区成功进入省级碳中和试点示范区域建设，推进国际大都市实现碳达峰碳中和。为实现减排和低碳目标的协同发展，各个地区纷纷行动。大鹏新区率先在全市推出区县级的降碳减污指数，龙岗区则在关键行业中探索减排与低碳发展的联合机制，龙华区通过多元化的方式推动制药行业的产业链的减排和碳减排进程，而宝安区则针对重点企业实施深入细致的管理。[1]

近零碳试点典型案例一：华为数字能源技术有限公司安托山基地。华为数字能源技术有限公司安托山基地是目前全球规模最大的"光储直柔"近零碳园区，占地面积1.8万 m^2，通过采用建筑光伏一体化、交直流微网架构、智慧能源管理、场景化节能设计、先进储能系统等一体化方案，预计建成后每年生产

---

[1] 深圳市生态环境局. 深圳市应对气候变化白皮书[R/OL].（2023-12-29）. https://www.sz.gov.cn/attachment/1/1399/1399777/11077982.pdf.

光伏绿电约 150 万 kw·h，可再生能源利用率超过 26%，单位建筑面积碳排放低于 25KgCO$_2$/m^2.a。[1]

近零碳试点典型案例二：生物圈三号大梅沙万科中心碳中和实验园区。万科中心碳中和实验园区于 2022 年 10 月完成一期工程改造，包括微电网系统、实验性项目、生物多样性、零废物循环机制、运动健康和智慧运营系统等，是中国首个采用智能微电网系统的商办建筑项目；改造完成后已实现建筑综合节能率提升至 85%，可再生能源利用率 85%，项目整体改造完成后，绿色能比例将达到 100%，并实现运营期间碳中和。[2]

大梅沙社区是深圳首个尝试近零碳社区的建设理念与实践的社区。近年来，大梅沙社区为了实现近零碳排放建设目标，采取了一系列近零碳社区建设的创新举措，并在 2021 年成功被评选为深圳市第一批近零碳试点建设社区。大梅沙社区为了实现近零碳排放建设目标，首先开展了一项基础研究，调查显示该地区的人均年度碳排放量为 0.68 吨。为此，该社区设定了减少 40% 的目标，计划将人均年度碳排放量在 2024 年降至 0.40 吨。这项目标设定了每位居民每日的碳排放量仅为 1.1 千克。为达成这一目标，大梅沙社区从多个方面入手，实行了一系列减排措施，包括开展黑水虻厨余垃圾的资源再利用，举行零碳生活集市活动，以及进行建筑节能改造等。盐田区的"双碳"发展经验于 2022 年 11 月在联合国气候大会（COP27）上得到了充分展示，盐田区的"双碳"发展经验展示中，"大梅沙近零碳排放社区"实践案例，引起了全球的关注和赞赏。[3]

二、创新发展绿色金融助力低碳产业

近年来，深圳市绿色金融体系建设取得明显成效，已形成以绿色贷款、绿色债券为主的多层次多元化绿色金融市场，并在全国范围内第一个实行环境污染强制责任保险制度，发布全国首个绿色金融指数，为服务实体经济绿色低

[1] 深圳市生态环境局. 深圳市应对气候变化白皮书[R/OL].（2023-12-29）. https://www.sz.gov.cn/attachment/1/1399/1399777/11077982.pdf.

[2] 深圳市生态环境局. 深圳市应对气候变化白皮书[R/OL].（2023-12-29）. https://www.sz.gov.cn/attachment/1/1399/1399777/11077982.pdf.

[3] 窦延文. 打造生态文明建设的"深圳样板"[N]. 深圳特区报，2024-04-16（A02）.

碳发展提供了强大动力。深圳各家金融机构扎根实体经济，主动融入低碳转型，基于多个维度拿出具体有效的措施，以实际行动助力深圳经济可持续发展与"双碳"目标达成，以绿色金融"新动能"赋能"新产业"，跑出绿色金融"加速度"，成为金融业内践行绿色金融的先进"范本"。

一是立法引领，建立组织架构、考核配套机制。在制度与机制层面，深圳率先成立绿色金融委员会，设立专门负责绿色金融的机构，积极探索绿色支行和事业部的试点单位等举措，推动绿色金融助力绿色低碳事业发展。深圳坚持考核的引导作用，改革绿色金融助力绿色低碳激励机制，在考核指标体系中纳入生态金融相关内容。同时，针对绿色低碳行业项目的融资需要，加大配置绿色低碳行业相关的信贷力度。给予绿色信贷（GCP）定价、资本占用、授权、规模等倾斜力度。在战略层面，上海银行成立绿色金融推进委员会，明确绿色金融整体规划及实施路径，首推银行业金融机构首部双碳白皮书《上海银行碳达峰碳中和白皮书》，并致力于到2025年实现自身运营碳排放达峰，到2030年，实现自身运营碳中和。在该行新一轮三年规划（2024—2026年）中，全行提出了绿色贷款规模增长1000亿元、余额超过2000亿元目标，深圳分行也提出了翻番的目标，由104亿元增长至210亿元。在试点机构方面，光大银行建立了绿色金融专营机构，去年深圳分行首家获得监管认定的绿色金融机构正式挂牌，发挥绿色金融支行示范标杆作用。工商银行深圳市分行的绿色专营机构建设也卓有成效，2023年工行深圳市分行下辖的市分行营业部、新沙支行、上步支行获评"深圳市绿色金融机构"，是深圳金融同业中拥有绿色金融专营机构最多的单位之一。在配套机制落实方面，金融科技与绿色金融融合程度逐步加深，市场主体依托大数据、物联网、区块链等技术进一步提升对碳排放、能耗污染等数据的挖掘与监测能力，并由此催生绿色金融服务"双碳"目标的新模式，扩大绿色金融的精准服务范围与服务细化程度。[1]

二是增质提效，探索绿色信贷新模式。自从深圳提出"双碳"战略以来，主要的贷款流向已经转向绿色产业升级、清洁能源领域以及节能环保项目。作为支持实体经济融资的重要力量，商业银行在过去3年中，绿色信贷的投放规

---

[1] 高端访谈 中财绿指施懿宸：发挥湾区优势，加强绿色金融联动[N].南方都市报，2024-03-12（B14，B15）. https://epaper.oeeee.com/epaper/G/html/2024-03/12/content_4039.htm.

模出现了显著的增长趋势，形势如同不断攀升的阶梯。从资金规模来看，绿色信贷构成了深圳绿色金融体系的主要部分。深圳多家银行持续加大绿色信贷投放，提高资产结构绿色成色。从 2024 年一季度深圳银行业的信贷投放数据来看，金融资源持续向制造业、科技、绿色贷款等重点领域聚集。2024 年 3 月末，深圳绿色贷款增速明显高于各项贷款平均增速，达 43.38%。在绿色信贷产品方面，深圳多家银行将绿色信贷作为信贷业务战略重点发展方向，不断优化信贷结构，探索产品创新，推出了碳减排项目贷款、碳资产质押贷款、可持续发展挂钩贷款等绿色信贷产品，推进绿色信贷发展。以光大银行深圳分行为例，该行积极探索绿色信贷产品创新，结合区域产业特色和客户实际，推出"碳易通场景金融"模式、落地深圳分行首笔可持续发展挂钩贷款、碳排放权质押贷款，满足企业低碳转型多元融资需求。光大银行深圳分行自 2022 年起便为中节能铁汉提供了绿色贷款资金支持和综合型金融服务，让金融活水持续滋养绿水青山。绿色金融既要支持清洁能源、节能环保等绿色低碳产业发展，也要支持高碳行业低碳转型的合理融资需求。深圳银行业同步支持高碳行业企业的节能减排改造项目，支持具有明确低碳转型策略、内部治理完善的企业获得多种形式的融资。2023 年，上海银行深圳分行作为银团牵头行，落地了深圳市中金岭南有色金属股份有限公司银团并购贷款 11.35 亿元，本笔业务支持了企业绿色改造、环境保护治理，规模化、集约化开采、资源节约和综合回收利用的矿山开采、治理与改造，赋能了绿色发展。[1]

三是绿色债券业务创新，丰富绿色金融"工具箱"。除了信贷，深圳银行业持续发行绿色金融债、碳中和债券、蓝色债券、可持续发展挂钩债券等绿色债券产品，通过发行和承销绿色债券，丰富绿色金融"工具箱"，加快绿色金融产品和服务创新，为绿色产业提供资金支持。深圳自 2016 年落地全国银行间债券市场首单绿色债券以来，在绿色债券领域，持续推出创新措施，并且实现了多个首次的重大举措。2021 年，深圳在国内率先发行银行间市场核电项目的碳中和债务，同时在国内第一个发行租赁领域的碳中和主题信用债，以及国内首只深圳市属国企的碳中和债券。与此同时，深圳在 2022 年成功推出国内

---

[1] 高端访谈 中财绿指施懿宸：发挥湾区优势，加强绿色金融联动[N].南方都市报，2024-03-12（B14，B15）. https://epaper.oeeee.com/epaper/G/html/2024-03/12/content_4039.htm.

范围内的第一只乡村振兴主题的绿色金融债券，而且在银行间债券市场中发行了首只粤港澳大湾区的蓝色债券。以上海银行深圳分行为例，债券承销业务是上海银行深圳分行的拳头产品，2024 年承销规模持续超 200 亿元。在"首单"探索方面，上海银行深圳分行于 2022 年成功承销发行分行首只"22 华润银行绿色债"，此后持续以金融力量助力绿色发展，目前已拓展珠海华润银行股份有限公司、中广核国际融资租赁有限公司、广州小鹏汽车融资租赁有限公司、华润融资租赁有限公司等绿色债券发行企业，涉及债券类型包括中期票据、金融债、ABN 等，发行金额共计 58.3 亿元。[1]

四是向"绿"而行，保险业负债投资两端发力。保险公司也是绿色金融的重要参与方。保险作为金融服务的重要一环，主要功能在于对风险进行有效分散和转移。在绿色金融领域，保险业可以从负债和资产两端同时发力，不仅可为绿色产业和项目提供风险保障，还可通过保险资金的投资运用，促进绿色金融市场发展，完善保险资金运用制度体系和保障机制，激励更多的企业和投资者参与到绿色事业中，助力经济社会全面绿色转型。与此同时，深圳还在绿色保险领域不断加大探索绿色低碳力度，不断推进绿色产业健康快速发展。以鼎和保险为例，2023 年，该公司绿色金融业务增势明显，业务总规模达 31.5 亿元，其中绿色保险业务规模 9.1 亿元，绿色投资存量规模 22.4 亿元。在负债端，该公司不断丰富绿色保险产品体系，创新研发电化学储能系统机器损坏保险、抽水蓄能电站建筑安装工程一切、电化学储能系统产品安全质量责任保险等13 款绿色保险产品，其中 7 款为全国首创，覆盖新型电力系统"源、网、荷、储、碳、数"各环节。在投资端，鼎和保险围绕"能源行业保险专家"战略定位，将 ESG 管理理念融入投资实践，并聚焦环境治理及清洁能源等产业，通过绿色债券、公募 REITs 等多种形式参与绿色项目投资，重点投向包括风电、碳中和、污水处理、能源及清洁能源基础设施等。当前，深圳保险业持续完善绿色金融制度体系建设，推动保险资金服务国民经济绿色转型质效不断提升，并持续丰富绿色保险产品谱图，拓宽绿色项目覆盖范围，聚焦生态文明建设重点

---

[1] 高端访谈 中财绿指施懿宸：发挥湾区优势，加强绿色金融联动[N].南方都市报，2024-03-12（B14，B15）. https://epaper.oeeee.com/epaper/G/html/2024-03/12/content_4039.htm.

领域、重点行业提供有针对性的风险保障方案，为生态优先、绿色低碳的高质量发展保驾护航。[1]

三、全民实践赋能绿色低碳新生活

近年来，深圳积极践行绿色发展理念，推动生态优先、绿色发展，提升公民生态意识，以及贯彻落实"全面推进美丽中国建设"的环保方针政策，凝聚全民力量，激活公众参与，共推绿色发展。

勇当绿色发展的领跑者。如腾讯发布《腾讯碳中和目标及行动路线报告》，宣布开启"净零行动"，提出"不晚于 2030 年，实现自身运营及供应链的全面碳中和以及实现 100% 绿色电力"的总体目标。比亚迪启动企业碳中和规划研究，获颁国内首张 SGS 承诺碳中和符合声明证书，探索新能源汽车行业碳足迹标准，并在绿色采购、绿色生产、绿色运营等方面强化碳减排行动。达实智能开展建筑能源精细化管理，将达实智能大厦打造成为全市首个实现碳中和的绿色建筑。[2] 同时，深圳也在推进环保创设，提倡可持续消费，实施节能宣传周、六五环境日以及全国低碳日等一系列相关活动。深圳市不断举办国际气候影视大会和深圳国际低碳城论坛，积极参与 C40 城市气候领导联盟与国际气候峰会，深入推进全球气候治理，向世界分享应对气候变化的宝贵经验。2023 年 12 月 5 日，《联合国气候变化框架公约》第 28 届缔约方会议（COP28）在阿联酋迪拜世博城举行，第 28 届缔约方会议（COP28）特别设立了专场活动——"中国角"深圳。在此次于深圳举办的"中国角"深圳专场活动中，深圳的多个优秀企业被绿色低碳项目评选为"2023 年度深圳十佳绿色低碳"案例，其中就包括了达实科技、深圳地铁、比亚迪、顺丰速运、深圳能源公司、深圳绿米联创、冠旭电子、华润电力深圳分公司、深碳科技以及深圳通等企业的卓越示范项目。这些优秀案例涉及低碳交通、绿色建筑、智能制造、园区管理、现代

---

[1] 高端访谈 中财绿指施懿宸：发挥湾区优势，加强绿色金融联动[N].南方都市报，2024-03-12（B14，B15）. https://epaper.oeeee.com/epaper/G/html/2024-03/12/content_4039.htm.

[2] 深圳市生态环境局. 深圳市应对气候变化白皮书[R/OL].（2023-12-29）. https://www.sz.gov.cn/attachment/1/1399/1399777/11077982.pdf.

物流、智能家居、节能环保等领域，充分体现了深圳企业在绿色低碳领域中的创新主体角色。

倡导低碳行动。推出"低碳星球""全民碳路"等小程序，发布南网在线低碳用电碳普惠应用，成立由腾讯公司、巴士集团、机场集团、能源集团等9家单位组成的碳普惠联盟，共同倡导公众参与低碳生活。2022年12月，完成市民个人碳普惠减排量首次交易。目前，全市碳普惠相关应用程序累计用户量超600万，累计减排量超5万吨。

践行绿色生活。开展绿色创建行动，面向12个领域创建绿色单位1500多家。组织开展低碳大课堂、"低碳深圳行"自行车骑行等一系列形式多样、趣味性、参与性强的体验活动。构建有特色的低碳教育体系，创建公众环境教育设施61家，面向150万中小学生开设"迈向碳中和"系列科普网课。

鼓励绿色消费。全国首个推动生态文明全民参与的生态环保基金会在盐田区作为建设试点成立。该建设试点以"小碳币"撬动形成生态文明共建、共治、共享的良性循环。积极落实国家绿色低碳产品认证制度，鼓励符合条件的单位成为认证授权机构。至2022年底，深圳国推绿色产品认证获证企业51家，累计发放证书124张。

开展低碳宣教。持续开展节能宣传周、六五环境日、全国低碳日等活动，营造全民参与绿色发展的良好氛围。2022年首次采用AR技术举办六五环境日主题线上活动，全面展示"低碳星球"运行成果。打造地铁低碳主题车厢，广泛宣传倡导"简约适度、绿色低碳"理念。举办2022年节能宣传周和低碳日活动，开展"1+6+N"系列宣传活动、知名景点学校碳普惠低碳打卡活动等。[1]

---

[1] 深圳市生态环境局. 深圳市应对气候变化白皮书[R/OL].（2023-12-29）. https://www.sz.gov.cn/at-tachment/1/1399/1399777/11077982.pdf.

第八章　构建人类命运共同体的深圳践行

2013 年在莫斯科国际关系学院的演讲中，习近平总书记第一次提出人类命运共同体理念。2015 年在第七十届联大一般性辩论上，习近平总书记提出"五位一体"总体框架。2017 年在联合国日内瓦总部提出建设"五个世界"的总目标，人类命运共同体理念的思想内涵不断深化拓展。[1] 近 10 多年来，从国内到国际，从区域到全球，从双边到多边，构建人类命运共同体的全球实践扎实推进，取得全方位、开创性的丰硕成果。深圳作为我国改革开放、推进中国式现代化的前沿阵地，在率先推动人类命运共同体建设方面有着得天独厚的优势。党的二十大以来，深圳迎来了粤港澳大湾区、深圳先行示范区"双区"驱动，深圳经济特区、深圳先行示范区"双区"叠加的黄金发展阶段，在推进人类命运共同体建设的过程中取得了令人瞩目的多方面成就。

第一节　"一带一路"建设中的深圳担当

2013 年 9 月 7 日，习近平主席在对哈萨克斯坦进行国事访问期间，应邀在纳扎尔巴耶夫大学发表演讲。在这次演讲中，习近平主席回顾了丝绸之路的艰难开拓历史，中哈围绕丝绸之路的悠久合作历史。在演讲中首次提出加强"政策沟通、道路联通、贸易畅通、货币流通、民心相通"、共同建设"丝绸之路

---

[1] 总书记提出人类命运共同体理念的非凡历程[EB/OL].（2021-01-05）. http://www.qstheory.cn/laigao/ycjx/2021-01/05/c_1126947338.htm.

经济带"的战略倡议。[1]2021 年 11 月 19 日，习近平总书记在出席第三次"一带一路"建设座谈会时，把"五通"概括为更加通俗易懂的"三通"，即：把基础设施"硬联通"作为重要方向，把规则标准"软联通"作为重要支撑，把同共建国家人民"心联通"作为重要基础。[2]深圳作为中国改革开放的窗口和创新之城，凭借其在高新技术、现代物流、金融服务等方面的显著优势，在"一带一路"建设中扮演着至关重要的角色。深圳以实际行动展现了中国对外开放的决心和能力，成为连接中国与世界的桥梁。十多年来，深圳逐步构建起以健康、绿色、数字、创新为特色的合作方式。从传统基础设施建设到新兴产业领域，从绿色环保技术到新能源汽车等，深圳不断拓展与"一带一路"共建国家和地区合作的领域与空间，向世界讲述了一个个富有特色和活力的"深圳丝路故事"。

一、推进基础设施"硬联通"

一是加强交通网络建设，推动货物贸易便利化。2020 年 8 月，"湾区号"中欧班列由深圳出发开往欧洲各地。4 年来，中欧班列已经成为重要的陆上贸易通道之一，在深圳与"一带一路"共建国家之间搭起了友谊与经贸的桥梁。以 2023 年为例，中欧班列由深圳开出 188 列，运往欧洲的各类货物总重量超过 13 万吨，这些货物的总值逾 46 亿元。1140 家企业新加入中欧班列的货物进出口贸易行列之中。连接开罗、新行政首都、斋月十日城三大重要城市的电气化铁路是埃及的第一条同类铁路，全长 67.85 公里，由深铁集团参与合作建设和运维。2023 年 5 月 17 日，新疆特色农产品哈密瓜、小白杏及新鲜牛羊肉经由"深疆空中丝绸路"首班航班运抵深圳，确保来自新疆的各种农产品能够第一时间在深圳通畅销售。这些农产品的到来，实际上全面启动了"深疆空中丝绸路"特色农产品的运输项目。2023 年底，小漠国际物流港码头热闹非凡，

---

[1] 创新合作模式 共建"丝绸之路经济带"[N/OL].（2013-09-08）. https://zqb.cyol.com/html/2013-09/08/nw.D110000zgqnb_20130908_2-01.htm.

[2] 习近平出席第三次"一带一路"建设座谈会并发表重要讲话[EB/OL].（2021-11-19）. https://www.gov.cn/xinwen/2021-11/19/content_5652067.htm.

1311 辆比亚迪新能源汽车搭载招商滚装"长盛鸿"轮向泰国林查班港进发。作为重点开拓的新兴市场，东盟是深圳在"一带一路"共建国家中最大的贸易伙伴。自 RCEP 协定生效及中国—东盟自贸区 3.0 版谈判启动以来，深圳与东盟经贸合作持续深入。深圳机场口岸每周前往东盟地区不同国家及城市的货运航线达 96 架次，共开通 9 条航线。

二是加快产业合作平台建设，积极推进新兴产业合作进程。2024 年是中国和东盟建立战略伙伴关系的第 21 年，深圳在交通方面统筹海陆空等不同方式，逐步构建起多层次、复合型的基础设施网络，把中国和东盟紧密联系在一起，并逐步扩展到全球，为国际化的产业资源高效连接赋能。截至 2023 年底，深圳港与共建国家建立了 13 个友好港，开辟了 211 条"一带一路"沿线的航线。深圳宝安国际机场加大力度建设空中丝绸之路，开通直飞共建国家客运航线 20 条、货运航线 16 条。2023 年 7 月，欣旺达动力科技股份有限公司宣布，接下来将在匈牙利开展新能源汽车动力电池工厂一期工程建设，总投资金额约 19 亿元人民币。建成后该工厂主要从事锂离子电池等生产及销售业务。2023 年 10 月，在印尼中苏拉威西省 IMIP 和中爪哇省 KIP 等园区，深圳贝特瑞与新加坡 STELLAR 公司共同出资，建设锂电池负极材料生产基地，计划年生产能力为 8 万吨，建成后该工厂将为当地提供超过 1200 个就业机会。2024 年，比亚迪泰国乘用车生产基地可以投入运营，年产能将达 15 万辆，可以为当地创造共 5000 个就业岗位。近 11 年来，比亚迪作为中国和东盟开放合作的参与者，为中国与东盟的合作注入了强大的动力，不断扩展中国和东盟共同搭建的产业合作平台，大力推动企业间的合作，用绿色技术和产业为东盟国家相关领域的发展提供了机会。

三是打造城市合作的硬件基础，推动科技创新合作。深圳投资控股有限公司建设运营的深圳中国·越南（深圳—海防）经济贸易合作区位于越南北部最大的港口城市海防，这里也是深圳第一个境外经贸合作区。深越合作区是深圳市属国企海外投资的典型案例，投资领域广泛、形式多样。深越合作区内的项目包括产业园区规划、能源电力及道路交通等基础设施建设以及高端制造业与现代服务业等深圳优势项目的建设。项目前期准备工作充分、项目进展过程中管理质量高、项目运行以来盈利符合预期、项目的各项潜在风险都得到了有效防控，兼顾了经济效益与社会效益。此外，2023 年 12 月，深圳—新加坡智慧城市合作联合执委会第四次会议在深圳召开。会议决定，在智慧城市建设、数字互联互通等重点领域基础设施建设方面进一步展开务实合作，确定加速推进第四批共 14 个新合作项目的建设。

二、加速规则与经济贸易的"软联通"

一是加速规则联通，构建经贸往来的法律安全网。伴随"走出去"的步伐不断加快，法律风险和商贸纠纷成为共建"一带一路"的现实痛点。为护航企业"出海"，深圳积极进行规则对接，与共建国家在贸易、投资、科技等领域进行合作，签署系列合作协议和谅解备忘录。例如，深圳与新加坡签署《关于深圳—新加坡智慧城市合作倡议的谅解备忘录》（2019 年），这份文件为深圳与新加坡在数字互联互通等重点领域合作奠定了基础。深圳多管齐下，搭建公共服务平台，帮助企业降低交易成本和投资风险，助力企业行稳致远：成立全国首个"一带一路"国际商事诉调对接中心和"一带一路"法律公共服务平台；建设全国首个服务"一带一路"倡议的中文法律公共数据库；深圳国际仲裁院纳入国家首批"一站式"国际商事纠纷多元化解决机制平台，率先建立健全国际商事争端解决机制；等等。2017 年以来，深圳实际使用外资 274.55 亿元，吸引 3228 个来自共建国家的企业在深投资创业。从 2013 年至 2023 年 11 月底，深圳企业共计协议投资总额约 875 亿元人民币，已在"一带一路"共建国家累计直接投资设立 1189 家企业及机构，完成营业额累计超过 1 万亿元人民币。在第四届"一带一路"中国—马来西亚工商界对话会上，深圳科技企业国际专利产品出海迎来标志性进展：深圳市睿盟创新生物科技有限公司与马来西亚 Agility 公司签署合作协议，中国企业与马来西亚共签署了 12 项合作协议，协议总金额超过 128 亿元人民币。

二是明星企业带队，推动"一带一路"共建国家数字化转型。2013 年以来，深圳民营企业对"一带一路"共建国家进出口以年均 12% 的增长速度，成为深圳与共建国家贸易中的拉动力量。其中，明星企业们组成"一带一路"建设中的"梦之队"，为改善当地经济生活发挥了显著作用。在数字经济方面，深圳以华为、中兴通讯等科技巨头为代表，积极拓展"一带一路"市场，助力共建国家实现数字化转型。曾经，非洲尼日利亚偏远地区村民接听电话时不得不"爬树找信号"。当华为带来移动基站后，当地 700 多万人逐步告别"失联"。中兴通讯则致力于推动 5G 技术在"一带一路"共建国家的普及和应用，助力构建信息高速路。其采取因地制宜策略，在亚洲和拉美地区致力于提高通信网络覆盖率和家庭宽带体验，在欧洲大力推进 5G 网络商业落地，在非洲专注于高质量、低成本、可持续的通信民生服务。在移动互联网领域，东南亚青年人越来越借助微信进行日常的社会交往。截至 2019 年，微信在即时社交工具中占有突出的份额，比如，在马来西亚占比达 40%，在新加坡占比达 24%，在泰国占比达 17%，在印度尼西亚占比达 14%。移动支付的便捷性广受共建国家的欢迎。目前，微信支付已经覆盖 69 个国家和地区，境外合作机构超千家，境外商户超 400 万。

三、借助文化交流实现"心联通"

一是在民生方面，深圳与"一带一路"共建国家的合作项目取得了显著成效。以迈瑞医疗为例，该公司积极开展医疗援助项目，为共建国家的民众提供优质的医疗服务。通过赠送医疗设备和培训当地医务人员，为当地民众带来实实在在的帮助和实惠。同时，深圳的社会组织和公益机构也纷纷参与到"一带一路"建设中，通过开展教育援助、扶贫济困等项目，为提升共建国家的民生福祉作出了积极贡献。例如，深圳市国际交流合作基金会"深系湄澜"项目集群，通过"共享经济特区建设经验""湄公河太阳村""湄公河光明行"等四个项目，让深圳经济特区经验为湄公河流域国家带来新启发，让先进技术和产品造福当地民众。该项目集群还被写入国务院新闻办公室发布的《共建"一带一路"：构建人类命运共同体的重大实践》白皮书，成为"小而美""惠而实"民生工程典范。[1] 在文化方面，深圳"一带一路"共建国家的艺术交流不断擦出火花。2023 年 9 月 27 日—30 日，深圳原创舞剧《咏春》在新加坡连演 4 场，

---

[1] 共建"一带一路"：构建人类命运共同体的重大实践[EB/OL].（2023-10-10）. https://www.gov.cn/zhengce/202310/content_6907994.htm.

呈上了一场文明交流互鉴的盛宴。

二是在教育文化方面，深圳积极推动教育合作与人文交流，成果丰硕。深圳北理莫斯科大学开创了中国与俄罗斯教育合作的典范，"中巴新友好交流班"在福田区实验教育集团翰林学校揭牌，带动深圳教育成果惠及更多当地民众。深圳积极推动国际化办学，已经举办了四届"一带一路"职业教育国际研讨会。深圳各级各类职业教育机构已与来自 28 个国家的 60 多家院校建立起稳固的合作关系，发布了《深圳共识》及《深圳倡议》等政策成果。2018 年，由深圳特区建发集团建设的莫尔兹比港布图卡学园开园，这是深圳对外援助的一个样板项目，是一所从幼儿园到中学一贯制现代化学校。现在，超过 3000 名学生在学园学习生活。该项目位于巴布亚新几内亚首都，为增进中巴之间的友谊作出了贡献。2023 年 10 月，布图卡学园开工新建 6 套教师住房，这是深圳市政府为改善布图卡学园教师的居住条件而作出的努力，目前该项目施工进展顺利。随着教育文化各领域交流合作全面开花，美好的故事在深圳不断上演：塞尔维亚籍足球教练斯尔詹·加西奇危急时刻跳海救人，被深圳人誉为"最帅老外"；墨西哥、罗马尼亚等多国志愿者在深圳新冠病毒感染疫情防控期间主动为社区服务，一句"我是外国人，但我不是外人"被众多网友点赞。深圳也正借助"一带一路"倡议，积极开展"友城外交"，通过举办高层会谈、国际论坛、文化交流等活动，增进相互了解和友谊。绿色、健康、数字、创新、国际减贫合作等充满活力的新兴合作领域必定会成为合作共赢的新增长极。而随着"数字丝绸之路""绿色丝绸之路""健康丝绸之路"的铺设展开，深圳这座创新之都、绿色之城，将在"一带一路"框架的实践之中奋发作为，谱写更动人的乐章。2023 年 10 月 15 日，由中国公共关系协会主办的"Z 世代的 2023：以丝路之名"最后一站来到深圳，20 多名中外青年在敦煌、渭南、洛阳采风后，走进深圳的国际红树林中心感受特区的绿色发展，并在平安大厦展现丝路行的文化交流成果。在共建"一带一路"倡议带动下，深圳越来越多地参与到国际民间交流中，并作出了自己的贡献。

三是注重文明传承，弘扬丝绸之路友好合作精神。自古以来，丝绸之路便承载着商品贸易和文化交流等多重功能。近 10 多年来，深圳人文国际交流合作形式多样，成果丰硕，多次圆满举办了深圳马拉松、中国杯帆船赛等具有重大国际影响的体育赛事；共计接待各类外国来访团组 3050 批、超 2.8 万人次，接待国际游客 1518 万人次。深圳在传承与弘扬丝绸之路友好合作精神方面奋发有为，已缔结友好城市 58 座，为各国人民之间的民心相通作出了贡献。未来，深圳将加快构建适应新质生产力的经济新体制，以中国式现代化为引领，深入挖掘"一带一路"共建国家的市场合作潜力和文化互动前景，高质量参与绿色"丝绸之路"建设，结合深圳与"一带一路"共建国家的合作实际，不断推进"小而美"民生项目等示范性工程，与国内其他城市一道，共同推动"一带一路"共建国家高质量共建不断取得新成效。

第二节　推动深圳教育、科技、人才领域的对外开放与合作

党的二十大报告中指出："教育、科技、人才是全面建设社会主义现代化国家的基础性、战略性支撑。必须坚持科技是第一生产力、人才是第一资源、创新是第一动力，深入实施科教兴国战略、人才强国战略、创新驱动发展战略，开辟发展新领域新赛道，不断塑造发展新动能新优势。"[1] 教育、科技、人才的"三位一体"战略布局，明确了推进中国式现代化的关键支撑和战略方向。"三位一体"的内在逻辑关系，为协同推进中国式现代化的发展进程提供了辩证唯物主义方法论的指导。这同样为推动深圳教育科技人才的高水平开放指明了方向。2024 年 5 月 16 日，深圳市政府新闻办举办"推动高质量发展"系列主题新闻发布会，积极探索深圳教育、科技、人才领域的对外开放与合作的新路。

一、跑出特区教育发展"加速度"，助推教育国际化

在"三位一体"的战略布局中，教育具有基础性、先导性和全局性作用。党的二十大报告指出："坚持以人民为中心发展教育，加快建设高质量教育体

[1] 习近平. 高举中国特色社会主义伟大旗帜　为全面建设社会主义现代化国家而团结奋斗——在中国共产党第二十次全国代表大会上的报告[N]. 人民日报，2022-10-26（01）.

系⋯⋯统筹职业教育、高等教育、继续教育协同创新，推进职普融通、产教融合、科教融汇，优化职业教育类型定位。加强基础学科、新兴学科、交叉学科建设，加快建设中国特色、世界一流的大学和优势学科。"[1] 深圳教育要先行示范，与国际接轨，必须创新路径、变道超车。

一是推进基础教育深化改革，推动基础教育高质量发展，努力实现教育先行示范。习近平总书记在主持中共中央政治局第五次集体学习时强调，"建设教育强国，是全面建成社会主义现代化强国的战略先导，是实现高水平科技自立自强的重要支撑，是促进全体人民共同富裕的有效途径，是以中国式现代化全面推进中华民族伟大复兴的基础工程"[2]。基础教育是教育强国建设的基础支撑，教育事业要实现全面高质量发展，必须全面推动基础教育深化改革。近年来，深圳市深入贯彻落实习近平总书记关于加快建设教育强国的重要指示，抢抓基础教育高质量发展机遇，以 2021 年 9 月获批"教育部基础教育综合改革实验区"为契机，为全国甚至全世界基础教育深化改革贡献深圳方案。比如，深圳市区合力"挂图作战"，吹响基础教育学位建设"集结号"，并以"百年学校、经典品质"为要求，着力优化学校设计建设标准，高水平规划、高质量建设，打造一流学校和智慧校园。并且着力健全学前教育治理体系，全面推进党建、行政、研训、督导"四位一体"的学区化治理。构建市、区、学区、园一体化学前教育师资培训体系，并开展"幼有善育"鹏城论坛系列活动，为教师搭建成长平台。同时，深圳不折不扣落实"双减"要求，将"双减"工作作为重大民生工程，大力提升义务教育优质均衡发展，并持续研制《深圳市普通高中新课程新教材学科教学指南》，推进普通高中新课程新教材实施国家级示范区建设。积极探索智慧教育，创建"总部校区 +N 所入驻学校"的学校共同体。可见，深圳基础教育发展结合国内与国际发展需要，整合国内外创新资源，开发具有深圳特色的创新教育，着力打造基础教育高水平发展的对外开放先锋城市。

二是推动深圳高等教育由外向型规模的扩张进入到内涵式高质量发展的新

---

[1] 习近平. 高举中国特色社会主义伟大旗帜 为全面建设社会主义现代化国家而团结奋斗——在中国共产党第二十次全国代表大会上的报告[N]. 人民日报，2022-10-26（01）.

[2] 习近平. 加快建设教育强国 为中华民族伟大复兴提供有力支撑[N]. 人民日报，2023-5-30（01）.

阶段。"内涵式发展"是中国式现代化发展话语体系中的一个重要概念，也是国家战略层面确定的发展方式。基于内涵式发展的时代要求，我国高等教育进入内涵式发展阶段，意味着高等教育体系内在质量水平的全面提升、人民高等教育获得感的全面提升、高等教育与经济社会发展耦合程度的全面提升。[1] 内涵式发展是高等教育的内在规律要求，也是现代化实践需要。在新发展阶段，深圳高等教育由外向型规模的扩张进入内涵式高质量发展，并形成"深圳模式"，跑出了"深圳速度"，通过吸引海外优势资源，提升高等教育国际化程度，在国内外高等教育界具有广泛的影响力。2019年9月，深圳市委市政府发布的《关于推进教育高质量发展的意见》提出，支持创建一流大学和一流学科，高标准建设好深圳海洋大学、深圳创新创意设计学院等高校，加强与境内外一流高校合作办学。2022年2月，南方科技大学入选"双一流"建设高校，并成立国际顾问咨询委员会，推动深圳高校内涵式高质量高等教育体系建设。深圳市在高等教育学科专业结构调整优化方面，采取了一系列措施。比如，为了精准对接产业发展和人才培养需求，大力建设一流学科，深圳市教育局印发了《关于调整优化高等教育学科专业结构的实施方案》，方案中提出要大力加强新工科、新文科、新医科以及基础学科建设，并加快超常规布局集成电路、人工智能、低空经济等新兴产业急需紧缺学科，从更加多元化和国际化的视角来分析和解释当今世界科学发展演变规律，为构建人类命运共同体、开辟人类更加美好的发展前景提供理论支撑。

三是推动深圳教育国际化发展进程。当前随着经济全球化的发展，各个国家和地区之间的交流和合作日益密切。世界上各个国家对于具备国际经验和跨文化交流能力的高素质人才的需求逐渐增加，这促使各个国家和地区的教育要与国际接轨，以培养具备国际视野和竞争力、能够满足和引领全球发展的人才。《中国教育现代化2035》提出推进教育现代化过程要坚持"更加注重共建共享"的基本理念，面向教育现代化的战略任务包括"开创教育对外开放新格局"。[2]

---

[1]　关于印发《"十四五"时期教育强国推进工程实施方案》的通知[EB/OL].（2021-05-10）. https://www.gov.cn/zhengce/zhengceku/2021-05/20/content_5609354.htm.

[2]　中共中央、国务院印发《中国教育现代化2035》[EB/OL].（2019-02-23）. https://m.cnr.cn/news/20190223/t20190223_524519931.html.

开放合作、共建共享成为推动新时代教育变革创新的关键，亦是建设高质量教育体系的内在要求。因此，深圳教育要加快建设国际化发展进程，通过开放合作、互学互鉴、资源共享，培养国际化人才，从而提升国家教育水平和国际竞争力，推动教育强国目标建设。2016年5月19日，由深圳市教育局主办的"深圳市国际化学校建设推介会·2016"在深圳市政府新闻发布厅举行。会上提出要根据建设现代化国际化创新型城市的战略目标和要求，大力引进国内外优质教育资源，全面提升国际化服务能力，增强城市综合实力和国际竞争力，不断扩大教育交流与合作，强势推进深圳教育国际化。深圳国际教育发展受到多项政策扶持。比如，《广东省教育发展"十四五"规划》明确提出，广东省将围绕"双区"和横琴粤澳深度合作区、前海深港现代服务业合作区建设推进粤港澳大湾区教育合作，建设国际教育示范区。《深圳市教育发展"十四五"规划》表示，到2025年，在深圳就读国际学生及港澳学生数量由4.5万增至6万人。当前，深圳国际教育不仅学校类型齐全，课程丰富，其入驻的中外品牌更是多元，既有贝赛思、道尔顿、哈罗、曼彻斯通城堡、坎特伯雷国王学校、诺德安达等美式和英式教育品牌，也不乏枫叶等国内知名教育品牌。深圳在全国首创特色学院发展模式，2014年香港中文大学（深圳）正式设立并招生，深圳吉大昆士兰大学、深圳国际太空学院、深圳墨尔本生命健康工程学院等一批特色学院也在深圳成立。深圳充分发挥对外开放的"窗口"作用，与几十个国家建立起不同形式的教育交流合作关系，真正走出了一条"立足深圳、引领湾区、参与全球"的教育国际化之路。

二、争做科技创新的引领者，持续增强全球服务科技创新能力

习近平总书记指出："立足新发展阶段、贯彻新发展理念、构建新发展格局、推动高质量发展，必须深入实施科教兴国战略、人才强国战略、创新驱动发展战略，完善国家创新体系，加快建设科技强国，实现高水平科技自立自强。"[1] 当前在新一轮科技革命和产业革命加速重构全球创新版图的背景下，全

---

[1] 科学技术部编写组. 深入学习习近平关于科技创新的重要论述[M]. 北京: 人民出版社, 2023: 23.

球科技创新进入空前密集活跃时期。深圳作为中国的科技创新中心，更以全球视野谋划和推动科技创新，全方位加强国际科技创新合作。自改革开放以来，深圳的科技创新不断进步，实现了从跟跑到并跑，部分行业领跑的巨大转变。这主要缘于科技创新体制方面的重大突破、国际科技共同体的打造以及走出了一条开放合作共赢的科技自主创新之路。

一是以世界眼光加强顶层设计，以制度创新、政策创新推动深圳科技创新。习近平总书记指出："科技领域是最需要不断改革的领域""科技体制改革要敢于啃硬骨头，敢于涉险滩、闯难关，破除一切制约科技创新的思想障碍和制度藩篱"。[1] 政策和制度的约束，往往影响到科技发展以及科研成果的转化。近几年，深圳不断加强科技创新方面的顶层设计，优化其体制机制。党的十八大以来，深圳推出了全国首个国家创新型城市总体规划，并陆续推出自主创新"33 条"、创新驱动发展"1+10 文件"等一系列关于战略性新兴产业及未来产业发展规划的政策文件，同时率先发布相关地方性法规促进科技创新，全面加大对科技创新的支持力度。2020 年 10 月 18 日，国家正式发布《深圳建设中国特色社会主义先行示范区综合改革试点首批授权事项清单》，在发布的首批 40 条授权事项中，关于科技创新体制方面的事项共有 3 项。源头创新，使未来产业"活在当下"。深圳加快推进基础研究，致力于从源头上开拓创新，并规划建了十大诺贝尔奖科学家实验室、海外创新中心等。当前，深圳在全球范围内兴起的虚拟现实产业中已步入标准制胜的轨道。2017 年 IEEE 标准协会理事会议上，首次由中国企业主导国际标准的制定——深圳提交了 5 项国际标准提案，并获准正式立项。在超材料、虚拟现实、无人机、人工智能等未来产业领域，深圳企业均在国际标准制定中扮演着重要角色。[2] 同时，深圳不断完善金融支持科技创新的体制机制。率先出台国内首部绿色金融地方性法规《深圳经济特区绿色金融条例》，制定《深圳市建设科创金融改革创新试验区总体方案》《深圳市建设绿色金融改革创新试验区总体方案》，促进金融科技和科创金融、绿色金融融合发展。

---

[1] 习近平. 在中国科学院第十九次院士大会、中国工程院第十四次院士大会上的讲话[M]. 北京：人民出版社，2018：13-14.

[2] 赵剑英. 深圳经验与中国特色社会主义道路[M]. 北京：中国社会科学出版社，2020：85.

二是高水平推进国际科教城建设，携手共建国际科技共同体。在经济全球化不断发展的背景下，科技资源在世界范围内加速流动，各个国家的科技经济联系紧密。科学技术工程产业发展到今天，任何国家都不可能在每个技术领域都做到世界第一，任何国家都不可能完全依靠自己的力量解决所有的创新难题。正如中国科学院深圳先进技术研究院院长樊建平在"科技创新与国际合作"研讨会上指出的："大学不能关起门来办，如今，单学科上的创新可能性很小，反而是多学科的交叉与需求的交叉才可能获得新的创新想法。"[1]依托西丽湖国际科教城、光明科学城等建设，深圳在加速推动创新要素聚集方面具有显著优势，打造成为科技创新网络核心枢纽、原始创新策源地、国际化优质生活生态城区。2023 年 9 月 7 日，来自土耳其的 Ugur Kayan 与其他 7 位摄影师来到深圳国际大学园（见下图），感受深圳这片热土上的传承与创新、内涵与魅力。深圳国际科教城作为大湾区吸引国际科创资源的重要载体，成为国际科技交流的平台，促进国际科技创新协同发展，成为建设全球科技共同体的生动实践。

图 8-1　来自土耳其的 Ugur Kayan 拍摄的港中大（深圳）图书馆

---

[1] 读懂中国　樊建平：将科教城建设为城市新兴产业策源地[EB/OL].（2020-11-21）. https://static. nfapp.southcn.com/content/202011/21/c4327785.html.

三是深圳深度加强国际科技合作的同时，走出一条开放合作共赢的科技自主创新之路。当前全球科技创新呈现出新的发展态势和特征，科技分工合作日益加深，知识生产高度依存。同时，国际合作已经成为发展中国家和地区获得先进科技知识、增强研发实力的主要途径，对于实现技术赶超具有重要意义。[1] 深圳的国际科技合作对象和区域不断增多。比如，在科研方面，进一步加强了与美国、欧洲和澳大利亚等其他国家和地区的科技合作；在技术研发上，深圳在近10年的发展实践中成功拓展和强化了全球合作网络，并与美欧创新热点区域和城市建立了技术合作关系。东亚三大创新热点城市（首尔、东京和大阪）以及美国的创新中心（硅谷、圣地亚哥、纽约等）仍然是深圳的技术支持来源地。加强国际科技合作，借鉴国际经验，对于提升深圳的科技创新能力，进入全球产业链的更高层次具有重要意义。比如借鉴日本和美国成立的技术联盟攻克关键核心技术的经验，就可以从多个角度为当前深圳突破"卡脖子"困境提供经验启示。但与此同时，建设科技强国，更需要走出一条中国式自主创新之路。正如习近平总书记指出的："自力更生是中华民族自立于世界民族之林的奋斗基点，自主创新是我们攀登世界科技高峰的必由之路。"[2] 作为首个国家创新型城市和国家自主创新示范区，深圳被赋予了新使命，就是在科技自主创新方面再次担当尖兵。在《中共深圳市委关于制定深圳市国民经济和社会发展第十四个五年规划和二〇三五年远景目标的建议》中指出，要在实施创新驱动发展战略上走在前列、勇当尖兵。进一步明确了创新在现代化建设过程中的核心地位，以及在发展战略中科技自立自强所起到的支撑作用，从而为提升国家科技创新能力、增强国际科技竞争力贡献"深圳力量"。"十四五"期间，要发挥好深圳的优势，建成国际一流的科技创新体系。推动创新链、产业链、资金链、人才链的深度融合，加快建设产业科技创新中心，以增强在全球的影响力。深圳全社会研发投入1880.49亿元、占GDP比重达5.81%；PCT国际专利申请量连续20年居全国城市首位；"深圳—香港—广州"科技创新集群连

[1] 唐杰，尹德云，戴欣，等. 新时代深圳经济高质量发展研究[M]. 北京：中国社会科学出版社，2023：18.
[2] 科学技术部编写组. 深入学习习近平关于科技创新的重要论述[M]. 北京：人民出版社，2023：174.

续 4 年居全球科技创新集群第二位。[1] 推动自主创新和开放创新并重，主动融入全球创新网络，集聚高端创新资源，提升汇聚基础研究、技术攻关、成果产业化、科技金融与人才支撑为一体的全过程创新生态链能级。正是有了这样的科技创新体系，深圳的科技创新才产生自己的特有基因，形成科技创新城市的特色，走出了一条开放合作共赢的科技自主创新之路。

三、加快建设世界重要人才中心和创新高地，打造全球人才"梦想之城"

在统筹推进教育、科技、人才"三位一体"工作中，人才发挥着主体性支撑作用，高质量发展归根结底还是要靠高质量的人才。青年人才成为全球人才竞争中的重要群体，因此，能否优化人才发展环境，全方位引进、用好和培养全球创新人才，是占据创新发展有利位置的重要因素。习近平总书记在中央人才工作会议上强调："加快建设世界重要人才中心和创新高地，需要进行战略布局。综合考虑，可以在北京、上海、粤港澳大湾区建设高水平人才高地。"[2] 深圳作为粤港澳大湾区建设重要引擎，在粤港澳大湾区协调创新发展中，肩负着连接港澳、打造国内国际"双循环"窗口的重要使命，在加快建设世界重要人才中心和创新高地的重大机遇中，深圳正打造全球人才创新发展的"梦想之城"。

一是破除人才流动通道壁垒，持续汇聚八方英才。中国式现代化的首要特征是人口规模巨大的现代化。将人口规模转化为人力资源优势，推动人口红利转化为人才红利，这是实现人口大国向人才强国跨越式转变的根本要求。从这一角度来说，中国式现代化，是人才引领驱动的现代化。"人才引领驱动"要求要充分发挥人才的主观能动性和自主创新意识，造就一大批在重大科技和关键领域技术方面的生力军，实现在重点领域、关键环节上的自主可控，最终形成服务于中国式现代化的科技创新和人才引领优势。而当前因为缺少一定的政策空间和通道，致使人才选拔与培养中的自主性与主体性缺失，不符合教育规

---

[1] 推动教育科技人才一体化发展 深圳这么干[EB/OL]．（2024−05−16）. https://sz.chinadaily.com.cn/a/202405/16/WS66461a50a3109f7860dddc8f.html.

[2] 深入实施新时代人才强国战略 加快建设世界重要人才中心和创新高地[N]. 人民日报，2021−09−29（01）.

律和人的现代化发展规律，直接影响到人才中心和创新高地的建设。对此，深圳坚持面向世界科技前沿、面向国家重大需求，面向人才培养过程中的各种挑战与阻力，以一种开拓进取的创新精神，开辟"人才特区"的"绿色通道"，为人才"松绑"。从政策和环境等方面为高素质人才提供更加广阔的生长与发展空间，营造更加开放、包容的氛围和发展平台，激发创新创造活力，进而为中国式现代化建设提供人才支撑。《深圳经济特区人才工作条例》明确了放宽或取消对人才流动的各种限制。通过高校、科研机构吸引人才兼职，鼓励事业单位科研人员离岗创业，放宽科研人员因公出国（境）管理，以建立更加灵活的人才管理体制和运行机制。2021 年深圳市发布《关于进一步便利港澳居民在深发展的若干措施》，在学习、就业、创业、生活四个方面提出了 18 条措施，促进了粤港澳地区人才联动。同时，深圳通过个税优惠吸引高层次人才。2019年，国家税务总局出台《关于粤港澳大湾区个人所得税优惠政策的通知》，允许珠三角九市政府提供个税补贴，进一步形成了大湾区政策联动，提升了区域政策效益。深圳同样通过优化出入境相关政策来扩大海外人才增量。2021 年深圳印发《深圳市外籍"高精尖缺"人才认定标准（试行）》，推动为符合条件的外籍人员办理 R 字签证、出入境和停居留便利等措施落地。目前，越来越多的人才汇聚这座"让人圆梦的城市"。

二是围绕加快发展新质生产力，支持全球人才创新创造。习近平总书记强调："要按照发展新质生产力要求，畅通教育、科技、人才的良性循环，完善人才培养、引进、使用、合理流动的工作机制。"[1] 人才是促进新质生产力加快发展的重要载体，是实现科技创新和产业转型的主力军。所以，当前要坚持以新质生产力为方向，搭建人才"用武之地"，以人才资源为竞争优势，化解发展的"后顾之忧"，让人才与新质生产力"双向奔赴"。深圳牢牢抓住新质生产力发展机遇，打好组合优化拳，提升高素质人才自主创新能力，打造人才"雁阵"，形成全球人才集聚效应，赋能新质生产力发展，为深圳高质量发展注入新动力。2022 年 6 月 6 日，深圳出台《关于发展壮大战略性新兴产业集群和培育发展未来产业的意见》，提出了 20 个战略性新兴产业发展重点细分领域

---

[1] 习近平. 发展新质生产力是推动高质量发展的内在要求和重要着力点[N]. 人民日报, 2024-06-01（01）.

和 8 个未来产业重点发展方向，称之为 "20+8" 产业集群。深圳人才工作聚焦服务 "20+8" 产业集群建设，加快以科技创新引领产业创新，以人才驱动推进城市经济高质量发展。同时，完善多元、开放、国际化的创新创业支撑平台，针对深圳各产业的需求，有针对性地建设一批创新创业基地、创新空间、侨创空间等，为人才提供充足的双创空间。同时积极牵线创业企业与民间创投机构，为国际青年人才提供包含基础研究、技术攻关和成果转化等环节在内的全链条支持。[1] 通过坚持 "引凤筑巢" 和 "筑巢引凤" 相结合，"一事一议" 引进全球顶尖人才，实施杰出科技创新人才培养项目，对具有成长为大师和战略科学家潜力的杰出人才，提供最高 2000 万元长期稳定经费支持。当下，一大批世界著名科学家，比如，结构生物学家颜宁、数学家埃菲·杰曼诺夫以及沈向洋、徐扬生等院士相聚深圳。除此之外，深圳市鼓励科技龙头企业，比如华为、中兴、大疆、比亚迪等建立全球管培生制度，支持创新创业企业寻找全球合伙人和技术骨干，吸引众多国内外人才来深圳追逐梦想。

三是做好人才服务工作，完善人才激励机制保障。自 2002 年我国提出实施人才强国战略以来，关于人才的价值定位，形成了比较统一的判断和共识。比如，"人才是实现民族振兴、赢得国际竞争主动的战略资源""人才是衡量一个国家综合国力的重要指标" 等。党的二十大报告中又将 "人才" 定义为第一资源，人才引领驱动。可见，人才强国战略体系根据国家战略目标和任务不断得到优化发展和完善，其战略价值不断被强化。现实中，高效的人才服务工作和完善的人才激励机制保障是全方位引进、用好和培养全球创新人才的重要措施之一。对此就要针对人才的真实需求，精准提供服务，完善激励保障，确保留得住人。深圳在这一方面拿出真招实招为高层次人才落地发展提供全力保障。深圳于 2018 年、2019 年出台、实施《深圳市关于加快发展人力资源服务业的若干措施》，其中提出设立 "人才伯乐奖"，鼓励利用深圳优势吸引两院院士、海外高层次人才引进计划、国家或地方级领军人才、海外高层次 A 类、B 类人才等。2022 年 3 月，深圳出台《深圳市新引进博士人才生活补贴工作

---

[1] 深圳市推进中国特色社会主义先行示范区建设领导小组办公室. 深圳中国特色社会主义先行示范区发展报告（2021）[M]. 北京：人民出版社，2023：437.

实施办法》，为国内外新引进的博士人才在深圳生活和发展提供补贴支持。在优化人才服务环境和安居保障方面，深圳于 2014 年出台《深圳市人才安居办法》，2016 年发布《关于完善人才住房制度的若干措施》，致力于真正解决人才住房的后顾之忧。在高层次人才医疗服务方面，2018 年出台的《关于促进人才优先发展的若干措施》，旨在为人才提供高品质医疗服务，并在三甲医院特需门诊为外籍人才提供预约诊疗和外语服务。同时出台了《关于做好高层次人才配偶就业工作的通知》，为人才配偶就业、子女入学等提供便利服务。除此之外，深圳着力建优建强国际人才街区，营造宜居宜业宜创的良好城市氛围。总之，深圳的人才服务可谓全面开花：设立 4 个海外人才联络处和 7 个海外创新中心，帮助引才和就地用才 2000 多人次，建设近 13 万平方米的国家级人力资源服务产业园。

第三节　不断提升深圳国际文化传播能力

人类社会的发展史不仅是物质生产发展的历史，也是不同文明交流互鉴、互通互促的发展史。正如习近平总书记指出的："我们应该坚持世界是丰富多彩的、文明是多样的理念，让人类创造的各种文明交相辉映，编织出斑斓绚丽的图画，共同消除现实生活中的文化壁垒，共同抵制妨碍人类心灵互动的观念纰缪，共同打破阻碍人类交往的精神隔阂，让各种文明和谐共存，让人人享有文化滋养。"[1] 国际上不同文明之间的平等对话和交流有利于世界各民族在跨文化交流中实现求同存异、相互尊重、彼此关切，合作共赢，建设共同繁荣、开放包容的世界。文化的传播和世界文明的交融，是推动构建人类命运共同体的重要力量和形成全人类共同价值的文化基础。在这一世界文明的发展过程中，深圳深入开展各种形式的文化交流活动，提升深圳国际文化传播能力。

---

[1]　习近平. 论坚持推动构建人类命运共同体[M]. 北京: 中央文献出版社, 2018: 512.

一、向全世界讲好深圳故事

党的二十大报告指出："加快构建中国话语和中国叙事体系，讲好中国故事、传播好中国声音，展现可信、可爱、可敬的中国形象。"[1] "讲好中国故事"一直是加强国际文化传播能力建设的重要任务，也是加强国际文化传播能力建设的重要手段，对当下我国有效构建人类命运共同体、提升国际话语权具有重要的意义。党的十八大以来，以习近平同志为核心的党中央高度重视国际文化传播工作，提出了"讲好中国故事"的重大时代命题。深圳文化作为"东方文化新坐标"，正在默默地提升着这座城市"看不见、摸不着"的文化影响力，向全世界讲述着深圳的故事。

一是讲好深圳故事，打好"外宣"主动仗。故事是中华优秀传统文化的基本元素和重要标识，讲好中国故事对于中华文化在国际上的传播具有独特的影响力和感染力。尤其是当今世界处于百年未有之大变局，讲好中国故事虽然迎来了时代机遇，但是也面对着国际舆论格局、中西文化差异、西方叙事框架体系所构筑的文化壁垒挑战。因此，讲好中国故事关乎中华民族伟大复兴的战略全局，对于建设文化强国、构建中国国家形象，提升国际话语权具有重要意义。深圳不仅要实现经济科技的高度发达，而且要聚焦"深圳元素"、发扬"深圳精神"、讲好"深圳故事"，从而打造粤港澳大湾区文化高地，提升深圳国际话语传播能力，为国家对外宣传、打好"外宣"主动仗作出深圳贡献。《深圳文化创新发展2020（实施方案）》提出构建五大体系，其中以国际先进城市为标杆的文化品牌体系、与现代化国际化创新型城市相匹配的文化强市等助力深圳文化宣传。比如，打造"一带一路"国际音乐季、深圳设计周暨深圳环球设计大奖等新的品牌活动。建党百年，深圳广电集团与新华社国际传播融合平台积极展开深度合作，联合推出了"为了人民的美好生活——庆祝中国共产党成立100周年系列"全媒体直播，携手打造"讲好中国故事"的传播新高地。深圳还积极参与外交部牵头组织的"100天讲述中国共产党对外交往100个故事"主题宣介活动。除此之外，深圳大力拓展对外传播渠道，不仅

---

[1] 习近平. 高举中国特色社会主义伟大旗帜 为全面建设社会主义现代化国家而团结奋斗——在中国共产党第二十次全国代表大会上的报告[N]. 人民日报，2022-10-26（01）.

通过中国内地首家地方英文日报《深圳日报》向国外传播"深圳好声音"，而且又拓展一些对外宣传项目，比如栏目《今日深圳》《魅力深圳》等，纪录片《共赢海上丝路》《大漠绿色梦》等，专题片《丝路古韵话鹏城》《深圳：创业之都》等，向世界传播深圳声音。同时借助于网络平台的数据传播，通过深圳城市英文门户网"EYE SHENZHEN"、深圳官方微信公众号"深圳发布"开辟"外眼"栏目等，受到众多外籍友人的关注和欢迎。深圳积极发挥地处内地、香港、国际"三个舆论场"连接点的区位优势，加强与联合国教科文组织在文化、教育、城市规划等领域的合作，有效建立了友城关系、"一带一路"主要城市以及其他世界文化名城之间的常态交流机制，不但在海外开展了"阅读深圳工程""深圳文化周"等一系列活动，还积极参与了世界城市文化论坛和"世界博物馆日"，向世界讲好深圳故事，提升深圳的国际影响力，打好"外宣"主动仗。

二是讲好深圳故事，让世界读懂深圳文化和中华文明。深圳是一座移民城市，其所形成的移民文化具有开放包容的特性。其实，深圳的文化自信就是来源于特区移民城市的开放多元和兼容并蓄，其本身蕴含着人类命运共同体的理念。移民文化不仅有利于移民城市国际化的发展，而且有助于深圳与境外的文化交流，不仅满足了深圳不同层次移民的文化需求，而且为深圳走向国际化奠定了良好的思想文化基础。因此，构建人类命运共同体的深圳践行，提升深圳国际文化传播能力，要充分认识深圳移民城市的特点和优势，讲好深圳移民故事。"英雄不问出处""来了就是深圳人"等口号铸就了移民城市的活力与向心力。2020 年，深圳北国际人才驿站启用。深圳北国际人才驿站以"国际化人才"为核心，依托"六个一"服务载体开展工作，搭建国际化、专业化、标准化的国际人才服务体系。2021 年，深圳前海发布国内首个针对外籍人才制定的紧缺职业清单，推动深圳从国内移民城市向国际移民城市转型，"越深圳　越国际"，深圳未来需要更多的移民助推城市的国际化，从而进一步推行深圳人民与世界人民进行全方位、全天候的交往活动，向全世界讲好深圳故事。自2012 年起，"深圳故事"城市文明全球交流计划先后在纽约、巴黎、伦敦、米兰、悉尼、多伦多等世界名城成功举办，给当地民众留下了"青春深圳、创新深圳"的难忘印象。多年来，深圳以伦敦奥运会、米兰世博会、联合国成立 70

周年等重大活动为契机，将"深圳故事"城市文明全球交流计划打造成为深圳在全球推广城市形象的品牌项目。2023年，"深圳故事"主题推介活动在北京举行（见下图所示），近200位中外嘉宾欢聚一堂，感受中华传统文化的魅力风采和中国式现代化的深圳篇章，并共同倾听"深圳故事"。活动向到场的中外嘉宾分享了三个"深圳故事"。分别是：以当下最火热的舞剧《咏春》男主角为代表的年轻人，在深圳为梦想拼搏的故事；以比亚迪为代表的高科技企业，在深圳追寻未来、拥抱变革的故事；以弹钢琴的农民工大叔易群林为代表的普通劳动者，在深圳收获"珍视和热爱"的故事。正是这些来自五湖四海、敢闯敢试的追梦人，书写了一个个精彩的"深圳故事"，成为当今我们探索建设中国式现代化的一个城市样板。通过深圳，我们读懂中国；通过"深圳故事"，我们读懂中国式现代化，读懂建设中华民族现代文明。[1]新时代新征程，更应该将讲好"中国故事""大亚湾故事""深圳故事"作为一种文化传播责任和历史弘扬责任，不断加强对外文化交流，提升深圳国际文化传播力和中华文明影响力。

图8-2 "深圳故事"主题推介活动现场

---

[1] 赵强.讲好"深圳故事"让世界读懂中国[N].深圳特区报，2023-06-22（A02）.

二、建设现代文明之城，向世界展示深圳文明新形态

随着一个城市物质文明水平的提升，人们逐渐认识到精神文明才是城市的核心和灵魂。党的十八大以来，习近平总书记多次视察深圳，高度重视深圳的发展建设，尤其在城市文明建设方面提出了明确要求："经济特区要坚持'两手抓、两手都要硬'，在物质文明建设和精神文明建设上都要交出优异答卷。"[1] 深圳不仅要实现经济科技的高度发达，而且肩负着新的文化使命。

一是加强顶层设计谋划，加强城市文明建设。习近平总书记从 1985 年夏到 2002 年秋，在福建工作 17 年半的时间，面对地方发展的种种问题，他强调"做事的第一步就是'谋'"[2]，即做好具体实践工作的总体规划和顶层设计，尤其是对一个城市的文明建设工作而言更为重要。正如习近平总书记指出："规划是灵魂，是龙头，是城市发展的动力。"[3] 因此，深圳的城市文明建设要在谋划的基础上真抓实干，解决"桥"与"路"的问题。近年来，深圳市开展了一系列既符合社会发展规律，又具有战略性、前瞻性、开创性的顶层设计，在此基础上打造深圳城市文明典范，向世界精彩展示深圳文明新形态。如，2019年 7 月，中央出台《关于支持深圳建设中国特色社会主义先行示范区的意见》，明确要求深圳率先塑造展现社会主义文化繁荣兴盛的现代城市文明，加快建设区域文化中心城市和彰显国家文化软实力的现代文明之城，打造城市文明典范。2020 年 7 月，在深圳市推进中国特色社会主义先行示范区建设领导小组会议上，通过了《深圳加快建设区域文化中心城市和彰显国家文化软实力的现代文明之城实施方案》，将构建六大体系，把深圳建成精神文明建设典范、国际时尚创意之都、公共文化服务标杆、文化创意产业先锋、世界级旅游目的地以及国际文化交流中心。并对标深圳建设中国特色社会主义先行示范区要求，提出"三阶段"发展目标：到 2025 年建成辐射粤港澳大湾区、服务全国、面向世界的区域文化中心城市；到 2035 年，建成具有全球影响力的创新创意之都；到本世纪中叶，成为创新力、引领力、影响力卓著，富有人文风采和文化魅

---

[1]　习近平. 在深圳经济特区建立40周年庆祝大会上的讲话[N]. 人民日报，2020-10-15（02）.

[2]　中央党校采访实录编辑室. 习近平在福建（上）[M]. 北京：中共中央党校出版社，2021：98.

[3]　中央党校采访实录编辑室. 习近平在福州[M]. 北京：中共中央党校出版社，2020：14.

力的国际文化大都会。制定实施《深圳城市文明建设规划（2021—2035年）》《深圳市民文明素养提升行动纲要（2021—2025年）》等指导性文件，对加强城市文明建设进行全面部署。

二是培育文明新风，争创文明典范。习近平总书记创造性地提出"两个结合"重大论断，坚持把马克思主义基本原理同中国具体实际相结合、同中华优秀传统文化相结合。现代文明，正是"两个结合"的伟大产物，是中华文明和人类文明的创造性新形态。当前现代城市文明建设既是以马克思主义的真理力量激活中华文明的内在生命力，也是对优秀的传统文化创造性转化创新性发展，这必然使中华文明放射出新的光彩，进而照亮构建人类命运共同体的历史进程。党的二十大报告指出要提高全社会文明程度，推动文明培育，文明创建。[1]深圳是展示中华文明创造新发展的重要窗口，更要胸怀"国之大者"，培育文明新风，争创展现社会主义文化繁荣兴盛的文明典范。近年来，深圳全面开工建设"新时代十大文化设施"，深圳歌剧院、深圳改革开放展览馆、深圳自然博物馆、深圳海洋博物馆、深圳创新创意设计学院、深圳音乐学院、深圳博物馆新馆等项目稳步推进，并且建成"十大特色文化街区"，大鹏所城、南头古城、大芬油画村、观澜版画基地、甘坑客家小镇、大浪时尚创意小镇、大万世居、蛇口海上世界、华侨城创意文化街区、华强北科技时尚文化街区等10个项目均通过验收授牌。同时，深圳建设国内外闻名的"关爱之城""志愿者之城"，推广"城市文化菜单"，提升中国（深圳）国际文化产业博览交易会等重大品牌活动的国际化专业化水平，逐步树立国际知名的文化活动品牌。创新发布"文明行为规范实施主题"和"不文明行为重点治理清单"，实施市民文明素养提升"六大行动"，在全市22个街道、156个社区建立新时代文明实践示范所（站），积极打造新时代文明实践"第一方阵"。[2]深圳作为获联合国教科文组织表彰的唯一一座"全球全民阅读典范城市"，打造全民阅读的"深圳样本"，成为深圳人与外国人流动的文化盛宴。这也充分体现出深圳文化的

---

[1] 习近平. 高举中国特色社会主义伟大旗帜 为全面建设社会主义现代化国家而团结奋斗——在中国共产党第二十次全国代表大会上的报告[N]. 人民日报, 2022-10-26（01）.

[2] 深圳市推进中国特色社会主义先行示范区建设领导小组办公室. 深圳中国特色社会主义先行示范区发展报告（2021）[M]. 北京：人民出版社, 2023：60.

包容性。有学者指出，深圳的包容性的文化其中之一就是对来自全国各地乃至世界各地不同文化形态的包容。[1] 从而向世界精彩展示深圳文明新形态，提升深圳文化软实力。

三、塑造湾区人文精神，开拓对外文化交流与合作的新格局

人类社会的发展见证了以人为本的宗旨和要求，在发展的每一步都要始终把人放在重要位置，提倡对人的关怀与尊重，并充分发扬人的主观能动性和自主创新性。2023 年 11 月，习近平总书记复信费城交响乐团总裁兼首席执行官马思艺，就充分表达了对中美人文交流和各国人民友好再续新篇的期望，体现出对文明平等、互鉴、对话、包容和密切交流合作的高度重视。深圳这座城市的文明建设离不开人文精神的引领，并在此基础上，积极推动中外文化的交流互鉴，开拓对外文化交流与合作的新格局，彰显出人类命运共同体理念。

一是弘扬湾区人文精神，拓展城市文化品牌的国际化发展道路。人文精神深刻影响一个城市的精神面貌和文化表现形态，人文精神的形成是在特定的社会发展环境和长期的文化创造过程中产生的。正如深圳这座城市自身的发展过程就充分体现了对人的主观能动性和自主创新性的重视，进而形成的开放多元、兼容并蓄的文化理念和勇于开拓、敢为人先的城市精神，并在推动中西方交流，提升国际文化影响力，开拓国际化发展道路方面具有重要意义。2019 年 7 月，在《中共中央　国务院关于支持深圳建设中国特色社会主义先行示范区的意见》中，深圳再次被强调要"大力弘扬粤港澳大湾区人文精神"。现实中，深圳不仅注重办好文博会、创意十二月等传统文化品牌，还创办国际科技影视周等国际品牌文化活动、中国深圳国际钢琴协奏曲比赛创作选拔赛、"戏聚星期六"等一大批文化活动品牌，提升深圳的国际文化影响力。深圳是中国第一个被联合国教科文组织认定为"设计之都"的城市，非常注重通过设计文化及相关奖项等来推动中外文化交流互鉴。比如，2013 年，深圳举办了首届"深圳创意设计新锐奖"；2016 年，第二届深圳创意设计新锐奖颁奖典礼暨优秀作

---

[1]　王京生. 城市文化"十大愿景"[M]. 北京：中国人民大学出版社，2015：64.

品展在巴黎中国文化中心隆重举行；2017 年，首届深圳设计周举办；2018 年，首届深圳环球设计大奖颁奖典礼举办。同时，深圳还通过大型国际体育赛事，比如世界大学生夏季运动会、WTA 和 ATP 网球深圳公开赛、高尔夫深圳国际赛、中国网球大奖赛等吸引了国内外各大媒体的播报，提升深圳国际形象。深圳通过发扬优秀中华传统文化、构建新型社会主义现代文化，以积极姿态参与到国际文化交流之中。比如，大型合唱交响乐《人文颂》在联合国教科文组织总部巴黎成功上演，就是深圳加强国际文化交流，探索文化外交的开创性尝试，从而助力深圳市构筑自己的城市文化品牌并走向国际，不断提升城市文化软实力。

二是加强文化创意产业发展，促进对外文化贸易发展。文化产业是促进城市经济转型的新经济形态，也是加强世界上各国之间文化交流的桥梁和纽带。党的二十大报告提出繁荣发展文化事业和文化产业，深化文化体制改革，完善文化经济政策，并首次提出实施"重大文化产业项目带动战略"[1]，旨在充分发挥文化产业的优势和作用，促进现代化文化产业体系和市场体系的融合。近年来，深圳的文化创意产业发展迅速，培育"文化 +"新型业态，打造全球领军企业和知名品牌，提升文化创意产业的发展质量。一些平面设计、印刷业、动漫业、影视报刊业、文化旅游业等成为深圳文化产业中具有标识功能的行业门类。2014 年 1 月，"国家对外文化贸易基地"在深圳揭牌成立，这走出了中国对外文化贸易发展的第一步。由此深圳担负起在国家对外文化贸易发展中的引领、示范的使命，开始打造与文化创意产业链高度融合的文化贸易服务链，创建国际文化贸易创新试验区，辐射港澳、东南亚乃至全球文化市场，有力地推动了中华优秀文化产品和文化服务"走出去"。[2] 同时，深圳打造了一批国家级文化产业示范园区和文化产业平台。比如，深圳龙岗打造数字创意全产业链集聚的"超级廊道"，奏响了科技与文化融合发展的强音之路。并陆续出台《粤港澳大湾区数字创意产业基地综合发展规划》《龙岗数字创意产业走廊综合发展规划》《龙岗数字创意产业走廊创建国家级文化产业示范园区三年行动计

---

[1] 习近平. 高举中国特色社会主义伟大旗帜 为全面建设社会主义现代化国家而团结奋斗——在中国共产党第二十次全国代表大会上的报告[N]. 人民日报, 2022-10-26 (01).

[2] 赵剑英. 深圳经验与中国特色社会主义道路[M]. 北京: 中国社会科学出版社, 2020: 199.

划》等系列规划，全力推进数字创意产业集聚发展。深圳还在国内较早组建了文化产权交易所，设立文化产业投资基金，加强对文化产业企业的资金支持。此外，深圳创办具有全球影响力的文化展览和活动，开发"锦绣中华""世界之窗"等各类文化主题公园，增强城市的文化汇聚功能，展示其强大的辐射能量，从而有效增强了深圳在全球文化竞争中的实力。可见，不断向国际化大都市迈进的深圳，在"文化立市、文化强市"的战略指引下，文化创意产业日益兴盛，形成了以"文化深圳"参与全球文化交流与合作的新格局。

附录　深圳友好城市和友好交流城市一览表

表 8-1　深圳市友好城市信息一览表

	国家	省市地区名称	签字时间
1	美国	休斯敦市	1986年4月3日
2	意大利	布雷西亚省	1991年11月12日
3	澳大利亚	布里斯班市	1992年6月22日
4	波兰	波兹南市	1993年7月30日
5	法国	维埃纳省	1994年10月28日
6	牙买加	金斯敦市	1995年3月5日
7	多哥	洛美市	1996年6月7日
8	德国	纽伦堡地区	1997年5月27日
9	比利时	布拉班特瓦隆省	2003年10月12日
10	日本	筑波市	2004年6月9日
11	韩国	光阳市	2004年10月11日
12	埃及	卢克索市	2007年9月6日
13	俄罗斯	萨马拉州	2008年12月19日
14	以色列	海法市	2012年9月10日
15	白俄罗斯	明斯克市	2014年1月22日
16	保加利亚	普罗夫迪夫市	2014年3月24日
17	瑞士	伯尔尼州	2015年2月13日
18	萨摩亚	阿皮亚市	2015年8月31日
19	荷兰	阿尔梅勒市	2016年5月31日
20	葡萄牙	波尔图市	2016年10月18日
21	吉尔吉斯斯坦	比什凯克市	2016年10月24日
22	柬埔寨	金边市	2017年12月11日
23	英国	爱丁堡市	2019年5月14日
24	西班牙	巴塞罗那市	2021年11月22日

（截至 2021 年 12 月 31 日）

表8-2　深圳市友好交流城市信息一览表

	国家	省市地区名称	签字时间
1	英国	伦敦金融城	2004年10月
2	美国	达拉斯市	2004年10月14日
3	俄罗斯	乌里扬诺夫斯克市	2005年5月30日
4	印度尼西亚	茂物市	2005年8月17日
5	加拿大	圣约翰市	2005年10月12日
6	古巴	哈瓦那市	2005年12月18日
7	俄罗斯	俄罗斯西伯利亚	2006年5月24日
8	德国	法兰克福市	2006年9月12日
9	意大利	都灵市	2006年9月18日
10	韩国	釜山市	2006年9月24日
11	荷兰	代尔夫特市	2006年9月25日
12	印度尼西亚	巴淡市	2006年12月18日
13	匈牙利	布达佩斯市	2007年4月11日
14	巴西	圣保罗市	2007年4月27日
15	韩国	仁川市	2007年9月1日
16	卢旺达	基加利市	2008年1月
17	佛得角	明德卢市	2008年1月
18	德国	柏林市	2008年5月16日
19	越南	海防市	2008年12月28日
20	塞尔维亚	贝尔格莱德市	2009年6月12日
21	日本	大阪市	2010年7月30日
22	希腊	卡瓦拉市	2010年9月10日
23	美国	洛杉矶市	2010年11月8日
24	瑞典	马尔默市	2012年3月28日
25	美国	亚特兰大市	2012年3月30日
26	俄罗斯	喀山市	2012年4月29日
27	阿根廷	布宜诺斯艾利斯市	2012年5月31日
28	英国	苏格兰地区	2012年7月26日
29	印度尼西亚	万隆市	2012年9月5日
30	俄罗斯	伊尔库茨克市	2012年11月17日
31	芬兰	赫尔辛基市	2013年6月10日
32	土耳其	安卡拉市	2013年11月17日
33	希腊	雅典市	2013年11月17日
34	爱尔兰	科克市	2013年11月17日
35	斐济	苏瓦市	2013年11月17日

	国家	省市地区名称	签字时间
36	英国	英属维尔京群岛	2014年1月10日
37	哥伦比亚	波哥大市	2014年1月13日
38	俄罗斯	圣彼得堡市	2014年1月13日
39	马尔代夫	马累市	2014年5月16日
40	罗马尼亚	布加勒斯特市	2014年6月24日
41	尼泊尔	加德满都市	2014年9月17日
42	澳大利亚	堪培拉市	2014年10月14日
43	斯里兰卡	科伦坡市	2014年11月17日
44	荷兰	海牙市	2014年11月17日
45	新西兰	克赖斯特彻奇市	2015年4月1日
46	美国	西雅图市	2015年6月25日
47	墨西哥	墨西哥城	2015年6月29日
48	泰国	曼谷市	2015年7月10日
49	南非	开普敦市	2015年9月15日
50	蒙古国	乌兰巴托市	2015年9月21日
51	德国	汉诺威市	2015年10月28日
52	加拿大	蒙特利尔市	2015年11月4日
53	加纳	阿克拉市	2016年5月13日
54	巴布亚新几内亚	莫尔斯比港首都行政区	2016年5月27日
55	毛里求斯	路易港市	2016年5月30日
56	巴林	麦纳麦市	2016年9月4日
57	意大利	托斯卡纳大区	2016年9月25日
58	加拿大	多伦多市	2016年11月16日
59	美国	底特律市	2016年11月16日
60	法国	伊夫林省	2017年2月9日
61	美国	夏洛特市	2017年3月16日
62	立陶宛	维尔纽斯市	2017年6月16日
63	意大利	米兰市	2018年6月13日
64	阿联酋	迪拜市	2018年12月24日
65	哈萨克斯坦	阿拉木图市	2021年12月29日
66	巴西	里约热内卢市	2022年8月31日
67	乌兹别克斯坦	塔什干市	2024年1月26日
68	阿联酋	阿布扎比市	2024年1月26日
69	俄罗斯	莫斯科市	2024年3月6日

（截至 2024 年 3 月 6 日）

第九章　创建人类文明新形态的深圳行动

"创造人类文明新形态"是以习近平总书记为主要代表的新时代中国共产党人提出的重大创新命题，是社会主义物质文明、政治文明、精神文明、社会文明、生态文明相济相生、协调发展的整体性文明形态。深圳全面深入学习贯彻落实习近平新时代中国特色社会主义思想和习近平总书记关于深圳工作的重要讲话和指示批示精神，围绕创建人类文明新形态积极行动、主动作为、勇担新时代新的文化使命。在深刻把握人类文明新形态的思想内涵、精神实质和重要意义的基础上，始终坚持以人民为中心的价值理念，深度理解和践行"两个结合"[1]，并全面谋划和系统推进"五位一体"建设和"五个文明"发展，形成了具有深圳风格、展现深圳风范的中国特色社会主义文明，奋力谱写中华民族现代文明的深圳篇章，彰显了深圳特区持续探索和加强中国特色社会主义文明建设的全面性、协调性、整体性和长远性。

第一节　"两个结合"与深圳先行先试

习近平总书记在庆祝中国共产党成立 100 周年大会上鲜明提出了"两个结合"，这是党在历史上首次明确提出"把马克思主义基本原理同中华优秀传统文化相结合"的重大论断，并将其与"把马克思主义基本原理同中国具体实际相结合"并列[2]。从"试验"到"示范"是深圳义不容辞的历史使命，支持深圳

---

[1] 两个结合：马克思主义基本原理同中国具体实际相结合、同中华优秀传统文化相结合。

[2] 夏文斌,张懿. 深入推进"第二个结合"[J]. 前线,2021(12)：8–11.

建设中国特色社会主义先行示范区，是习近平总书记亲自谋划、亲自部署、亲自推动的重大国家战略。深圳在践行"两个结合"方面也保持着先行先试的风格，将科学理论、优秀文化与深圳实际相结合，在处理好多重关系中有力地深化了"两个结合"的进程，不断开辟马克思主义中国化时代化新境界。

一、坚持将科学理论与深圳实际相结合

1978 年，党的十一届三中全会的召开标志着改革开放序幕的启动，是党的历史上一个伟大转折，自这次会议之后破除了"两个凡是"的思想迷雾和精神枷锁，使得实事求是的思想路线重新确立；"以阶级斗争为纲"的错误政治路线也得以纠正，全党的工作中心顺利地转移到了社会主义现代化建设和改革开放上来。为了探索有中国特色的社会主义道路，通过改革开放加速社会主义现代化进程，邓小平专门倡议建立了经济特区，并在党中央和国务院的部署下率先建设深圳经济特区。深圳自然而然地承担起了改革开放试验场的光荣使命，是中国成功推行改革开放政策的缩影，始终坚持将科学理论与深圳实际相结合，建立健全社会主义市场经济，不断谱写中国式现代化的深圳篇章。

（一）"春天的故事"与深圳特区改革开放实践的历史进程

1979 年的春天，邓小平批准广东提出的请求，作出了建立经济特区的决策。1992 年的春天，邓小平视察珠海、深圳等地，发表了著名的"南方谈话"，歌曲《春天的故事》就回顾了深圳建立经济特区的起始过程，在广东传唱、回响。此后，江泽民和胡锦涛不断丰富着"春天的故事"：2000 年 2 月早春，江泽民在广东省高州市提出了"三个代表"重要思想；2003 年 4 月中旬，时值春夏之交，非典（SARS）肆虐全国，胡锦涛在广州提出了"科学发展观"。可见，"春天的故事"历史性地展现了在党的创新理论指引下深圳的蓬勃发展。[1]

邓小平理论书写了深圳"春天的故事"，以深圳为起点描绘中国改革开放

---

[1] 吴定海，赵智奎. 思想破冰：深圳观念创新的逻辑[M]. 北京：中国社会科学出版社，2022：29-41.

蓝图。每当我们听到《春天的故事》这首中国老百姓耳熟能详的歌曲时，眼前就会浮现出中国改革开放总设计师邓小平的光辉形象，这首歌主要讲了两个故事：第一个，1979年的一个春天，有一位老人在中国的南海边画了一个圈，神话般地崛起座座城，奇迹般聚起座座金山。这指的是党的十一届三中全会以后，邓小平将深圳划为经济特区，昔日的深圳小镇就此繁荣起来。第二个，1992年邓小平发表"南方谈话"。歌曲清新贴切又充满生活气息，记录了深圳乃至整个中国的变化。邓小平发表了一系列关于经济特区的重要论述，包括强调经济特区的发展既要借鉴国外一切文明成果又必须坚持社会主义方向，特区姓"社"不姓"资"，是体制改革的试验场，要发挥带动和示范作用，实现共同富裕等。这些论述是马克思主义基本原理同中国具体实际、同特区实践相结合的产物，助推深圳经济特区发展的辉煌成就。

江泽民既是"三个代表"重要思想的主要创立者[1]，也最早参与创办经济特区。他指出，经济特区要带头加快社会主义市场经济体制创新，大力推进科技创新，增强服务全国、与内地合作、支持西部大开发的大局意识，始终不渝地坚持"两手抓、两手都要硬"的方针，坚持进行"致富思源、富而思进"的教育等。事实上，他先后15次赴深圳视察和指导工作，出席深圳经济特区建立20周年庆祝大会等，代表党中央、国务院郑重地提出了经济特区"三不变"[2]、深圳要增创新优势、更上一层楼[3]，有力地推动了深圳的跨越式发展。深圳在贯彻落实"三个代表"重要思想方面交出了让党和人民满意的答卷，努力做到了"三个继续，五个带头，两个率先，一个示范"[4]，与时俱进，开拓创新，把改革开放和现代化建设提高到了新水平。

科学发展观的主要创立者是胡锦涛，胡锦涛之所以提出科学发展观，与广

---

[1] 2000年2月，江泽民在广东茂名高州市领导干部"三讲"教育会议上，第一次精辟阐述了"三个代表"重要思想。

[2] 三不变：中央对发展经济特区的决心不变，中央对经济特区的基本政策不变，经济特区在全国改革开放和现代化建设中的历史地位和作用不变。

[3] 中共中央文献研究室. 十五大以来重要文献选编（中）[M]. 北京：人民出版社，2001：1142.

[4] 三个继续，五个带头，两个率先，一个示范：继续当好改革开放和现代化建设的排头兵，继续争当建设有中国特色社会主义的示范地区，继续充分发挥技术的窗口、管理的窗口、知识的窗口和对外政策的窗口；带头加快体制创新，带头大力推进科技创新，带头增强服务全国的大局意识，带头始终不渝地坚持"两手抓，两手都要硬"的方针，带头按照"三个代表"的要求全面加强党的建设；率先为全国建立比较完善的社会主义市场经济体制，率先基本实现现代化；中国特色社会主义的示范区。

东、深圳也有着直接或间接的关联。2003 年 4 月，胡锦涛先后调研了湛江、深圳、东莞、广州，且来到深圳市中兴通讯股份有限公司、华为技术有限公司、中国长城计算机深圳股份有限公司、深圳清华大学研究院、深圳高新技术产业园区、富士康企业集团等考察，十分重视和高度关心关注深圳特区的发展。胡锦涛指出，经济特区地位和作用没有变，且将在实践中进一步凸显重要地位、发挥更大作用。他要求深圳要加快发展、率先发展、协调发展，强调坚持全面的发展观。2010 年 9 月，在深圳经济特区建立 30 周年之际，胡锦涛专门来到深圳腾讯计算机系统有限公司、中国科学院深圳先进技术研究院、中国广东核电集团有限公司大亚湾核电基地、深圳市中心的罗湖区南湖街道渔民村社区等考察工作，关注强化自主创新、推动产业结构升级等问题；他还强调经济特区应继续办下去并且办得更好，具体对深圳经济特区提出了"五个继续"[1] 要求。深圳市委、市政府为贯彻落实科学发展观，提出了转变发展模式的战略思路，重点围绕土地、资源、环境、人口等革新传统模式并转变经济发展方式，努力建设"和谐深圳""效益深圳"[2]，从根本上清楚地认识和解决了发展依靠谁、为了谁的问题，使深圳协调发展的成效位居全国前列。

（二）习近平新时代中国特色社会主义思想指引深圳新征程

党的十八大以来，习近平多次亲临深圳，首先到莲花山拜谒邓小平铜像，发出了中国改革开放再出发的动员令。新时代以来，深圳市委、市政府在习近平新时代中国特色社会主义思想的指导指引下，继续开启新征程，使深圳持续走在全国发展前列，不断开辟深圳特区发展的新局面、新境界。

---

[1] 五个继续：一是继续加快转变经济发展方式，努力为推动科学发展探索新路；二是继续深化改革开放，努力为推动科学发展提供制度保障和动力源泉；三是继续加强社会主义精神文明建设，努力为推动科学发展提供良好文化条件；四是继续促进社会和谐，努力为推动科学发展营造良好社会环境；五是继续推进党的建设，努力为推动科学发展、促进社会和谐提供坚强保证。

[2] 2005年5月，中国共产党深圳市第四次代表大会提出以科学发展观统领经济社会发展全局，以改革创新为动力，以全面加强党的建设、提高执政能力为保证，努力建设"和谐深圳""效益深圳"。

从 2008 年 7 月—2018 年 10 月，习近平先后三次来到深圳考察工作[1]。2018 年 12 月 26 日，习近平又对深圳作出重要批示，进一步明确了深圳在全国发展大局中的使命任务和责任担当、在粤港澳大湾区建设中的地位和作用，体现出对深圳经济特区特别的重视、厚爱、嘱托和寄望，宣示了将改革开放进行到底的信念和决心。2020 年 10 月 12—14 日，习近平赴广东考察，在潮州调研企业和在深圳出席庆祝大会时，两次强调要深刻领会和准确把握党中央的战略意图。2020 年 10 月 14 日，习近平在深圳经济特区建立 40 周年庆祝大会上总结了经济特区建设十条经验[2]，并对新时代深圳经济特区提出六项要求[3]。可以说，在习近平新时代中国特色社会主义思想的科学指引下，深圳人民建设先行示范区信心百倍、斗志昂扬，必将引领深圳谱写崭新的篇章、开创更辉煌的未来。

总之，改革开放以来，深圳解放思想、实事求是，始终以先进思想理论为引领，在坚持马克思主义基本原理、科学社会主义基本原则与深圳具体实际相结合的过程中致力于不断推进理论创新、实践创新、制度创新等各方面的综合创新，形成了具有鲜明深圳特色的深圳道路、深圳经验、深圳之治，敢试、敢闯、敢创，以生动的发展事实和奇迹彰显了中国特色社会主义的旺盛生命力。

---

[1] 第一次是在2008年7月，正值中国改革开放30周年，时任国家副主席的习近平在广东考察期间，专程到深圳调研。第二次是在2012年12月，习近平当选中共中央总书记后，首次离京考察，再赴广东，首站便是来到深圳。第三次是在2018年10月，习近平再次来到深圳市调研，指出："再一次来到深圳，再次来到广东，我们就是要在这里向世界宣示：中国改革开放永不停步！下一个40年的中国，定当有让世界刮目相看的新成就！"

[2] 十条经验：一是必须坚持党对经济特区建设的领导，始终保持经济特区建设正确方向；二是必须坚持和完善中国特色社会主义制度，通过改革实践推动中国特色社会主义制度更加成熟更加定型；三是必须坚持发展是硬道理，坚持敢闯敢试、敢为人先，以思想破冰引领改革突围；四是必须坚持全方位对外开放，不断提高"引进来"的吸引力和"走出去"的竞争力；五是必须坚持创新是第一动力，在全球科技革命和产业变革中赢得主动权；六是必须坚持以人民为中心的发展思想，让改革发展成果更多更公平惠及人民群众；七是必须坚持科学立法、严格执法、公正司法、全民守法，使法治成为经济特区发展的重要保障；八是必须践行绿水青山就是金山银山的理念，实现经济社会和生态环境全面协调可持续发展；九是必须全面准确贯彻"一国两制"基本方针，促进内地与香港、澳门融合发展、相互促进；十是必须坚持在全国一盘棋中更好发挥经济特区辐射带动作用，为全国发展作出贡献。

[3] 六项要求：坚定不移贯彻新发展理念，与时俱进全面深化改革，锐意开拓全面扩大开放，创新思路推动城市治理体系和治理能力现代化，真抓实干践行以人民为中心的发展思想，积极作为深入推进粤港澳大湾区建设。

二、深圳在推进"第二个结合"中的新探索

中华优秀传统文化和马克思主义的魂脉，滋养深圳走出了一条中国特色社会主义发展道路，在推进马克思主义基本原理同中华优秀传统文化相结合过程中有了新的探索和创造。

（一）深圳建市以来对社会主义先进文化建设的重视

深圳自建市以来就高度重视中国特色社会主义文化发展，从"文化立市"到"文化强市"，充分彰显了文化自觉和文化自信。深圳是改革开放的先行城市，正是在立足于改革开放的实践中、吸吮中华优秀传统文化等的丰富营养基础上，结合时代特征，进行社会主义先进文化的建设，深圳在该方面做了很多卓有成效的工作，出台了一系列文化政策。出台的相关政策列表如下：

表9-1　深圳建市以来的相关文化政策一览

年份	出台的关于文化方面的政策文件
1981年	《关于加强深圳特区思想文化建设的初步规划》 《关于深圳特区思想文化建设的初步意见》
1985年	《深圳经济特区社会主义精神文明建设大纲》
1991年	《深圳精神文明建设"八五"规划》
1996年	《深圳精神文明建设"九五"规划》
1998年	《深圳市文化事业发展（1998—2000）三年规划及2010年远景目标》
2000年	《中共深圳市委　深圳市人民政府关于加快实施科教兴市战略　推进教育现代化的决定》
2001年	《中共深圳市委　深圳市人民政府关于进一步加强社会主义精神文明建设的决定》
2003年	《深圳市建设"图书馆之城"实施方案（2003—2005）》 《深圳市文化体制改革综合试点工作方案》
2005年	《深圳市文化发展规划纲要（2005—2010年）》 《中共深圳市委　深圳市人民政府关于大力发展文化产业的决定》
2007年	《深圳市文化产业发展"十一五"规划》 《深圳市进一步完善公共文化服务体系实施方案》 《深圳市文化事业发展"十一五"规划》 《深圳市文化产业发展规划纲要（2007—2020年）》
2008年	《深圳市文化产业促进条例》
2011年	《深圳文化创意产业振兴发展规划（2011—2015年）》
2012年	《深圳市文化发展"十二五"规划》

续表

年份	出台的关于文化方面的政策文件
2014年	《深圳市文体旅游局全面深化改革实施方案（2014—2016年）》
2015年	《公共文化服务体系建设协调机制工作方案》
2016年	《深圳文化创新发展2020（实施方案）》 《深圳市文化发展"十三五"规划》
2019年	《粤港澳大湾区发展规划纲要》 《中共中央　国务院关于支持深圳建设中国特色社会主义先行示范区的意见》
2020年	《关于加快文化产业创新发展的实施意见》 《关于加快体育产业创新发展若干措施》 《深圳市文化产业发展专项资金资助办法》
2021年	《关于加快推进公共文化服务创新发展构建高水平公共文化服务体系的实施意见（2021—2025年）》 《深圳市基本公共文化服务实施标准（2021—2025年）》
2022年	《深圳特色文化街区管理办法》 《深圳市培育数字创意产业集群行动计划（2022—2025年）》
2023年	《深圳市关于加快培育数字创意产业集群的若干措施》
2024年	《关于促进文体娱乐业高质量发展的若干措施》

（二）深圳在"第二个结合"中促推先进文化的形成

深圳先进文化的形成离不开中华优秀传统文化，在"第二个结合"中建设深圳先进文化既是延续中华优秀传统文化生命力的内在需要，也是深圳建设先进文化的客观要求，可以说中华优秀传统文化为深圳先进文化的形成提供了丰厚底蕴和丰富资源。比如说：

深圳的改革创新文化，与《易经》中的"变易"思想理念，《礼记·大学》中"苟日新、日日新、又日新"，马克思主义唯物辩证法的理念相契合，可以说是马克思主义关于变化发展的观点与中华优秀传统文化中变革思想的有机统整。

深圳的奋发进取文化，与《易经》开篇之"天行健，君子以自强不息"，《论语·泰伯》中的"士不可以不弘毅，任重而道远"，马克思主义关于在实践中改造世界、实现生命的价值与意义的思想理论不谋而合，是中华优秀传统文化与马克思主义所共有的积极进取的精神品质。

深圳的包容开放文化，与《易经》的"地势坤，君子以厚德载物"，孔子等向来主张的"仁爱"思想，马克思主义的世界历史理论、为人类谋解放和自由全面发展的天下情怀等内在一致，彰显了中华优秀传统文化与马克思主义与时俱进、善于吸收一切优秀文化成果的思想特质。

深圳的诚实守信文化，与中华优秀传统文化中的"尚德"理念，管仲指出的"先王贵诚信，诚信者，天下之结也"，孔子提出的"人而无信，不知其可也"的思想，马克思主义为无产阶级和最广大的人民群众谋福利的价值旨归是统一的，也是培育和践行社会主义核心价值观的重要体现，是根源于民族优秀文化和社会主义先进文化形成起来的，适应了时代发展要求，集中反映着深圳人民的品德修养。[1]

此外，还诞生了"拓荒牛精神"[2]、"深圳精神"[3]、"新深圳精神"[4]、"新时代深圳精神"[5]、"深圳十大观念"[6]、移民文化、"参与友爱互助进步"的志愿服务精神等，这些都是深圳推进"第二个结合"的新探索。当然，历史和文化不能止步不前、必须顺应时代要求，习近平强调指出："不忘历史才能开辟未来，善于继承才能善于创新。优秀传统文化是一个国家、一个民族传承和发展的根本，如果丢掉了，就割断了精神命脉。"[7]因此，一方面我们要珍视和利用中华优秀传统文化资源，另一方面也要对其进行创造性转化和创新性发展、适应新时代现代化新要求，使得"第二个结合"为深圳以后的持续改革开放提供强大的精神动力。

三、努力谱写中华民族现代文明的深圳篇章

中华民族现代文明是中国共产党团结带领全国各族人民共同创造的、与中国式现代化发展进程相映照、具有鲜明的民族特色和中国风格的新的文明形

---

[1] 陈秋明，谭属春. 社会主义先进文化建设的深圳探索与理论研究[M]. 北京：商务印书馆，2018：52-57.

[2] 拓荒牛精神：开拓、创新、献身。

[3] 深圳精神：开拓、创新、团结、奉献。

[4] 新深圳精神：开拓创新、诚信守法、务实高效、团结奉献。

[5] 新时代深圳精神：敢闯敢试、开放包容、务实尚法、追求卓越。

[6] 深圳十大观念：时间就是金钱、效率就是生命；空谈误国，实干兴邦；敢为天下先；改革创新是深圳的根、深圳的魂；鼓励创新、宽容失败；让城市因热爱读书而受人尊重；实现市民文化权利；送人玫瑰，手有余香；深圳，与世界没有距离；来了，就是深圳人。

[7] 习近平. 习近平谈治国理政（第二卷）[M]. 北京：外文出版社，2017：313.

态。建设中华民族现代文明，要求我们既要紧紧把握中华民族的历史文脉和思想精髓，深刻领悟中华文明的五大突出特性[1]及其关系，重视从中汲取一切科学积极有用的思想智慧、价值观念和人文精神等，使之化入当代中国人的日常思维、情感意志、信仰体系之中；也要开拓文化建设的新思路、新观点、新实践、新机制，做到守正创新、开放包容，在深入推进"两个结合"和中国式现代化的实践中创造中华文明发展的新成就。[2]深圳积极地响应并踏实地践行习近平总书记关于宣传思想文化工作的重要指示精神，努力谱写中华民族现代文明的深圳篇章。

第一，坚持解放思想、实事求是，以革命性的综合创新建设中华民族现代文明。"实事求是"是马克思主义者和中国共产党人认识世界、改造世界的根本方法论。不管是历史、现实和未来，都要始终坚持一切从实际出发，做到理论联系实际，在实践中检验和发展真理。深圳的一大特质就是敢闯，敢于破除各种僵化思想观念的障碍，为改革开放精神[3]和特区精神[4]的形成作出了重大贡献，且已被列入中国共产党人精神谱系第一批伟大精神。习近平指出："改革开放铸就的伟大改革开放精神，极大丰富了民族精神内涵，成为当代中国人民最鲜明的精神标识"[5]；"实践发展永无止境，解放思想永无止境，改革开放也永无止境，改革开放只有进行时、没有完成时"[6]。在接下来的文化建设和文明创造过程中，深圳也要继续地长期坚持解放思想、实事求是的原则。此外，还要敢于以深化改革和综合创新推动深圳社会主义先进文化发展，包括理论与观念创新、文化体制机制创新、产业形式创新等，提升和强化中国特色社会主义文化在新时期进一步发展的深圳动力。

第二，大力培育和践行社会主义核心价值观。改革开放是有方向、有立

---

[1] 中华文明"五大突出特性"：连续性、创新性、统一性、包容性、和平性。

[2] 吴晶，李云舒. 铸就中华文化新辉煌[N]. 中国纪检监察报，2023-10-12（04）.

[3] 改革开放精神：解放思想、实事求是，敢闯敢试，勇于创新，互利合作、命运与共。

[4] 2010年5月深圳市第五次党代会报告将"特区精神"归纳为"敢闯敢试、敢为天下先的改革精神；海纳百川、兼容并蓄的开放精神；追求卓越、崇尚成功、宽容失败的创新精神；'时间就是金钱、效率就是生命''空谈误国、实干兴邦'的创业精神；不畏艰险、敢于牺牲的拼搏精神；团结互助、扶贫济困的关爱精神；顾全大局、对国家和人民高度负责的奉献精神"。

[5] 习近平. 在庆祝改革开放40周年大会上的讲话[M]. 北京：人民出版社，2018：14.

[6] 习近平. 论党的宣传思想工作[M]. 北京：中央文献出版社，2020：34.

场、有原则的[1]，作为多元文化的汇集地，深圳处于改革开放和意识形态斗争的"两个前沿"，这种比较独特的政治和地缘环境，决定了深圳必须坚持社会主义核心价值观的坚决性。要坚持正确方向，做到"国家立场、深圳表达"；要将价值观自信、道路自信深刻植入深圳文化之中，不折不扣地强化社会主义核心价值观宣教与个体的实践体验；健全制度建设，发扬深圳情怀，在强烈的人文关怀意识中提升人们对社会主义核心价值观的接受度、理解度和认同度，激发文化深圳的正能量和辐射力。实际上，"圳能量"正点亮文明之灯[2]，如深圳成功入选 2023 年城市网络文明典型案例城市（全国共 20 个）。此外，还要致力于将深圳打造成为国际创新创意之都[3]、区域文化中心城市[4]和城市文明典范[5]，以深圳"文化 +"来赋能中华民族现代文明。

第三，在宽广的视域中建设中华民族现代文明。习近平总书记强调：改革开放是决定当代中国命运和决定实现"两个一百年"奋斗目标、实现中华民族伟大复兴的关键一招[6]；"中国开放的大门只会越开越大，永远不会关上！"[7]中华民族现代文明是社会主义之文明的综合形态，要求深圳在贯通传统与现代、历史与现实、国内与国外的开阔视野中，努力谱写中华民族现代文明新篇章。在深刻领会新时代文化使命的时代依据和现实条件基础上，总结新时代深圳文化建设所取得的历史性成就，探索新时代深圳文化建设的创新路径和制度机制。坚持熔古铸今、汇通中外，以中国特色社会主义文化建设的新成果为持续

---

[1] 习近平. 习近平著作选读（第一卷）[M]. 北京：人民出版社，2023：66.

[2] 关炜瀛. 深圳入选2023年城市网络文明典型案例城市[N]. 深圳特区报，2023-07-19（A02）.

[3] 2020年1月18日，深圳市委办公厅、深圳市人民政府办公厅印发了《关于加快文化产业创新发展的实施意见》的通知，明确指出深圳市文化产业创新发展的目标为构建以质量型内涵式发展为特征的高水平现代文化产业体系，推动深圳成为创新创意引领潮流、文化科技特色鲜明、文化形象开放时尚、文化产业充满活力的国际文化创新创意先锋城市。

[4] 2019年7月《中共中央 国务院关于支持深圳建设中国特色社会主义先行示范区的意见》明确指出，要加快深圳建设区域文化中心城市，率先塑造展现社会主义文化繁荣兴盛的现代城市文明。

[5] "城市文明典范"概念首提是在《中共中央 国务院关于支持深圳建设中国特色社会主义先行示范区的意见》五大战略定位中的第三个，其内容为"践行社会主义核心价值观，构建高水平的公共文化服务体系和现代文化产业体系，成为新时代举旗帜、聚民心、育新人、兴文化、展形象的引领者"。

[6] 习近平. 习近平著作选读（第一卷）[M]. 北京：人民出版社，2023：65.

[7] 习近平. 与世界相交 与时代相通 在可持续发展道路上阔步前行——在第二届联合国全球可持续交通大会开幕式上的主旨讲话[N]. 人民日报，2021-10-15（02）.

推进中国式现代化深圳实践创新、创造人类文明新形态赢得历史主动，为实现中华民族伟大复兴提供强大的价值引导力、文化凝聚力和精神推动力。[1]

第二节 在落实"五位一体"中开创文明新形态

2012 年 11 月 8 日，胡锦涛在党的十八大报告中正式提出了"五位一体"总体布局。2017 年 10 月 18—24 日，习近平在党的十九大报告中确立了新时代统筹推进"五位一体"总体布局的战略目标。全面落实"五位一体"，必须自觉把习近平新时代中国特色社会主义思想贯穿到各环节和全过程，坚持新发展理念、人民当家作主、建设社会主义文化强国、以发展来保障和改善民生，坚持人与自然和谐共生等。

中央关于深圳先行示范区建设的《意见》提出了深圳在不同时段的目标，要实现这些目标，意味着深圳要坚决按照"五位一体"总体布局的要求，协调推进各项工作，达到社会主义现代化强国的建设水平，进而成为竞争力、创新力、影响力卓著的全球标杆城市。是故，深圳必须大力弘扬改革创新精神、勇于探索实践、攻坚克难、接力奋斗，继续为推动中国特色社会主义事业，实现中华民族伟大复兴的中国梦发挥先行探索、经验参照和积极引领的作用，开创"物质文明""政治文明""精神文明""社会文明""生态文明"的新形态。

一、整体推进"五个文明"

党的十九大报告明确提出以"五位一体"总体布局作为推进我国社会主义现代化建设的路线图。"五位一体"总体布局是一个有机整体，分别对应提升物质文明、政治文明、精神文明、社会文明、生态文明。深圳落实社会主义现代化建设的总布局，实际上也就是要摆脱过去作为经济城市和科技城市的相对

---

[1] 张懿. 学习贯彻习近平文化思想系列评论二：在新时代新征程担负起新的文化使命[OL]前线客户端，2023−10−24.

单一形象，转而从经济、政治、文化、社会、生态全方位提升深圳的发展水平和国际形象，在全领域实现全面进步，为全国城市发展提供优秀的范例和典型的榜样。深圳从整体上推动物质文明、政治文明、精神文明、社会文明、生态文明发展，既注重分项进行好经济建设、政治建设、文化建设、社会建设、生态建设，也强调全面均衡地谋建设谋发展谋文明。

高质量发展、法治城市、民生幸福、城市文明、可持续发展是深圳先行示范的五个具体领域，这大致可对应"五位一体"总体布局，也分别从经济、政治、文化、社会、生态五个维度确立了深圳率先探索现代化的战略任务。"五个率先"目标[1]和社会主义现代化强国之"富强、民主、文明、和谐、美丽"的目标也是大致对应的。深圳以建设中国特色社会主义先行示范区整体推进"五个文明"建设，呈现出一个历史发展的脉络过程。

2017年4月，习近平总书记对广东工作作出"四个坚持、三个支撑、两个走在前列"[2]的重要批示。为全面贯彻落实习近平总书记重要批示精神及广东省第十二次党代会提出的"珠三角地区努力打造成为社会主义现代化建设的先行区"要求，深圳市委于5月提出率先建设社会主义现代化先行区。多部门深入调研、精心谋划，积极探索制定社会主义现代化指标体系。7月，市政府联合中国宏观经济研究院举办"深圳率先建设社会主义现代化先行区研讨会"，多位专家就相关议题发表观点及建设性意见。8月，市委六届七次全会指出，要加快建设体现时代特征、中国特色、深圳特点的社会主义现代化先行区。12月，市委六届八次全会审议通过《关于持续深入学习宣传贯彻党的十九大精神高举习近平新时代中国特色社会主义思想伟大旗帜率先建设社会主义现代化先行区的决定》。[3]

2018年1月，深圳市委六届九次全会对率先建设先行区进行了谋篇布局。全会讨论了《深圳经济特区率先建设社会主义现代化先行区规划纲要（2018—

[1] "五个率先"目标：高质量发展高地、法治城市示范、城市文明典范、民生幸福标杆、可持续发展先锋。

[2] 四个坚持、三个支撑、两个走在前列：坚持党的领导、坚持中国特色社会主义、坚持新发展理念、坚持改革开放；为全面推进供给侧结构性改革、实施创新驱动发展战略、构建开放型经济新体制提供支撑；在全面建成小康社会、加快建设社会主义现代化新征程上走在前列。

[3] 中国共产党深圳市第六届委员会第十次全体会议决议[N]. 深圳特区报，2018-07-19（A01）.

2035 年）（讨论稿）》，提出了"九大战略任务"[1]。

2018 年 3 月，习近平总书记参加十三届全国人大一次会议广东代表团审议时强调，深圳高新技术产业要发挥示范带动作用。深圳市委密集召开会议，研究部署一系列相关工作。[2]

2018 年 10 月，习近平总书记再次视察深圳并赋予其"朝着建设中国特色社会主义先行示范区的方向前行，努力创建社会主义现代化强国的城市范例"的新使命。12 月，习近平总书记又一次对深圳工作作出重要批示，明确该使命。

2019 年 1 月 8—9 日，深圳市委六届十一次全会审议通过了关于深入学习贯彻习近平总书记对广东重要讲话和对深圳重要指示批示精神、朝着建设中国特色社会主义先行示范区的方向前行、努力创建社会主义现代化强国的城市范例的决定及贯彻落实粤港澳大湾区重大战略的实施意见，提出着力在十个方面[3]先行示范，抓好十项重点工作[4]。

2019 年 7 月，《中共中央 国务院关于支持深圳建设中国特色社会主义先行示范区的意见》发布。中央和国家相关部委迅速印发工作要点、分工方案等，成立重大改革事项领导小组和工作专班。广东召开省委十二届八次全会进行专题部署，通过关于支持深圳建设先行示范区的若干重大措施等文件，成立省级层面领导小组。深圳市委成立以王伟中为组长的全市推进中国特色社

---

[1] 九大战略任务：坚定不移建设更具国际竞争力的创新之都，打造更具时代引领性的深圳品牌，做强更具比较优势的深圳制造，推进更紧密更务实的深港澳合作，构建更均衡更有辐射力的大都市圈，推进更加规范有效的基层治理，建设更具吸引力的人才特区，营造更加市场化法治化国际化的营商环境，打造更具全球影响力的海洋中心城市。

[2] 邓大洪. 从"特区"到"先行示范区"深圳再担历史新使命[J]. 中国商界, 2019（10）：14-17.

[3] 十个方面：加强党的领导和党的建设、推动高质量发展、实施创新驱动发展战略、全面深化改革、全面扩大开放、践行以人民为中心的发展思想、民主法治建设、践行社会主义核心价值体系、生态文明建设、加强和创新社会治理。

[4] 十项重点工作：一是举全市之力推进粤港澳大湾区建设，努力形成全面开放新格局；二是聚焦重点领域和关键环节攻坚突破，坚定不移把全面深化改革进行到底；三是坚持把创新作为城市发展主导战略，加快完善全过程创新生态链；四是牢牢把握高质量发展根本要求，着力构建现代产业体系；五是决战水污染治理，营造天蓝地绿水清的优美生态环境；六是优化城市品质和现代化功能，提高发展的平衡性和协调性；七是扎实做好新形势下宣传思想文化工作，推动文化强市建设再上新水平；八是坚持不懈保障和改善民生，增强市民群众获得感幸福感安全感；九是扎实推进民主法治建设，巩固和发展生动活泼、安定团结的政治局面；十是坚定不移推进党的建设新的伟大工程，把各级党组织锻造得更加坚强有力。

会主义先行示范区建设领导小组，突出抓好重大改革、政策、平台、项目落地实施，针对综合授权改革试点、国际海洋开发银行等成立工作专班。9月17日，深圳市委六届十二次全会要求全市深入领悟以习近平同志为核心的党中央的战略意图，勇担建设中国特色社会主义先行示范区的伟大历史使命，打造践行新思想的"最佳示范"；讨论了《深圳市建设中国特色社会主义先行示范区的行动方案（2019—2025年）》。随后，市委市政府还制定了2019—2022年、2023—2025年两个三年滚动工作规划，编制了全面深化前海合作区改革开放、综合性国家科学中心先行启动区建设等方案；梳理形成第一批综合授权改革清单和首批立法变通规定建议事项；创业板注册制改革等100多项重点项目有序推进。12月26—27日，深圳市委六届十三次全会审议通过了《中共深圳市委贯彻落实〈中共中央关于坚持和完善中国特色社会主义制度、推进国家治理体系和治理能力现代化若干重大问题的决定〉的实施意见》《关于召开中国共产党深圳市第七次代表大会的决议》，讨论了《深圳市建设中国特色社会主义先行示范区重点工作计划（2020—2022年）》。

2020年，中共中央办公厅、国务院办公厅印发《深圳建设中国特色社会主义先行示范区综合改革试点实施方案（2020—2025年）》，也对推进"五个文明"采取了相应举措。

总之，深圳作为建设粤港澳大湾区和中国特色社会主义先行示范区的重要责任主体，牢记党中央战略意图，聚焦重点任务，持续在更高起点、更高层次、更高目标上推进新时代的改革开放，肩负好实施综合改革试点重大任务，整体推进"五个文明"建设。[1]

二、协同推进"五个文明"

"五个文明"体现了人类发展的多维视野，马克思主义基本观点认为，人作为物质和精神的统一体，所从事的一切活动都是围绕着满足人的生存、发展、精神等需求而展开的。我们对中国特色社会主义的认识也是随着经济社会

---

[1] 中共深圳市委党史研究室，深圳市史志办公室. 深圳改革开放四十年[M]. 北京：中共党史出版社，2021：334−340.

发展实践不断深化的，从"两个文明"到"三位一体""四位一体"，再到如今的"五位一体"，在对人类社会发展规律和社会主义建设规律认识的实践中不断推动理论创新。

深圳的发展是在中国共产党领导下进行中国特色社会主义建设所取得伟大成就的生动写照和精彩演绎，是中国人民创造的世界历史上的一个显著奇迹。一直以来，深圳坚持两个文明协调发展，在保持国民经济持续发展的同时，统筹好社会主义物质文明、政治文明、精神文明、社会文明、生态文明有效共进共促。[1]深圳在协同推进"五个文明"建设方面取得了突出成就，先后获得"全国文明城市""国家卫生城市""全国环境综合治理优秀城市""全国双拥模范城""国家园林城市""全球全民阅读典范城市"等称号，可谓创造了中国特色社会主义"五个文明"协调发展的奇迹。

一是建设高质量发展的现代化经济体系。经过历届市委、市政府的努力，深圳探索出了以企业为主体、以市场为导向、产学研相结合的技术创新体系，逐步形成了以四个90%为特色的高新技术产业发展模式[2]，成为首个国家创新型城市、首个以城市为单元的国家自主创新示范区。习近平总书记对广东、深圳工作多次作出重要指示批示，要求实施创新驱动发展战略；他在党的二十大报告中再次强调加快实施创新驱动发展战略。深圳认真贯彻落实习近平总书记的重要讲话和指示批示精神，坚持把自主创新作为城市发展主导战略，加快形成以创新为主要引领和支撑的经济体系和发展模式，加快建设创新型现代化国际化城市和国际科技、产业创新中心。[3]如制定了建设科技、产业创新中心的实施方案和"十大行动计划"[4]，布局国家基因库、未来网络实验室、诺贝尔奖科学家实验室等基础性、原创性的重大科技项目，构建起全过程创新生态链[5]；出台和审议通过《深圳经济特区国家自主创新示范区条例》《中共深圳市委关

---

[1] 习近平. 在深圳经济特区建立40周年庆祝大会上的讲话[M]. 北京：人民出版社，2020：3.

[2] 四个90%为特色的高新技术产业发展模式：90%以上的研发机构设立在企业，90%以上的研发人员集中在企业，90%以上的研发资金来源于企业，90%以上的职务发明专利出自企业。

[3] 杨勇，闻坤. 打造全球领先的创新之城[N]. 深圳特区报，2017-11-07（A1，A5）.

[4] 十大行动计划：布局十大重大科技基础设施，设立十大基础研究机构，组建十大诺贝尔奖科学家实验室，实施十大重大科技产业专项，打造十大海外创新中心，建设十大制造业创新中心，规划建设十大未来产业集聚区，搭建十大生产性服务业公共服务平台，打造十大"双创"示范基地，推进十大人才工程。

[5] 全过程创新生态链：基础研究+技术攻关+成果产业化+科技金融+人才支撑。

于深入贯彻落实习近平重要讲话精神加快高新技术产业高质量发展更好发挥示范带动作用的决定》《深圳市关于加强基础科学研究的实施办法》《关于促进我市上市公司稳健发展的若干措施》《关于以更大力度支持民营经济发展的若干措施》等。

二是营造彰显公平正义的民主法治环境。习近平强调，必须使法治成为经济特区发展的重要保障。[1]与改革开放相伴随，深圳始终坚持依法治市，力争建设"法治中国示范城市"。出台了《中共深圳市委关于新时代加强和改进人民政协工作的意见》《深圳市政府规章立法技术规范（试行）》《深圳市人民政府立法工作规程（试行）》《深圳经济特区知识产权保护条例》《深圳经济特区个人破产条例》《深圳经济特区优化营商环境条例》，印发了《深圳市政府投资建设项目施工许可管理规定》《深圳市社会投资建设项目报建登记实施办法》，实施了《深圳经济特区全面禁止食用野生动物条例》《深圳经济特区科技创新条例》等。入选第一批全国法治政府建设示范市；前海法治示范区成立全国自贸区第一个法治建设领导小组，出台全国自贸区首份法治建设专项规划纲要，成立全国第一家按法定机构模式治理的仲裁院；成立全国首个破产法庭，出台全国首个《企业重整案件的工作指引》、首个《强制执行上市公司股票的工作指引》；荣获"法治政府建设典范城市"称号；以"互联网＋法律服务"为引领，率先在全国推出首张法治地图——深圳法治地图；等等。

三是社会主义文化繁荣兴盛。党的二十大报告指出，推进文化自信自强，铸就社会主义文化新辉煌。深圳在文化建设方面取得优异成绩，具体来说：思想道德建设力度持续加大，职业道德、家庭美德和社会公德建设不断加强，深圳精神得到极大弘扬；科学教育建设速度加快，"科教兴国"战略得到全面实施，学校素质教育、思想政治教育、文化建设硕果累累；精神文明建设迈上新台阶、扎实开展文明城市创建工作、实施《文化创新发展2020》、建设"新时代十大文化设施"[2]、提升改造"十大特色文化街区"[3]、文化事业和文化产业蓬勃

[1] 习近平. 在深圳经济特区建立40周年庆祝大会上的讲话[M]. 北京：人民出版社，2020：5.
[2] 新时代十大文化设施：深圳改革开放展览馆、歌剧院、创意设计馆、中国国家博物馆·深圳馆、科学技术馆、海洋博物馆、自然博物馆、美术馆新馆、创新创意设计学院、音乐学院。
[3] 十大特色文化街区：大鹏所城、南头古城、大芬油画村、观澜版画基地、甘坑客家小镇、大浪时尚创意小镇、大万世居、蛇口海上世界、华侨城创意文化街区、华强北科技时尚文化街区。

兴盛、知名文化企业不断涌现、文化和旅游深度融合、文化园区和基地建设繁荣发展、国家级文化产业服务平台影响力不断增强等。

四是健全共建共治共享的民生发展格局。党的二十大报告指出，完善社会治理体系，健全共建共治共享的社会治理制度，提升社会治理效能。深圳积极开展"城市管理治理年""城市质量提升年"等工作，创建全国首批市域社会治理现代化试点城市，全方位提升城市功能和品质。包括制定明确社会治理目标，教育事业全面发展，医疗卫生事业上了新台阶，住房保障和供应体系日益完善，社会保障体系进一步健全，打好"三大攻坚战"，深入开展平安深圳建设等。总之，深圳社会治安形势得到了根本好转，人民群众安居乐业。

五是打造人与自然和谐共生的美丽中国典范。深圳牢固践行绿水青山就是金山银山的理念，强化"全周期管理"意识，统筹推进山水林田湖草系统治理，推动形成绿色生产生活方式，营造天蓝地绿水清的优美生态环境，环境质量显著提高，先后获得"国家卫生城市""国家园林城市""全国绿化模范城市""首届中国人居环境奖""首届中国十佳绿色城市""国际花园城市"等称号，成为首批国家可持续发展议程创新示范区。深圳建立了最严格的生态环境保护制度，颁布《深圳市生态环境保护工作责任清单》《深圳市党政领导干部生态环境损害责任追究制度》；构建城市绿色发展新格局，出台了《深圳市打好污染防治攻坚战三年行动方案（2018—2020年）》，持续改善大气质量使之达到国际先进水平；固体废物污染防治水平明显提升。建成南山、宝安、龙岗三大能源生态园，生活垃圾无害化处理率达100%，烟气排放标准全面优于国标、欧标，位居世界领先水平，成为全国首个具备垃圾全量焚烧处理能力的城市等。2020年10月《深圳市碧道建设总体规划（2020—2035年）》正式实施。[1]

三、科学推进"五个文明"

我们知道，经济是深圳的品牌。然而，随着新时代我国社会主要矛盾的变化，广大人民群众对美好生活的需要呈现出多元化全方位特征，涉及教育、就

---

[1] 中共深圳市委党史研究室，深圳市史志办公室. 深圳改革开放四十年[M]. 北京：中共党史出版社，2021：346—389.

业、收入、医疗、社会保障、居住环境、精神文化生活等方方面面，因此，坚持以经济建设为中心，推动"五个文明"科学发展，业已成为必然选择。相应地，深圳在推进先行示范区和社会主义现代化建设的过程中，也应注意协调处理好系统关系，以科学的方法论统筹推进"五个文明"，使"五位一体"相协相促、相得益彰。[1]实际上，和国内其他地区相比，深圳较早意识到了经济社会全面、协调、均衡、可持续发展的必要性和重要性，在实践中作出了诸多探索、取得了诸多成绩。

一是深圳作为社会主义市场经济成功的"开拓者"。深圳在改革开放实践中最为成功的首推对社会主义市场经济的超前探索，成功破除了旧体制对发展的束缚，既极大提高了深圳改革开放的速度，也影响了整个中国。习近平在深圳经济特区建立40周年庆祝大会上对此给予了高度评价："40年来，深圳坚持解放思想、与时俱进，率先进行市场取向的经济体制改革，首创1000多项改革举措，奏响了实干兴邦的时代强音，实现了由经济体制改革到全面深化改革的历史性跨越。"[2]深圳在全国率先认识到改革需要建立社会主义市场经济体系，坚持姓"社"而不姓"资"，而且中国的对外开放也是在深圳实现突破和起步的，进而推动了全国的整体开放，具有巨大的示范效应。

二是深圳作为社会主义民主政治道路的"践行者"。深圳建市以来对中国特色社会主义民主政治的探索步伐是坚实的。实行的市场经济即法治经济，也就是说改革开放走社会主义市场经济道路，倒逼走法治经济之路。这种思想观念的引领全面推动了法治深圳建设。1992年深圳获得经济特区立法权，此后不断推进依法治市进程；2009年1月提出建立法治政府意见，2015年提出"让法治成为一种生活方式"，2018年在全国最早提出法治政府指标体系，同年9月推行普法、宪法进万家；印发了《深圳市2019年法治政府建设重点工作安排》《"法治深圳建设"指标评分标准及深圳市2020年度法治政府建设重点工作安排》《中共深圳市委全面依法治市委员会2021年工作要点》《深圳市2021年法治政府建设重点工作安排》《法治深圳建设规划（2021—2025年）》等。此外，还建立了适应开放型经济的法律制度体系，优化良好的法治化营商环

[1] 薛焱. 深圳先行示范区建设研究[M]. 北京：社会科学文献出版社，2021：165-166.

[2] 习近平. 在深圳经济特区建立40周年庆祝大会上的讲话[M]. 北京：人民出版社，2020：3.

境；规范政府与市场边界，建设公开透明、廉洁高效的法治政府。

三是深圳作为科技立市和文化立市的"探索者"。早在 1987 年，深圳市政府就颁布了一系列支持高新技术产业发展的文件。1995 年市党代会进一步明确提出大力发展高新技术。注重引进和培养高素质人才，提倡和主张"鼓励创新、宽容失败"，"追求卓越、崇尚成功"，先后出台了《1990—2000 年深圳科学技术发展规划》《关于进一步扶持高新技术产业发展的若干规定》《中共深圳市委关于加快发展高新技术产业的决定》《关于促进科技创新的若干措施》《关于促进人才优先发展的若干措施》《深圳经济特区国家自主创新示范区条例》《深圳市外籍"高精尖缺"人才认定标准（试行）》《深圳市高新技术企业培育资助管理办法》等。2003 年深圳提出文化立市，其中"实现市民的文化权利"即"文化参与、文化享受、文化创造、文化保护"的观念，在全国具有开创性和前沿性。"两城一都" [1]，改变了深圳是"文化沙漠"的偏见。深圳把文化产业 [2] 作为支柱产业，文化体制改革走在全国前列。文博会、书博会等城市文化菜单此起彼伏、频频推出。

四是深圳作为社会建设的"领跑者"。深圳作为改革开放的排头兵，在社会管理创新与社会建设上也率先突破，领跑于全国。历届市委领导高度重视社会建设，认识到深圳是年轻城市、移民城市、沿海城市、开放城市，严重的人口倒挂带来危机感，因此把加强和创新社会管理作为深化改革的一个重要领域及关键环节。坚持把社会建设摆在突出的位置来谋划和推动，以社会建设力度体现科学发展力度，以社会发展水平的提升体现科学发展的水平，着重处理好政府、市场、社会的互动关系。转变政府职能、改革政府体制机制、改革分配制度和公共服务的多元化供给等。2009 年国务院批复通过了《深圳市综合配套改革总体方案》，此后深圳出台了《关于加强社会建设的决定》，设定了《深圳市社会建设考核指标体系》，实施了《深圳经济特区社会建设促进条例》等。深圳还努力打造通向共同富裕的幸福城市，首创暂住证制度；率先建立社保体系；率先打破铁饭碗，在全国首个实行劳动用工合同制；率先实行工资制度改革；率先实行住房商品化改革；率先实行分级诊疗和基层医疗集团改革；最早

---

[1] 两城一都：图书馆之城、钢琴之城、设计之都。

[2] 文化产业与高新技术产业、金融产业、物流产业并列为深圳四大产业。

出台最低工资保证制度；率先实施暂住人口子女教育；是全国首个无农村、无农民城市等，以社会治理现代化引领全国社会治理模式创新。

五是深圳作为生态文明建设的"先锋者"。多年来，深圳的生态环境指标[1]均位于全国前列，以铁腕铁律管控"生态红线"的高压线。出台了《深圳市基本生态控制线管理规定》《环境保护实绩考核试行办法》《生态文明建设考核制度》等，印发了《关于加强环境保护建设生态市的决定》《关于推进生态文明 建设美丽深圳的决定》等，制定了《深圳市生态文明建设规划》等；积极探索运用数智化手段创新生态环境管理，提高质量和效率；构建绿色经济体系，推动低碳发展，实施最严厉的生态环境责任追究机制，促使各级干部树立绿色发展政绩导向等[2]，创造了"深圳蓝""深圳绿"，提升城市绿色竞争力。[3]

总之，科学处理好"五位一体"相互之间的关系并持之以恒地推进"五个文明"，需要提高战略思维、辩证思维、创新思维、法治思维和底线思维能力，坚持"两点论"与"重点论"相统一，既保持战略定力，坚持问题导向，重视调查研究，又充分发扬改革创新精神和钉钉子精神，确保深圳科学推进"五个文明"的新探索新实践始终沿着正确的方向前进。

第三节　在彰显人民性中开创文明新形态

习近平总书记向来强调坚持以人民为中心的发展思想，指出深圳经济特区改革发展的出发点和落脚点都要聚焦到"人民对美好生活的向往"这个目标上来。[4]深圳在深刻领会习近平总书记关于以人民为中心的发展思想的基础上，充分彰显人民性、奋力开创文明新形态。

---

[1] 生态环境指标，这里主要包括全年空气优良天数，$PM_{2.5}$年均浓度，生活垃圾、危险废物、医疗废物安全处置率，饮用水源地水质达标率等。

[2] 窦延文. 绿色发展推动人与自然和谐共生[N]. 深圳特区报，2018-03-08（A17）.

[3] 吴定海，赵智奎. 思想破冰：深圳观念创新的逻辑[M]. 北京：中国社会科学出版社，2022：6-16.

[4] 习近平. 在深圳经济特区建立40周年庆祝大会上的讲话[M]. 北京：人民出版社，2020：11.

一、大力践行以人民为中心的价值理念

现代文明的核心是"以人为本"。马克思主义的基本立场指出，为最广大的人民群众谋利益是无产阶级政党的天职。习近平总书记在学习贯彻党的十九大精神研讨班开班仪式上指出："时代是出卷人，我们是答卷人，人民是阅卷人。"[1] 这一重要论述鲜明彰显了以人民为中心的价值取向。文明新形态创建也是为人民服务、为社会主义现代化建设服务的，要求始终站在人民群众一边，代表绝大多数人民群众的根本利益，坚持以人民为中心的文明建设导向，开创大众创造、参与、认同、享有的社会主义先进文明。通过教化和培育人，促进人向着自由全面发展的方向迈进。

一方面，坚持以广大人民群众利益为根本出发点和落脚点，不断满足人民群众对美好生活的向往，促进人们对人性的完善、综合素质和能力的提升，使其成为有理想、有道德、有文化、有纪律的社会主义现代公民。人类文明新形态是满足广大人民群众对美好生活向往的重要保障。带领人民群众创造美好生活是我党的初心，也是社会主义社会发展的目标。广大人民群众是人类文明新形态的创造者也是受益者。创建人类文明新形态，必须以科学的理论、正确的舆论、高尚的精神、优秀的作品，更好地满足人民精神世界需求和对美好生活的追求，更好地推动人们的自由全面发展。

另一方面，建设社会主义先进文化。社会主义先进文化是引领社会发展、促进人的自由全面发展的重要内容。首先，它能够积极引导广大人民群众摒弃假恶丑、追求真善美，形成正确的"三观"[2]，进而积极引导人们追求精彩人生和处理好与自然、社会、国家、家庭等的和谐关系。其次，因其以广大人民群众利益为根本，极大激发了人们的主观能动性、创造性，因而能够使广大人民群众自觉主动提升自身的思想道德素质和科学文化素质，促进综合素质、技能和经验的充分全面发展。最后，社会主义先进文化以满足人民群众对美好生活的向往为价值旨归，能够极大地凝聚人心，使广大人民群众坚定实现中华民族伟大复兴中国梦的信心决心，增强人们建设富强、民主、文明、和谐、

---

[1] 习近平. 习近平谈治国理政（第一卷）[M]. 北京：外文出版社，2020：70.

[2] 三观：世界观、人生观、价值观。

美丽的社会主义现代化强国的必胜信念，形成中国特色社会主义发展的磅礴力量。[1]

此外，还要努力维护社会公平正义，让每一个人都能够平等地享有人生出彩和实现梦想的机会；当然，也要注意在国际社会中发挥我国的力量和作用，推进全球范围内公平正义的实现，以维护全人类的共生共荣和全世界的健康长远发展。总之，践行以人民为中心的价值理念，必须把实现好、维护好、发展好最广大人民的根本利益作为文明新形态建设的根本目的，坚持人民利益至高无上。要切实发挥人民群众在文明新形态建设中的主体作用，根植于人民群众的土壤之中，激发人民群众的创造活力，让人民群众共享文明新形态建设的成果。

二、打造具有人文情怀的城市文明

人类文明新形态是习近平新时代中国特色社会主义思想关于人类文明的最新论述，"文明城市典范"理所应当成为这种文明新形态的重要代表者。从"文化沙漠"，到"深圳读书月""深圳城市人文精神"[2]等，深圳逐渐打造出叫得响的城市文化品牌。习近平指出：城市需要有城市精神，彰显着城市的特色风貌。要结合历史传承、区域文化、时代要求等打造城市精神，对外树立形象，对内凝聚人心。[3]城市精神作为城市文明的内核，是一座城市区别于另一座城市的重要指标。新时代深圳打造具有人文情怀的城市文明，应注意加强人文精神和人文情怀建设，集中体现深圳创新发展的灵魂。

一则，塑造成为城市精神文明的典范。2018年10月，习近平总书记在广东视察时强调要推动物质文明和精神文明协调发展，不断提高人民文明素养

[1] 陈秋明，谭属春. 社会主义先进文化建设的深圳探索与理论研究[M]. 北京：商务印书馆，2018：389-390.

[2] 深圳城市人文精神：五崇尚、五富于。具体内容为崇尚以人为本、以人为上，富于关怀互助、尊重尊严；崇尚自强不息、竞争向上，富于和谐宽容、友爱仁义；崇尚开放包容、兼收并蓄，富于活力动感、创新创造；崇尚知礼守法、真诚向善，富于内省自律、诚信无欺；崇尚追求光明、坚持真理，富于科学理性、严谨务实。

[3] 中共中央党史和文献研究院. 十八大以来重要文献选编：下[M]. 北京：中央文献出版社，2018：88.

和社会文明程度。[1]深圳牢记殷殷嘱托，将精神文明纳入全过程，让城市更安全稳定、文明和谐、宜居舒适、崇德向善，为创建社会主义现代化强国的城市范例提供强大的精神支撑。深圳在这方面已经取得了阶段性的成就，如"关爱二十年，温暖一座城"，2023年9月21日"深圳关爱行动20年大事"记者见面会举行，使人们看见深圳的爱，彰显深圳温度、深圳人文、深圳情怀。[2]未来，深圳要建设更高水平的精神文明，应坚持不懈、持之以恒地加强人文社会科学建设，繁荣发展哲学社会科学，擦亮"深圳学派"城市品牌；弘扬特区精神，提升城市文化软实力；深入开展市民文明素养提升行动，加强社会大德和个人私德教育，让诚信与爱心成为深圳城市文明最美最亮的底色。

二则，塑造成为实现市民文化权利的典范。要将"实现市民文化权利"作为深圳文化建设和文明创建的重要出发点和落脚点，坚持以公益、基本、均等、便利为原则标准，建设普惠性、长远性的卓越城市公共文化服务体系，让每个市民都能愉悦地感知、感受、参与深圳文化建设的成果，使得各类公共图书馆（室）、自助图书馆、文化馆（站）、社区综合性文化服务中心、博物馆、美术馆（院）等实现全覆盖，全方位、多层次为广大市民提供优质的文化产品和服务供给。未来，深圳要构建更加完善的普惠性、高质量、可持续的公共文化服务体系。要加快新时代一流文化设施和文化地标建设，高质量、严要求改造提升特色文化街区，形成活力盎然的城市文化群落；深化文艺改革，规划新时代文艺发展工程，大力推进文艺精品创作；优化基层公共文化服务体系，强化"图书馆之城"建设，建成"十分钟文化服务圈"；此外，还要普及全民健身教育及运动，提升深圳市民的生命健康素养；等等。[3]

总之，要通过打造具有人文情怀的城市文明，使深圳更加充满人情味、充满人性的温度、充满温暖的光辉，成为富有爱的城市，成为深圳广大市民安稳、舒适、温馨的心灵家园，尽显新时代中国特色社会主义先行示范区的文明风貌。

---

[1] 习近平在广东考察时强调：高举新时代改革开放旗帜 把改革开放不断推向深入[N]. 人民日报，2018-10-26（01）.

[2] 樊怡君. 关爱二十年 温暖一座城[N]. 深圳特区报，2023-09-22（A01，A04）.

[3] 中共深圳市委关于制定深圳市国民经济和社会发展第十四个五年规划和二〇三五年远景目标的建议[N]. 深圳特区报，2020-12-31（A01，A05）.

后　记

中国现代化是近百年来中华民族一切仁人志士所追求的目标。自新中国成立以来，特别是改革开放以来，中国式现代化被提到重要议事日程上。如何从中国实际出发，走出一条既适合中国国情又能引领世界发展的现代化之路，是中国共产党人确立建设什么样的现代化、如何建设现代化的基本原则。在改革开放40多年的历程中，深圳发扬敢闯敢试、敢为人先、埋头苦干的特区精神，在中国式现代化伟大实践中交出了一份可圈可点的答卷。进入新时代，深圳更是在以习近平同志为核心的党中央坚强领导下，继续勇于先行先试，努力写好中国式现代化的深圳新篇章。

南方科技大学作为一所新型研究型大学，一直致力于培养具有家国情怀和全球视野的高素质创造型人才，将中国式现代化实践创新融入思政课程和思政教学体系中，从深圳中国式现代化实践创新素材和案例中寻找组织科研的生长点，这是新时代在深圳办好人民满意大学的重要举措。为此，学校专门成立了中国式现代化实践创新研究中心。校党委书记姜虹教授提出，城市与大学共生共长，要从立德树人的高度讲好中国式现代化实践创新故事，以课堂讲授、科研项目、学术交流、社会实践等为切入点，夯实广大同学爱党爱国、勇于创新的基因。校长薛其坤院士提出要将中国式现代化实践创新纳入学校的教育教学体系和科研体系中，立足于学校的办学定位，以教育家精神、科学家精神培养人才、赋能科研、服务社会，努力在有特色高水平办学实践中有新突破。

《中国式现代化深圳实践创新研究》的编撰，以习近平新时代中国特色社会主义思想为指导，结合深圳在中国式现代化进程中的创新实践，通过理论与实际相结合，案例与经验相结合，不断丰富学校的大思政课，并为全国大思政课建设提供了一些素材和实践路径的参考。本书得到了广东省委宣传部、深圳市委宣传部的指导和支持，学校党委书记姜虹教授、校长薛其坤院士给予精心指导并安排统筹推进，张凌副书记对本书的总体设计和框架给予了具体指导，深圳市原副市长曹杰、深圳市政协常委尹昌龙、深圳市改革开放研究院副院长陈家喜、深圳市委宣传部理论处处长史学正、广东省习近平新时代中国特色社会主义思想深圳大学研究基地主任田启波等对本书给予了指导。参加本书撰写的人员有：导论（夏文斌），第一章（张凌、劳湘雯、王明、张璞），第二章（高玉林），第三章（杨晗旭），第四章（王德军、尹玮煜），第五章（夏文斌、夏雯），第六章（马俊军），第七章（吴清一），第八章（袁海军、兰美荣），第九章（张懿），后记（夏文斌）。

理论在实践中产生，并将引领推动新的实践。面向未来，我们要继续关注深圳在中国式现代化实践创新中所实施的新举措，及时将这些重要实践成就总结提炼好，并全面落实到立德树人的人才培养工作中，为推动深圳中国式现代化发展作出更大贡献。

夏文斌

2025 年 1 月 1 日于南方科技大学创园